万川
reflections

一步万里阔

中华药商

中国和东南亚的消费文化

【美】高家龙——著
SHERMAN COCHRAN

褚艳红 等——译　　王元崇——校

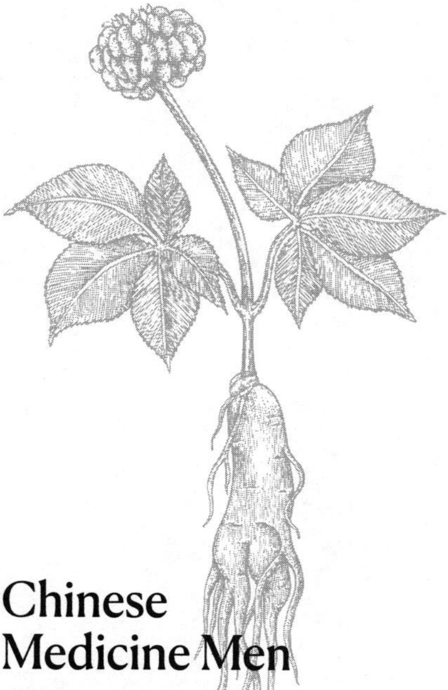

Chinese
Medicine Men

Consumer Culture
in China and
Southeast Asia

中国工人出版社

目 录

第七章　消费文化的推动力量

CHAPTER SEVEN

致　谢

30多年前，当我还是研究生时，我问导师史景迁（Jonathan D. Spence）先生："我可以在研究中使用广告资料吗?"他认为值得一试。此后，我在从事一系列课题研究、尤其是本课题研究时，曾以各种方式向很多人提出过这个问题。有时，我的问题和被提问者的研究领域相去甚远，但他们仍然给了我很多深刻且颇有教益的回答，在此谨向以下所有帮助过我的人表示感谢，包括那些名字并没有在下文中提及的人。

白彬菊（Beatrice Bartlett）、韩德（Michael Hunt）、麦克·卡门（Michael Kammen）、彼得·卡赞斯坦（Peter Katzenstein）、托马斯·里昂（Thomas Lyons）、罗伯特·史密斯（Robert J. Smith）、史景迁，以及哈佛大学出版社的两位匿名审稿人，评阅了本书初稿。高哲一（Robert Culp）、莎拉·弗里德曼（Sara Friedman）、滨下武志、盖尔·海德森（Gail Henderson）、谢正光、熊秉真、韩书瑞（Susan Naquin）和西奈·塔罗（Sidney Tarrow）评阅了本书部分章节。托马斯·里昂和埃里克·辛格（Eric Singer）为本书绘制了地图。在试图说明本书插图的意义时，我有幸咨询了杰弗瑞·科迪（Jeffrey Cody）、范凯瑞

（Kerry Fan）、乔纳森·费瑞斯（Jonathan Farris）、赖德林和杨迈帝（Martie Young）。这些朋友和同事通过挑战来鼓励我达到他们设定的高标准。至于书中仍存在的不足之处，则由我本人负责。

如果没有档案资料，本书的写作是不可能实现的。在香港，在胡仙和张莎朗（Sharon Tsang）的热情帮助下，我获得了阅读胡文虎档案资料的机会。在新加坡，陈罗玲琍的帮助使我得以查阅新加坡国家档案馆的相关资料。上海市档案馆的冯寿才和马长林为我在该馆查阅资料提供了真诚的帮助，对该馆藏书的访阅极大地丰富了本书的史料来源。自上海历史博物馆成立以来，潘君祥就担任了我的向导。在上海社会科学院中国经济史研究中心，我的亲密同事程麟荪、黄汉民、陆兴龙、沈祖炜、张仲礼和张忠民给了我至关重要的帮助。他们为我提供了很多来自中心内外、颇具价值但尚未出版的原始资料。若没有他们的热忱相助，或许我就无缘目睹这些宝贵的史料了。

如果没有相关的经费资助，我要从事上述档案研究以及在其他地方开展研究是难以做到的。我要感谢纽约亨利·卢斯亚洲研究基金会（Henry Luce Foundation for Asian Studies），为我提供了在东亚进行研究的费用。我也要感谢位于华盛顿特区的伍德罗·威尔逊学者国际中心（Woodrow Wilson International Center for Scholars），以及位于北卡罗来纳州三角研究园（Research Triangle Park）的国家人文中心（National Humanities Center），也为我提供了写作本书的研究基金。为本项目提供资助的还有康奈尔大学历史学系和东亚项目。曾为我担任过研究助手的有：克里斯托福·吉伯（Christoph Giebel）、派屈克·海斯（Patrick Hess）、侯晓佳、江宁康、李海燕、考尼·马夸特（Conny Marquardt）、埃里克·辛格和郑立人，他们都为本书作出了重要贡献。其中，东南亚史和中国史研究领域的专家郑立人博士的贡献最大。

在从事本研究课题的整个过程中，我还在文字编辑上得到了不少人的得力相助。康奈尔大学的凯蒂·克里斯托福（Katie Kristof）帮助编辑了若干章节的草稿。在国家人文中心，凯瑞恩·卡瑞尔（Karen Carroll）将书稿调整为适当的格式。在哈佛大学出版社，安·汤布雷（Ann Twombly）对书稿进行了既准确又富有建设性的编辑——即使在一家享有盛誉的学术类著作出版社，这也是不多见的；凯瑟琳·麦克德蒙特（Kathleen McDermott）和苏珊·亚伯（Susan Abel）则在本书由文稿到出版的过程中起到了卓越的领导作用。凯瑟琳·多杰森（Kathryn Torgeson）在家中工作，为本书添加了极富专业水准的索引。

在本书的写作过程中，我得到了亲人们的鼎力支持，他们陪伴着我从个人的悲欢离合之中一路走来。我愿借此机会，将本书献给我的家人：与我甘苦与共的妹妹、哥哥和嫂子，以及为我开启了未来之路的妻子。

第一章
中国历史上的消费文化

我到中国东北的乡村去，是想知道全球化边界之外的世界是什么样子。我看到了穿着长筒靴的少女们……如果你打开防线，不经任何保护性过滤地面对全球化带来的文化冲击，那么，当你在深夜入睡时，就可以把自己想象为一个印度人、埃及人、以色列人、中国人或者巴西人。当第二天早晨醒来时，你会发现你的孩子们全都像金格·斯派丝，你的小男孩都想穿得像胡克·霍肯一样。

——托马斯·L.弗里德曼

《理解全球化：凌志汽车和橄榄树》(2000 年)

很显然，消费者并非像很多专家力图使我们相信的那样是“机械人”。随着麦当劳失去了异域吸引力，并作为普通餐食而逐渐为繁忙的消费者所接受（或排斥）时，人们最初接触这一外来品牌的冲动也很快消退下来……

本土化进程与在麦当劳用餐并长大的一代人的成熟密切相关。当在麦当劳用餐的最初一代人的孩子也来到这里时，麦当劳就不再被看作一家外国企业了。

——詹姆斯·L.华生

《东方金拱门：麦当劳在东亚》(1997 年)

在上面这两段话中，记者托马斯·L.弗里德曼（Thomas L. Friedman）和人类学家詹姆斯·L.华生（James L. Watson）就当今世界提出了若干迫切的问题。消费文化是如何达到了“超越全球化的边界”？是像麦当劳快餐店这样的西方跨国大企业以自上而下的方式将自己塞给消费者，并实施了“全球性的文化冲击”？还是全世界的消费者们自下而上地做出反应，并促使了这些西方企业的“本土化进程”？弗里德曼和华生各执一端，他们只是参与这场辩论的众多人中的两位而已。这场辩论其实涉及一个更具广泛意义的问题：是西方跨国企业带来了世界文化的同质化，还是本土文化中的个体消费者造成了世界文化的多元化？[1]

在本书中，我希望通过变换讨论的焦点并将其放置于一个新的历史语境中，来对这场围绕着“同质化和本土化”而展开的辩论有所贡献。弗里德曼和华生的观点针锋相对（这在上述引文以及其他地方都或暗或明地体现了出来），他们和其他人关于这一问题的论争是以对消费文化及其机制和推动力量截然不同的定义为基础而展开的。[2]有人将消费文化定义为一种使商品作为物质实体得到广泛传播的文化载体，并相应地将一些机构（尤其是西方跨国公司）界定为这一传播过程的主要机制和推动力量。另一些人则认为，消费文化是一种将在该文化中的商品诠释为诸多表征的文化；他们还认为，作为消费者的个人（尤其是商品的当地消费者）则是对这些表征做出诠释的主要机制和推动力量。[3]在本章开篇的引文中，弗里德曼似乎倾向于对消费文化做出“传播”的定义，华生则更倾向于“表征”的定义。尽管如此，除了这些不同之处，辩论双方也有着相同之处，那就是，他们都以西方公司在非西方的本土文化环境中接触到的个体消费者为辩论的出发点。

起初，我倾向于接受他们的思路。我在研阅较早的著作时发现，像洛克菲勒标准石油公司（John D. Rockefeller's Standard Oil Company）和杜克英美烟草公司（James B. Duke's British-American Tobacco Company）这样的西方大公司，在 20 世纪初期开始主导了销售其商品的中国市场。[4]但我在从事本书研究时却发现，在制药工业领域，西方大公司在中国所扮演的角色是不同的。

如同美国、英国、加拿大、日本，当然还有其他国家的历史一样，在中国最早开始利用印刷媒体来推动消费文化的人中，便有专利药品和药剂产品的供应商。[5]这似乎是一个在世界各地都适用的模式。由此出发，当我发现在中国这么做的先行者中也有当时世界上最大的一些制药公司时，我并不感到惊奇。到 1920 年，美国的礼来（Eli Lilly）、派德（Parke Davis）公司，德国的拜耳（Bayer）公司，英国的宝威（Burroughs Wellcome）公司，以及加拿大的韦廉士制药（Williams Medicine）公司，都在上海设立了办事处。我却惊奇地发现，在 20 世纪上半叶，这些全球性的西方巨头在中国设立的分公司并没有中资制药公司那么多；它们在中国的药品销售和广告宣传效应也不如中资制药企业。[6]

这一本土企业超越西方竞争对手并控制了一个非西方国家市场的个案，为我们提供了一个机会，使我们得以采纳一种不同于弗里德曼、华生等人的出发点，参与到消费文化传播之话题的辩论中。我的研究重点并不在于西方企业如何接触到非西方的本土文化。我将研究重点转换到了中资企业如何接触到中国本土文化（见本书第二章至第五章）和东南亚本土文化（见本书第六章）的方方面面。什么是消费文化的机制和推动力量？在我看来，这并不仅仅局限于处于世界资本主义体系“核心”的西方大公司，也并不仅仅局限于处于世界资本主义体系“边缘”的非西方本土文化中的消费者。我所做的是，除了西方大公司和商品的本土消费者，从中国和东南亚历史的内部来寻找成为消费文化的机制和推动力量的其他机构和个人。为了突出重点，我将这种探讨限定在那些对生产、销售或消费特定药品直接起作用的机制和推动力量上，而没有包括对消费文化产生过间接影响的其他各种机制和推动力量。[7]

在寻求消费文化直接推动力量的研究中，我的考察包括了机构和个人这两个方面，这是因为，我并不认为消费文化中的“传播”及“表征”这两种定义是完全不能兼容的。若是通过一种既具有包容性又得益于历史的定义，将消费文化视为机构

（从事商品传播）和个体（将商品表述出来）之间总是相互影响的文化载体时，这两者是可以结合起来的。我采用这种宽泛的定义，所关注的并非要确定西方企业和个体消费者，究竟哪一个是消费文化的主要机制和推动力量，哪一个居于次要地位。相反，我试图要搞清楚的，是那些过去遭到忽略或未得到重视的消费文化的直接推动力量。它们起源于中国和东南亚这些属于西方“边缘”的地区，但其活动范围和效率却给我留下了深刻印象。我基于这些产生于中国的消费文化的机制和推动力量的发现，对下述假定提出了质疑：只有西方大企业才是消费文化传播的始发者，也只有它们才不断地把消费文化从西方带入非西方市场。我所试图超越的，是论争双方迄今为止似乎都带有的民族中心主义的假设。

如果借用弗里德曼和华生的术语，那么本书的主要看法是：19 世纪末 20 世纪初，（产生于）中国的消费文化机制和推动力量达到了“超越全球化边界”的程度，在“规避政治障碍”的情况下，推进了商品的“本土化进程”，并加强了“文化的同质化”。这四个主题将在以下章节中分别加以阐述和论证。但在对这些观点展开论证之前，有必要指出，这些观点也对关于中国和东南亚历史的种种现有解释提出了疑问。

长途贸易的边界

根据各种记载，19世纪至20世纪初期，中国企业还没有在全球范围内销售商品。本书所力图解决的问题是，在何种程度上，中国企业在中国和东南亚达到了超越西方主导的全球化边界的程度。在关于19世纪中国长途贸易之范围的辩论中，这一问题的争议性质清楚地表现了出来。

在研究19世纪历史的专家中，施坚雅（G. William Skinner）领风气之先，为关于中国长途贸易边界的热烈讨论建立起了理论框架。他在一系列颇具影响力的研究中，对中国城市所有层级的市场结构进行了分析，包括从农村基层的乡村和市场集镇，到位于被他称为“大区域”的城市核心的大都市。他把19世纪的中国分为八个大区域：华北、西北、长江下游、长江中游、长江上游、东南、华南（岭南）和西南（云贵）。此外还有一个大区域，即东北，但它作为大区域是到20世纪才完全形成的。在所有这些大区域中，诸如山川起伏之类的地形特征，给长途贸易带来难以逾越的边界。[8]

根据施坚雅的说法，在中国内部，中国企业家只有通过形成庞大而广泛的社会网络，才能成功跨越这些大区域的边界。就像世界各地家族企业的成员一样，中国生意人的社会网络也建立在亲属关系基础之上。此外，正如施坚雅所指出的那样，这些生意人之所以能够招收受到信赖的非亲属成员进入自己的大规模网络体系中，并使其融合在一起，源于“一个特殊的特征”——每个网络中的成员都“有着共同的籍贯”（即“同乡”，也就是有着相同的祖籍）。人们的这种籍贯纽带同他们的家乡纽带或出生地纽带是不同的。所有中国人都从父辈那里继承籍贯，而不管他们自己或他们的父亲是否曾到过他们的籍贯所在地。中国的生意人便利用这一遗产，通过祖籍纽带来组建其社会网络，其原因是多方面的，包括说同一种方言，熟悉彼此的家庭和世系，以及计划在退休后回到籍贯所在地，等等。用施坚雅的话来说，这些生意人在中国社会网络中联合起来的基础“一方面可以归结为信任和责任感，另一方面可归结为可资信赖的经营能力……他们在中国半封闭式的区域经济的联结中起到了至关重要的作用”。[9]

以施坚雅的见解为基础，罗威廉（William T. Rowe）肯定了中国的这些网络体系在19世纪国内长途贸易中所起的重要作用，但他前进了一步，提出中国的区域经济并不一定像施坚雅所言是半封闭式的。在一项关于汉口的研究中（汉口因其靠近中国水路中心的商业战略位置而被趣称为“中国的芝加哥”），罗威廉指出，中国基于祖籍纽带的社会网络在18世纪后半期和整个19世纪所经营的，实系“一个真正被整合在一起的全国性市场”。根据他的研究发现，中国的贸易团体克服了距离上和前工业时代技术上的障碍，成功实现了奢侈品和诸如谷物与生棉等低价大宗商品在全国范围内的流通。尽管罗威廉坦率地承认，现在还没有关于当时全国贸易的“有意义的统计数据”，他还是列举了大量颇令人信服的非量化证据。[10]

施坚雅和罗威廉的研究局限于中国，滨下武志则研究了中国网络在中国以外延伸所及的程度。他在重新评价中国的帝国朝贡体系时发现，该体系既服务于“亚洲内部的贸易”，也服务于国家之间的对外关系，他还因此将该体系重新命名为“朝贡贸易体系”。他承认，西方列强把该贸易体系与国际市场连接了起来，使19世纪“东南亚和中国南部经济更紧密地整合在一起，并进而延伸到印度洋贸易区”。但他坚持认为，西方国家的这些作为未能让西方人掌控亚洲内部的贸易，甚至也未能让他们掌控西方殖民地的贸易，更不用说中国和日本这两个未被殖民化的国家了。在仍然由亚洲人管理的情况下，“欧洲在亚洲的殖民地［以及非殖民地］市场结构所体现出来的，是与朝贡体系相关的传统亚洲内部贸易的特征”。[11] 滨下武志还强调了以中国为中心的朝贡贸易体系的持久性，认为它“由唐至清，从7世纪到1911年一直在起作用”。[12] 中国最后一个帝制王朝清朝覆亡后，朝贡贸易体系才失去了用武之地，因为在首都北京的当时的中国政治领导人不再是东亚地区贸易和朝贡中至关重要的角色。

正如我的上述归纳所揭示的那样，这些学者互相提出了挑战。施坚雅于20世纪70年代提出的半封闭式大区域的观点，受到了罗威廉于80年代提出的全国市场特征理论的挑战。同样，滨下武志对亚洲内部贸易的勾画（他最初于80年代提出了这一框架，至今仍在不断地加以完善），也对施坚雅和罗威廉囿于中国境内的研究提出了挑战。他们的意见彼此相异，却留下了一个尚未解决的问题，那就是应当如何勾画 19 世纪中国和东亚长途贸易的边界。

从理论层面来看，在这场辩论中遭到挑战的，是施坚雅所构建的基本概念。凯罗恩（Carolyn Cartier）在一项颇有深度的批评中就认为，施坚雅的大区域模型是站不住脚的，因为中心地区理论已经过时。她指出，施坚雅设定了看上去固定不变的大区域边界，因此阻碍了历史学家对于长途贸易的研究。凯罗恩提出的替代性选择，是采纳一种“无边界区域地理的理论”，着重关注作为机制和推动力量的人以及“区域意义上的社会建构”。她说，她的目标是“较之空间模式，更强调社会进程”。[13]

尽管凯罗恩的观点并非都令人信服，然而她提出了一些值得高度关注并在本书中也被提及的问题。另一方面，她在论证中言过其实、走得太远，以至于认为“大区域理论中的嵌入性结构不利于……对长途贸易和海上贸易的研究”。[14] 作为对她的回应，人们可以说，事实上正是施坚雅的大区域模型，触发了罗威廉对长途贸易的观察和滨下武志对海上贸易的研究。我也发现，是施坚雅的研究鼓励了我着手从事长途贸易的研究。

另一方面，凯罗恩呼吁，应对作为机制和推动力量的人给予更多的关注，这是很有见地的。除非我们对中国企业家、批发商、商人以及其他长途贸易从业者有更为充分的了解，否则我们又如何能勾画出长途贸易的边界呢？除了回溯考察商品在各级城市间的上下流动，以及在各大区域内部和之间的非个人流动（就像施坚雅已做过的那样），对跨越大区域边界（见第二章和第四章）、战时的敌我边界（见第五章）以及国界线（见第六章）[15]的贸易协定谈判的高度个人化过程进行研究，也是非常重要的。除了考察行会、朝贡贸易体系和其他的制度性构成（正如罗威廉和滨下武志所做的那样），有必要关注那些从事交易并在商业流通系统各层级之间传递信息的中介人。

此外，还有一个值得提出的问题：作为机制和推动力量的人在塑造长途贸易边界的空间时所采用的方式，在20世纪和19世纪是否有不同之处？施坚雅、罗威廉、滨下武志和其他学者在讨论这个问题时，所提供的是19世纪的基准，而直到目前为止，专家们在研究20世纪中国和东南亚时并没有依照他们的方式行事。

对政治障碍的规避

颇具讽刺意味的是，对中国和东南亚贸易边界的勾画，引发了研究19世纪的专家们的一场热烈辩论，但在研究20世纪的专家们中间，这样的情况却没有发生。施坚雅、罗威廉和滨下武志表明，中国商人在19世纪成功地拓展了长途贸易的范围；易劳逸（Lloyd E. Eastman）、柯博文（Parks M. Coble Jr.）、白吉尔（Marie-Claire Bergère）和柯伟林（William C. Kirby）则指出，中国资本家处于严密的政治控制之下，这在20世纪早期对他们产生了严重的制约。

易劳逸、柯博文和白吉尔都注意到了国民政府对中国资本家的压迫，早在1927年春，蒋介石完成北伐并在南京建立国民政府后不久，国民政府便在上海强迫资本家“捐赠”物资。他们得出结论，以上述行动为基础并通过其他政府行为，国民政府在南京时期（1927—1937），通过强制推行国家资本主义来达到限制中国工商业发展的目的。白吉尔在对此所作的简短总结中指出，中国资产阶级成了“国家机器的附庸，并被整合到国家机器中去”。[16]

根据柯伟林的说法，此后在抗日战争和解放战争期间，国民政府对中国资本家实行了更为全面的统制。柯伟林将自己的论述同先前对南京时期国民政府的各项研究细致地划清界限，他注意到，比起轻工业，国民政府更优先发展了重工业；他承认，轻工业“在1937年之前，很大程度上游离出了政府的控制”。[17]然而，柯伟林与柯博文、易劳逸、白吉尔一样，注意到了国民政府早在抗日战争全面爆发之前便已开始制订工业发展计划。此外，他比其他历史学家更注重强调，战后国民政府“继续朝着加强经济控制的方向走下去，以极快的速度发展国有企业和计划经济”。[18]

同时，一些研究中国和东南亚的历史学家的研究表明，早在20世纪初，外国政府也对中国企业施以政治干涉和经济控制。柯博文在新近出版的著作中，记录了日本在1937年全面侵华后迅速攫取中国企业的事实。他得出结论，日本的这种权力使用严格限制了中国资本家，并使得他们的商品销售市场锐减。用柯博文的话说，“从经济角度来看，就其实际执行的情况而言，[日本的]‘新秩序’在中国不外乎是一个殖民政权。日本人控制了长江下游的经济，没收了中国工厂并将其转给日本公司经营，并且严格限制了市场活动”。作为对日本统治的反应，“绝大多数中国企业竭尽所能地摆脱日本人的控制和主导”。[19]

根据研究东南亚历史的学者拓基（Carl A. Trocki）的看法，西方和日本的殖民政权在东南亚地区也采取了相似的限制措施。在他的编年史里，西方殖民政府“通过欧洲殖民地实现了对中国人在东南亚居留地的吞并（1830—1880）……并将海外华人纳入世界资本主义体系中（1880—1910）”。他以新加坡作为主要例证，断言“新加坡的华人史就是[西方殖民者][在整个东南亚地区]包围华人经济活动之历史进程的缩影”。[20]尽管日本占领东南亚国家的时间不像占领中国的时间那样长，但在偷袭珍珠港后，日本却取代了西方殖民政府，并在1942年到1945年对东南亚地区实行了军事统治。

总之，政治史学家已达成如下共识：中国、西方和日本政府在20世纪早期便已使得中国资本家和中国企业处于从属地位，并对之实行整合、限制和包围。如果严格地从政府的角度来看，这种说法所提供的关于政商关系的分析是有说服力的。然而，若是从本书将要讨论的企业的角度来衡量，这一解释就不能完全令人信服了。本书以下各章所要揭示的是，华资企业如何通过采取不同的策略来规避政府政策的限制，克服政治障碍，并进入国内外市场。本书第二章讨论的是，中国的药店老板们在 19 世纪使中药获得了广泛推广，又在 20 世纪推出了由新式分店组成的全国性经营网络。第三、四章介绍的是，西式大药房的中国老板们如何利用新的印刷媒体在全国大做广告，并通过各地的特许经销商以及药房自身的分店去控制全国范围内的市场销售。第五、六章要讲述的是，中国老板们不仅使得西式药房生存了下来，而且无论是在国民政府统治和日本占领下的中国，还是在西方殖民政府或日本人统治下的东南亚，他们的生意都得到了稳固甚至引人瞩目的发展。

这些事例表明，政治史学者高估了中国、日本和西方政府在 20 世纪早期控制和限制中国资本家和企业的能力。尽管有来自政府的干预，本书所述及的中国企业仍然在中国和东南亚比西方竞争对手更为成功地占领了国内外市场。此外，我还敢大胆地说，与同时期世界其他地区的企业相比，它们更完整、更长久地保留了这些市场。

如果这一说法站得住脚，那么，这些中国企业网络是如何在和平时期克服地理和官方障碍，在战争时期跨越敌方的封锁线，并在政治动荡的环境中经营医药市场的呢？一个关键特征是，它们利用印刷媒体推广消费文化，并在这一过程中实现了消费文化的本土化。

本土化进程

在中国史研究领域，很多学者曾讨论过本土化进程的问题，并经常使用一个专门针对中国的词:“中国化”（或“汉化”，Sinicization）。他们对这个概念适用性的辩论在不止一种历史语境下展开。其中，当然包括汉族如何处理同满族以及其他非汉民族之间的关系，但更为常见的是，他们经常在中西关系史研究中使用这一概念。[21] 与本章开头所征引的人类学家华生不同，历史学家们在诠释“本土化”时，往往将注意力集中在那些受过良好教育、具有世界性眼光并已经西化了的中国思想家身上。他们展示了这些人物如何译介从西方学到的东西，对之予以改造并使之本土化。他们对该主题的研究方法多样、颇具创意，从知识分子传记到集体肖像再到文化研究，但他们的研究均以同一预设为前提，那就是本土化进程完全是由中国知识分子推动实现的。[22] 白露（Tani E. Barlow）曾对此有过明确的表述。用她的话来说，[20 世纪初期的中国的] 知识精英“垄断了西方思想、形式、符号和话语的产生和传播”。[23]

这种对于精英知识分子的集中关注，并没有阻碍关于思想伴随着时间推移、从一个中国人传播到另一个中国人的研究。比如，历史学家柯文（Paul A. Cohen）便认为，可以通过两个阶段来追溯西方思想观念的中国化。第一阶段，中国的“先行者”在海外或在处于中国社会边缘的通商口岸学到了西方事物，然后“把那些曾对中国人而言是完全陌生的事物变成不怎么奇怪的东西，再逐渐使国人对这些新东西的新奇之处变得不敏感，使它们不那么显眼并更容易被接受”。随后的第二阶段，中国的“变法派”推动西化获得合法性的努力得到了“广泛的认可”，而“在不久前，他们所主张的变革还只有在适应习俗的次要事物上才能为人们所接受”。在这两个阶段的发展过程中，来自通商口岸的先行者们对中国内陆发起冲击，而内陆主张变革的人士则“通过‘中国化’使这种冲击合法化”。[24]

柯文设立了这两个阶段的先后顺序，指明了先驱和变法派之间的区别，并对重要的改革者及其思想继承者（如19世纪五六十年代太平天国运动中的先驱和1898年“百日维新”中的变法派）之间的联系进行分析。他还用这一模式分析了革命领袖及其思想继承者（如20世纪初期的孙中山和此后的毛泽东）之间的关联。和其他思想史家一样，柯文的唯一关注点是知识分子精英在西方思想本土化进程中所起的作用。

对于理解思想上的先驱以及变法思想肇始这一本土化的初期阶段来说，思想史家的著作是必不可少的。然而，本土化的进程并未就此结束。在以后的阶段里，是谁充当了文化介质的角色？他们又是如何对西方思想、形式、符号及话语予以重新构建及创造，从而使之获得合法性，并为中国民众所接受，甚至对他们产生感召力的？在本书第三章至第六章中，我描述了中国企业家及其员工和生意伙伴是如何在中国的知识精英和消费者之间充当文化介质角色的。这些企业家将很多中国知识精英分子雇为商业艺术家和建筑师，把对他们本人以及其他知识精英分子的思想和意象的本土化当作其市场策略的一部分，并利用印刷媒体将他们眼中的“西方”版本获得了比中国知识分子出版物更为广泛的传播。

正如本书以下章节所表明的那样，这些中国企业家绝不是千人一面，但与中国的知识精英相比，他们远远没有达到那样的世界化和西方化的程度。他们不曾在西方或者在中国的西方学校接受过教育，也没有做过买办或在西方企业中做过雇员。而且，他们没学过西方语言，也未在西方国家待过。典型的情况是，他们几乎未受过任何类型的正规教育，并且不怎么精通汉语和其他任何语言。他们的这些特征显示出，非世界化和未西化的人物对西方思想和意象在中国的本土化起到了显著的作用。他们在这一过程中的参与向我们提出了这样的问题：在“西方”经过了中国思想先驱和变法派的双重过滤之后，他们是如何感知“西方”的？他们关于“西方”文化的自我创造是否对中国文化产生了同质化的影响？

同质化的范围

要对文化的同质化予以界定极为困难。庆幸的是，历史学家对中国大众文化的一般概念和中医文化的特定概念已有过明确的阐述，这有助于澄清萦绕在文化同质化上的若干问题。这些学者从多个角度去观察中国文化，但他们的解释通常却指向了一个似乎带有绝对性的结论：中国文化一直与文化的同质化格格不入，直到 1949 年中华人民共和国成立后这种状况才发生了变化。

李欧梵（Leo Ou-fan Lee）和黎安友（Andrew J. Nathan）在关于中国大众文化起源的论著中描述了自 19 世纪晚期起大众媒体的引进，但他们没有发现 1949 年前这些媒体对文化同质化产生影响的证据。他们把大众文化定义为一种“上层有意识地设计和控制的、面向所有社会阶层的全国性文化”，并因此总结道，在中国，“直到 1949 年后，一个真正的大众受众才被创造出来”。[25]

当李欧梵和黎安友通过自上而下的观察来评价大众媒体的作用时，南森·席文（Nathan Sivin）在自下而上地研究中国消费者的医药观念时也得出类似的结论。根据席文的说法，在 1949 年前，中国消费者在医药上可以有多种选择，他们既没有将这些选择同质化为一个封闭而单一的“中医药”体系，也没有将它们同质化为“中药”和“西药”的二元选择。他将中国消费者选择治疗方法的多样性称为“寻医求药上的多样性”。他总结道，“寻医求药上的多样性的持续存在”对理解 20 世纪之前和整个 20 世纪上半叶的中国医药实践至关重要。他指出，“在社会和经济条件允许的情况下，中国人历来便从僧道、灵媒、术士、江湖郎中、针灸师、传统中医和其他人当中自由地选择治病方法”。该项研究写于 1987 年，席文注意到，在当时处于中国大陆边缘地带的一些华人社区中仍然可以有这样的多种选择。在中国，直到20世纪80年代，这些选择的“大部分”才被政府“当作迷信而予以根除，往日多样化的寻医求药方法也被传统医学和现代医学的二元选择所取代”。[26]

这些有影响力的解释所提出的分析和年代上的重要问题，也是本书要予以探讨的。李欧梵和黎安友关于大众文化是一种“上层有意识地设计和控制的、面向所有社会阶层的全国性文化”的定义，本书并未全盘采纳，这是因为这一解释是有问题的。如果字斟句酌地来看，它作为评估中国历史上大众文化所设定的标准是不切实际的。中国幅员辽阔，国情复杂，在这样一个国家，即使到现在是否有一种具有全国性质并适于所有社会阶层的文化媒介，都令人怀疑。而在任何国家，文化究竟是否会完全由上层设计并控制，也是令人生疑的。尽管如此，这一定义的好处是，它提出了大众文化的三项具体标准——对空间界限的跨越、对社会各阶层的渗透以及对文化媒体的控制——因而仍然值得保留。那么，根据这三类标准来看，20世纪早期的中国企业家对医药的市场推广在多大程度上是成功的？本书以下各章（尤其是第三章、第四章和第六章）将要叙述与评估的，是他们为达到全国规模，接触不同阶层，并使得中国消费者同质化为“真正意义上的大众受众”所做的努力。

同样，席文关于中国人“寻医求药的多样性”只是迫于设计和控制才让位于中—西医或传统—现代的“二元分法”的说法，本书在采纳前也必须先加以修正。席文以此来解释的，是中国消费者对医药临床实践的态度；而本书所要讨论的，则是消费者对医药产品的态度。但是，他所提出的问题不仅同中国消费者就作为药品类型的“中药”和“西药”的选择密切相关，也同他们对作为医疗实践形态的“中医”和“西医”的选择有着密切的联系。

正如我在以下各章中将要表述的，中国企业家为推进中西二元分法进行了积极努力。他们并没有让消费者自己区别历史上传承下来的中药和从海外引进的现代西药，而是煞费苦心地创造中国“传统”，并精心构造自己的也是中国人的看似西方“新药”的形象，并雄心勃勃地将其予以推广。

中国企业家使中国消费者的医疗方法多元性转变为他们的这一套中西二元分法的努力在多大程度上是奏效的？本书以下各章节将提出这样一种可能性，即李欧梵、黎安友和席文将1949年当作中国文化同质化发展的转折点的看法，是过于绝对了。如果本书各章节要说明什么问题的话，那就是早在20世纪上半叶，中国企业家便已通过大做广告对中国消费者口味的同质化进程作出了贡献。本书以下各章考察了1949年前广告对消费者所起的作用，对文化同质化进程的各早期阶段作出界定，并就这一过程在中国历史发展中究竟应当处于怎样的位置，提出相关的建议。

本书将在以下各章节中，对四个主题——长途贸易的边界、对政治障碍的规避、本土化进程、文化同质化进程的范围——逐一进行探讨，但每一章将着眼于不同的企业家和不同的企业。同时，从第三章到第六章，每一章所突显的印刷媒体也是不同的：第三章是海报和日历；第四章是店铺标志、店面和建筑设计；第五章是杂志和医药刊物；第六章是报纸和户外广告宣传，如广告牌、流动宣传队和游乐场等。这四章揭示了在医药行业利用新媒体推广产品的，正是推销西药的中国企业家。与此相对照的是，销售中药的中国企业家在19世纪和20世纪早期，还不大情愿使用此类媒体。

然而，如果因此便认为传统中药店在同时期消费文化的发展中没有起到任何作用，那也是不正确的。同西式大药店一样，传统中药店也在拓宽长途贸易的边界、规避政治障碍、推动地方化进程、加强文化同质化上作出了自己的贡献。传统中药房的促销手法与西式药房是有所不同的。尽管如此，正如销售西药的中国商人用自己新创出来的“现代西方”的意象去吸引中国顾客一样，销售中药的中国商人同样用自己新创出来的“传统中国”的意象来招徕顾客。

第二章

帝国传统的创造与老字号药店的发展

在现今北京城里所有的老字号药店当中，同仁堂或许是最朴实无华的。它没有在药店门上悬挂任何老字号药店的标记，药店内外亦毫无引人注目之处，然而它或许是中国最为繁忙的药店之一……

如同世界各地的其他药店一样，中国的老字号药店也是以其独家配方而驰名，同仁堂亦不例外。同仁堂配制了大约 20 种特效药丸，用来治疗相应的疾病，人们从全国各地慕名而来，购买这些药丸。

——约翰 · 卡梅伦

《中国北京药店的若干逸事》（1925 年）

在这段关于中国最著名的老药店的描述中，一位英国药理学家将其成功归结于出售药丸的号召力。约翰 · 卡梅伦（John Cameron）于 1925 年写下上述文字，当时他已在北京协和医学院药学系任教四年。通过在中国的旅行与调查，他注意到了“老式中药店”（如同仁堂）的市场营销与“新式药品专卖店”（例如在本书嗣后章节中所描述的专卖店）在市场销售上的差异。他观察到，所有老式中药店销售药品的方式很简单，就是仅在自家药铺销售自家药品。卡梅伦认为，此类药店早在宋代（960—1279）便已出现，他还写道，他在中国乡村和城镇都看到过此类药店。卡梅伦记载道：“人们在这个广袤国家的几乎每个村庄，都可以发现至少有一家老式中药店，而这样的药店在北京则数以百计。”这些药店都清一色地没有什么促销设计，顶多在外面挂一个招牌，店内则是“昏沉之景”。这些药店几乎“如出一辙——事实上，他们看起来似乎都是从一个模子里倒出来的”。[1] 在所有这些方面，同仁堂和其他老式中药店一样，同西式药店形成了强烈反差。卡梅伦说，西式药店是在 20 世纪早期才进入中国的，仅在极少数的几个较大城市里才有，它们“通常都是灯火通明并有许多玻璃橱窗”[2]，因此起到了轰动的广告效应。

同仁堂是否一直拒绝通过促销自家药品而完全凭借“独家配方”便能吸引“来自全国各地”的顾客？正如卡梅伦所描述的那样，20 世纪初期，众多老字号药店已遍布全中国的都市、城镇和乡村，同仁堂只是其中一家。[3] 它的确是一家老字号药店，它在北京的店铺甚至到了 20 世纪初期仍然保持着朴实无华的本色。一般来说，它和其他中药老店通常不会给自家药品和店面换上西式外观或在印刷媒介上刊登图片广告。在这个意义上，中国历史上的传统中药店和现代药店形成了鲜明的对比。

与此同时，如果说同仁堂老板们没有在药品推销方面付出任何努力，而仅凭其药丸就使得同仁堂名扬天下的话，那就与事实不符了。同仁堂由乐氏家族创立，而乐家为推销中药的世家，已有不下十代的历史。据记载，早在15世纪，乐良才便成为乐家从事这一行当的开山鼻祖。由于没有店铺，乐良才只好当起了沿街兜售药品的行商。因为他总在担子上系一个铃铛，因此被人讥称为“铃医”。[4]乐氏家族从这些困窘的起步，最终获得了财富和社会地位，其家族成员也成为将中国的精英传统巧妙转化为推销药品手段的行家里手。为了阐明乐家的销售策略，这里讲一讲乐家两名成员的故事：乐平泉（1810—1880），他建立起稳固的官商关系并将之转化为生意上的新优势；乐达仁（1877—1934），他用乐家老店的招牌在全国设立分号，以此作为行销药品的新形式。

乐平泉与同仁堂

1843年，当乐平泉成为同仁堂的掌柜时，他继承的不仅有家族的优势，还有家族的负担。乐家先祖于17世纪创建了同仁堂，但自1753年的一场损失惨重的祝融之灾后，到1843年，乐家已有长达90年的时间未能掌控同仁堂的生意了。乐平泉之前的几任掌柜，目睹了同仁堂销售收入的每况愈下，他则扭转了乾坤。他任掌柜37年，于1880年去世，此时乐家已经完全控制了同仁堂的所有权和管理权，同仁堂的声望也远播全国。

乐平泉取得成功的秘诀，在于他利用清朝的政治机构来推动商机。而他之所以能够这么做，是因为他承袭了家族的早年成就，尤其是乐家祖先曾成功地确保同仁堂被选中，为清朝宫廷进奉御药。

谋取功名

1669年，乐平泉的烈祖父乐显扬创立了同仁堂，并从一开始就寻求官方庇护。甚至连他为药店所起的名称也暗含着与官场的某种联系："同仁堂"源于使皇权合法化的儒家学说。其中的第一个字"同"意味着"共享"，或是整体的一部分；中间的"仁"字意指"仁爱"，乃儒家"五常"（仁、义、礼、智、信）之首；最后的"堂"字意指"厅"，几乎所有的老式药店的名称中都将其作为最后一个字。因此，"同仁堂"可译为"共享仁爱之厅"。[5]

在创办同仁堂之前，乐显扬已踏入科场，试图谋取功名。在孜孜准备之后，他参加了科举考试，却名落孙山。随后，他经人介绍进了太医院，成为一名吏目。太医院隶属内务府，专为清廷服务。内务府规模庞大，资金雄厚，并独立于一般官僚机构之外。[6]根据记载，他获得了宫廷医药秘方。[7]

得到秘方后，乐显扬的儿子乐凤鸣于1702年开设了同仁堂的第一家药铺。自1669年至他去世的1688年，乐显扬所经营的不过是一家小作坊，实际上也就是一间"药室"。而到了乐凤鸣的时候，他在北京最繁华的商业地带大栅栏开设了一家初具规模的药铺。[8]清军自 1644 年入关后，便将北京内城划为清廷及旗人专用之地。同其他的商人一样，乐凤鸣也得不到官方的许可，所以不能把同仁堂建在四围有墙的内城。于是，他把药铺设在了连接内城和外城的三大城门之一的前门附近，这样他便在官方允准的范围内，把店铺设在了尽可能靠近宫禁的地方。在大栅栏这一条狭窄的巷子里，挤满了众多有口皆碑的店铺，是北京声名最为卓著的商业区，乐凤鸣将店址选在此处，便会有各种各样的顾客上门。[9]

同仁堂一开张，乐凤鸣便赢得了宫廷的更大支持。像父亲一样，乐凤鸣成了太医院的吏目，同时获得了出版同仁堂药品目录的官方许可。1706 年，他出版了两种目录——包含 362 种成药配方的《乐氏世代祖传丸散膏丹下料配方》以及《同仁堂药目》。[10]在这之后，乐凤鸣及其传人定期扩充、再版和发行这些同仁堂药目，但除了甄别药材，从未透露过秘方本身或成药配制过程。[11]在 1889 年出版的《同仁堂药目》中，包括了 495 种成药配方。

乐凤鸣及其家族也通过亲属和同乡关系来扩大他们在宫廷中的影响力。乐家的关系网中至为关键的联络人，是御药房总管张世基。像太医院一样，御药房亦隶属内务府，为皇室成员服务。乐凤鸣和张世基是远房亲戚，两人的祖籍都可以追溯到绍兴。绍兴府位于长江下游，距北京东南 700 英里。到 18 世纪时，已有大批的绍兴人北迁至京，并且逐渐主导了政府的低层官僚机构。乐凤鸣特意让他的一个儿子迎娶张世基的女儿为妻，就是为了巩固这种同乡关系。[12]

乐氏家族通过这些手段，包括为科举考试做准备、为药铺命名、将药铺设于绝佳之处、在太医院内谋求职位、出版药目、动用家族及同乡关系加强同御药房总管的联系等，寻求着成为宫廷药品指定供奉者的机会。半个世纪以后的 1723 年，乐家最终如愿以偿。同仁堂一被指定为清宫供奉药品，乐氏家族便最大限度地利用这一机遇。每三个月，他们便要补充御药房的库存，以满足生活在皇宫里上上下下 1000 多人的需求。另外，由大约 100 位御医和药士等组成的太医院供职人员，无论何时需要配药，同仁堂都要随叫随到。[13] 在御药房总管张世基同乐家联手下，同仁堂成了拥有预先收取清宫款项这一特权的唯一药品供应者。[14]

在随后的 30 年里，即 1723—1753 年，乐氏家族由于皇室的惠顾而获利丰厚。同仁堂曾从雍正皇帝（1723—1735 年在位）那里预先收取了一笔总额为 4 万两白银的报酬；从雍正皇帝的继任者乾隆皇帝（1736—1796 年在位）那里，同仁堂预先收取的报酬是每年 3000 两白银。[15] 另外，同仁堂获得供奉御药的任命，也意味着其名字被收入内务府的货物名录，其中均系钦点之物，即已入“御制”之列。正如韩格理（Gary G. Hamilton）和黎志刚在关于中国帝制晚期著名流行商品名录的研究中所指出的那样，该名录“是（所有目录中）最为重要的……对于生产商而言，只要有一种产品进入这份名录，就能确保其名利双收，就像那些英格兰商人在其产品上标示‘为国王陛下所特制’一样”。[16]

然而，1753年一场突如其来的大火，使得乐家交结皇室权贵的阶梯以及同仁堂日进斗金的致富之路都中断了。这场祝融之灾烧毁了药铺，夺走了乐家多条人命，乐家的财富也蒙受了巨大损失。不过，同仁堂仍然保有官方授予的御药供应商的地位，并由乐家的姻亲、御药房总管张世基着手重建。张世基说服清宫拨款2万两白银，供重建同仁堂之用，但药店和乐家仍遭受了长期的挫折。[17]当药店重新开张时，乐家人仅持有20%的股份。在随后的几十年里，他们几乎丧失了对药店的控制权。1818年，在共由21家股东所持有的46.5股的总数中，乐家仅持有为数甚少的0.5股。19世纪初期，同仁堂在道光年间（1821—1850）所能收到的清宫预付款下降到了每年仅为2000两白银（在18世纪晚期尚且是每年3000两）。[18]屋漏偏逢连夜雨，1834年，每况愈下的同仁堂又遭到另一场大火的吞噬，药店被焚毁殆尽。

利用官方关系促进销售

1843年，距最后一场大火不到十年，乐平泉成了同仁堂的新掌柜，并通过与清廷之间的老关系来谋取新的商业利益，以复兴同仁堂。像乐氏先辈一样，他广交官场中人。在执掌同仁堂期间，乐平泉建立起了四通八达的人脉网。早在事业伊始的1854年，44岁的乐平泉就捐了一个四品候补道，就像当时的很多商人一样，这给了他一条交结官府更为便捷的途径。在他逝世的前两年，也就是 1878 年，68 岁的乐平泉又捐到了一个从二品典封，这说明当时他的影响力之广，因为清例捐官通常是不准纳入二品的。[19]

乐平泉用他的同行显然不用的手段，费尽心机地利用他与官场的种种关系去保护同仁堂的声誉。不过，和其他商人一样，乐平泉也无法通过法律诉讼来制止竞争对手的商标侵权行为（这里用的是西方的术语），因为清朝尚没有旨在防止侵犯知识产权以及复制商标或者字号的法典。根据安守廉（William P. Alford）对中国知识产权专利法历史的研究，清代商人总是发现，他们因这一法令阙如而处于软弱无助的地位。因此，他们很少恳请官员出面去保护其商行的声誉。即使他们偶尔这么做了，也鲜有成功的案例。[20]

如果安守廉关于商人在法律上居于被动地位的论述是正确的，那么乐平泉则代表了一个惊人的例外，因为他曾三番两次地要求官府出面保护同仁堂，以阻止竞争对手冒用其字号。1852 年，当于氏两兄弟开始以"同仁堂"的名义在北京开张销售中药时，乐平泉当即向北京中城察院对他们提出了控诉。他的控诉立竿见影，官府马上逮捕了于氏兄弟，并罚其戴枷游街示众，以儆效尤。[21]

1869 年，乐平泉再次动用官差，惩罚了一家字号与"同仁堂"相似的药铺。乐氏的另一竞争对手在北京开设了一家药铺，取名为"同人堂"，使用了"人"这个与乐氏药店中的"仁"字音同但是写法有别的汉字（假如说"同仁堂"可以翻译为"共享仁爱之厅”的话，那么这家“同人堂”则可以译成“共享人性之厅”;“仁”和“人”这两个汉字笔画都相对较少，前者为四画，后者为两画）。乐平泉再次提出控告，官府也再次查封了这家竞争对手的药店。为了保险起见，这一次官府还兴师动众地在整个北京城张贴了告示，警告其他人自此以后不许仿冒同仁堂。[22]

乐平泉在利用与官府的关系保护同仁堂声誉的同时，也利用与朝廷的关系，通过科举考试来提高同仁堂药品的销售。在其促销活动中，乐平泉精明地将参加科举考试的考生作为目标，视他们为传播同仁堂药品信息的理想人选。清代科举，三年一正科，届时数以千计的年轻人竞相赴京赶考，每次有 1 万人参加会试去考举人，五六千人参加殿试去考进士。[23] 顺利考取功名之人，将在京师和各省走马上任；而名落孙山者，则将惆怅地回到各自的家乡。在中国帝制晚期，很难想象，还有谁能比这批青年才俊在影响大众流行口味方面，具有更大的影响力。[24]

当各地举子进京赶考时，乐平泉便向每个人赠送两件礼物：一盏灯笼和一包平安剂。每件物品上都印着“同仁堂”和“乐”几个朱红大字。向考生们提供灯笼，意在使他们能够打着灯笼从其住所到达考棚里的号房，因为每天天亮之前他们就必须对号入座。但同仁堂更重要的用意，则是希望这些考生能将其药品带到新的岗位或带回家乡，作为礼物分发，以此扩大同仁堂的声誉。[25]

除通过科举考试以使中国的政治精英认同同仁堂之外，乐平泉也通过对北京城的福利事业大作贡献，使中国的社会精英认同他的生意。在寒风凛冽的冬日和酷热难耐的夏日，乐平泉都会在同仁堂门前开设粥厂，施舍穷人。他还在北京城的一些路旁安上了印有“同仁堂”字样的街灯，照亮了北京的人行道。另外，乐平泉还捐资成立了一个救火队，命名为“同仁堂普善水会”，并为之配备了从德国进口的最新式的水车。这是19世纪晚期北京仅有的几家民捐民办的救火队之一。1888年，普善水会从几家水会中脱颖而出。当时，紫禁城的贞度门失火，延及太和门上的塔楼，结果只有普善水会的水车能够将水喷得足够高，扑灭了塔楼上的烈火。随后，普善水会得到了权势熏天的慈禧太后的明令嘉奖，名震京师。[26]

在乐平泉于1880年辞世之后，他的夫人许氏接手了同仁堂的生意。他们夫妇二人都依靠乐氏家族，使得他们那些颇具创造性的推销手段行之有效。他们动员乐家人筹集资金，收购了非乐家成员持有的所有同仁堂股份。他们从不雇用外人，只用乐家自己的男丁、妻子和儿子。乐家之外的所有人都被排除在外，甚至包括乐家自己的女儿，因为依照中国习俗，她们迟早都要嫁出乐家，成为他人的妻室。乐平泉夫妇通过这些措施，来保证同仁堂制药的秘方不会外泄，并把乐家人培育成一支训练有素的制药队伍。[27]在这一过程中，他们建立起了一套能持久运作的机制。

乐平泉逝世后，许氏制定了更多的家规，特别值得一提的是支付所雇员工薪水的制度，即降低月薪，提高每天的薪水提成。从 19 世纪后期到 20 世纪 50 年代，这套工资体制一直都在实施。[28] 直到 1907 年许氏去世，亦即清朝垮台前夕，她的继任者们才开始重新整理她和乐平泉的遗规。

后帝制时代的同仁堂

1911 年，统治中国 268 年的清朝被推翻，中国 2000 多年的帝制体系也寿终正寝。人们可能会认为，与朝廷有着千丝万缕联系的同仁堂或许会遭受重创，甚至倒闭关张。不会再有什么御药房到同仁堂来买药了，不会再有大清帝国的官差来保护同仁堂免遭竞争对手的仿冒了，不会再有进京赶考的举子来给同仁堂的药品打广告了。然而，出人意料的是，尽管同仁堂失去了皇家的庇护，它的生意却蒸蒸日上。1922 年，即清帝正式逊位后十年，乐家做出了一个惊人之举，鲜明地呈现出了清朝皇室的孱弱不堪和同仁堂的历久不衰之间的对照：他们一笔勾销了清廷累计欠下同仁堂的实银 187387 两以及制钱 235634 吊的债务。[29]

为什么同仁堂能够在清朝覆灭之后生存下来，并在 20 世纪初年继续得到发展呢？在乐平泉的遗孀许氏去世后，乐家成员碰头商量，根据一套条文分明的章程，设计出了一种新的正式合伙制。尽管（也可能是因为）他们无法在同仁堂掌柜人选的问题上达成一致，才接受了这种合伙制。按照中国人分家的习俗，他们把家族的财产平分给了乐平泉的四个儿子，并将同仁堂置于“四房共管”之下。根据这一安排，四房各派一名代表组成一个联合管理处，负责每年给每房分发1万两白银。整个20世纪上半叶，四房都未能推举出一位常任掌柜。最终，他们增加了一条规定，即每年同仁堂银钱账簿都应加盖每一房的印章才有效，四房各自持有一把能打开同仁堂药库门上四把挂锁之一的钥匙。根据这种安排，只有四房代表都到场的情况下，才能打开药库的大门。[30]

在这种相互分离且互不信任的领导体制之下，1907年，乐家人同意接受并实行乐平泉为同仁堂所定的家族传统。遵照乐平泉的做法，乐家人决定只保留位于北京大栅栏的这一家同仁堂药店，各房不能以同仁堂之名在他处另开分号。他们将同仁堂视为整个家族的共同财产，发誓要防止其他人获得秘方或使用同仁堂的名字及招牌。[31]

20世纪初期，乐家人在四房共管制度下严格执行了这些政策，并克服了几乎所有来自家族各成员的挑战。1926年，乐家的乐达仁在距北京西南约1000英里的长江上游城市成都开设了一家新药店，冠名为同仁堂，这就使得1907年的家族决议面临考验。他声称，当地的一个陈姓家族冒用了同仁堂的名字，将自己的药铺称为“同仁堂”。与此同时，陈家则反过来指控，侵犯经营权的其实是乐家，并宣称他们自1740年以来就一直在成都独家拥有并经营同仁堂药店，比乐家在北京独家拥有和经营同仁堂药店的历史更为久远。双方僵持不下，矛盾越闹越大。陈家依照20世纪初制定的一项法规，控告乐达仁侵犯了其商标权。乐达仁起而反击，设法把这场官司由成都改移到当时中国的最高法院——北京的大理院进行审判。然而，在他的老家北京，他却因未能赢得乐氏家族的支持而败诉，并不得不更换他在成都所开药店的名字。[32]

两年后的1928年，来自乐家另外一房的乐笃週，又在位于北京以南600英里的长江下游城市南京开设了一家同仁堂分号。这种公然违反家规的行为，招致了来自乐家其他各房的狂风骤雨般的批评。[33] 乐笃週曾于20年代初期在法国学习商业管理，之后怀揣着建立一个实验室以对同仁堂的药品进行化学分析的宏伟计划回到国内。但是事与愿违，乐家断然拒绝为他的计划提供任何资助，并严厉地斥责他的“忘祖”行径。[34] 尽管遭到家族的反对，乐笃週还是自己筹措资金开设了一家新药店，并向家族提出了一个无法拒绝的建议：如果南京这家药店赚了钱，他就会与所有乐氏族人均分利润；而如果这家药店亏了本，则所有的债务都由他一个人承担。正是在这些条件之下，乐笃週才说服整个家族勉强允许他以同仁堂的字号经营南京这家药店。[35]

1931年，与乐笃週同出一房的乐祐申试图按照乐笃週的做法，在北京以西300英里的华北城市太原挂牌开设一家“北京同仁堂分店”，但是他却无法依葫芦画瓢。当本地竞争对手对这家药店与北京同仁堂的关系提出质疑并控告乐祐申欺诈时，北京的乐家出面证实这家同仁堂分店的开设并未获得他们的认可。由于缺乏来自家族的支持，乐祐申最终只得让步，摘下了同仁堂分店的招牌。[36]

此后，在20世纪30年代和40年代，乐家除了在北京和南京的两家药店之外，再也没有以同仁堂的名义开设过其他分店。[37]尽管这看似是一种自我限制的商业策略，但同仁堂却声名远播。20世纪20年代，北京同仁堂的日销售额高达3000元，它的药品行销各省以及东南亚、欧洲和美国的海外华人圈。[38]

如果说，同仁堂仅有两家药店，又随着清王朝覆灭而失去同皇家机构的联系，那么，乐氏家族是如何使其药品在20世纪初得到如此广泛的推广呢？乐家人在恪守家族传统，限制以同仁堂的字号开设分店的同时，并未忘记推陈出新，他们通过以其他的名字开设“老字号”药店的方法，创造出了新的传统。

乐达仁和乐家老铺

在1907年的家族会议上，乐家四房共管的体制虽然禁止家族成员以同仁堂之名开设新店，却并未禁止他们以其他的名号开店。事实上，按照乐家的规定，所有家族成员都可以在所开药店的字号中使用同仁堂的“仁”字，也可以在别处（通常是印在店面上）加上“乐家老铺”的标识。根据这一协议，只有北京大栅栏的总店才能使用“同仁堂”的名字，这也为乐家人以间接继承老店衣钵的方式开设新店扫清了道路。[39]

这个口子一开，乐家的各色人等便纷纷在全国广开分店。

1907年到1949年，他们总共在24个城市开设了34家销售传统中药的乐家老铺。[40]这些药铺的开设者均来自乐家的四大房，其中又数乐达仁的生意最为成功。乐达仁的父亲是乐平泉之子，于1912年去世，为他和弟弟留下了总额高达6万元（约合4万两白银）的遗产。乐达仁于1914年开设第一家店铺时，便是从中提款作为开业资本的。[41]在此后的20年间，乐达仁稳扎稳打，拓展生意。直到1934年他去世时，所累积的资本总额已高达100万元，每年的销售收入高达100万—125万元。[42]乐达仁的达仁堂是乐家整个药店系统中规模最大的一家，他对达仁堂的管理，充分揭示了乐家人作为商贾之家出身的生意人，如何在帝制后的中国逐渐适应潮流并运用“传统”来吸引消费者。

创建过分展现传统的新店

像他的几位来自乐家四大房的亲戚一样，乐达仁到过西方。[43]他生于1875年，从小在北京长大。1900年，青年乐达仁随清朝出使德国大臣吕海寰前往欧洲游历。1907年至1912年，他周游了德国和英国。这期间正是大量连锁店开始在英国和德国各地出现的时代。[44]当他于清朝覆亡后返回中国之时，就因为在达仁铁工厂和渤海化学公司等工矿企业的投资，而获得了西式资本家的名声。他还开设了连锁药铺，但并没有给它们换上西式门面，也没有在西式媒体上打广告。[45]他给药铺起名为“京都达仁堂”，但他不是按自己的名字来给药铺命名的。他采用“仁”和“堂”这两个字来表示自己与同仁堂一脉相承，同时又表达了达仁堂将超越“京”都而广“达”天下的意思。

从一开始，乐达仁便精心选择总店的所在地，以便为分店供货。尽管药铺的名字中提到了北京，但他从来没有打算将总店设在那里。起初，他试图将达仁堂总店及工厂设在上海，因为上海是中国当时从事城际贸易最多的城市。但他设在上海的药厂不久便垮掉了，这是因为上海所处的长江下游地区的气候过于潮湿，不利于贮存及加工产自华北的药材。因此，乐达仁于 1914 年将总店和工厂从上海迁至华北地区城际贸易最为活跃的天津，设在天津红桥区的沈家栅栏。[46] 此后 20 年间，他陆续在另外 12 个城市开设了 18 家分店，散布在中国九大区域中的八个中心地带：东北的大连和长春，华北的青岛、开封和郑州，西北的西安，长江下游的上海，长江中游的汉口和长沙，长江上游的成都，东南的福州，华南的香港。只在西南地区没有开设分店。[47]

在遍布全国的这些城市中，乐达仁是以能够引起消费者瞩目的方式来设计建造药店的。正因为如此，达仁堂与同仁堂形成了鲜明对照。当时，同仁堂药店尽管处于北京大栅栏的黄金位置，但它的店面却非常不起眼，建筑为梁柱结构，正面是简朴的木制格子，屋顶是普通的瓦面，开放的正面使用门板以及不带玻璃的窗户。这个店铺开设于 1900 年，然而义和团运动时的一场大火曾烧毁了先前的建筑。[48] 正如约翰 · 卡梅伦在 1925 年时所描述的那样，“在现今北京城里所有的老字号药店当中，[同仁堂] 或许是最朴实无华的”。[49]

如果说同仁堂是朴实无华的话，那么达仁堂就另当别论了。与未加装饰的北京同仁堂药店形成对照，位于天津的达仁堂总店经过了精心装潢。与同仁堂的基本设计相仿，达仁堂也采用了梁柱结构，但它的进口处却显得更为气势恢宏：先是石阶，而后是如意式门楼下厚重结实的大门，大门上方是龙凤呈祥及百花争艳的雕刻，雕刻的上方悬挂着药店招牌，大门两侧垂下一副楹联。厚重的正门通向一座四合院，当人们沿路走向药房和问诊室时，可以看到庭院里的假山以及象征自然、长寿、健康的道家器物。药房门市中间柜台的上方，悬挂着一方牌匾，白底黑字，上书“京都达仁堂乐家老铺”，书法风格同18世纪乾隆皇帝为同仁堂所题写的店名如出一辙。尽管这种设计和装饰风格展现了中国在与西方广泛接触之前的博大，但乐达仁还是毫不迟疑地使用进口的西式建筑材料，特别是安装在前门两侧的平板玻璃窗户。[50]

达仁堂遍布全国的分店在建筑风格上也都仿效其天津总店。它们的进口处都有石阶、威严的大门、大门上方的雕镂、店内外的招牌、楹联、庭院和玻璃橱窗。这些分店像达仁堂的天津总店一样，在药店门市的后面都设有药库。分店与总店的唯一不同之处就是规模大小，总店占地面积约有1300平方英尺（其中门市占300平方英尺，近28平方米），而位于汉口的最大分店仅占地200平方英尺（不到19平方米）。[51]

如果说达仁堂的外表是对传统的过分炫耀的话，那么它的内部也同样如此。像同仁堂和20世纪初中国其他几乎所有的老药店一样，达仁堂的每一家药店都有一个U字形的高柜台，其左边是配好的成药，右边是处方药，中间是结账处。[52] 但乐达仁对这种传统的内部设计作了改进，添加了一项传统所没有的新特征：在柜台中间嵌入了一副约3米长的算盘。当账房先生们砰砰地拨弄串在算盘黄铜梁上的檀木算珠时，清亮巨大的噼里啪啦声就会在柜台及整个药店里回荡，余音绕梁之时，正是生意兴隆之际。如此一来，乐达仁就打破了老式药店里一贯的肃静，用这种清脆响亮的声音去吸引顾客，正如露天市场上的喧闹声能让顾客倍感兴奋一样。[53] 乐达仁的达仁堂，正是通过这种声音及其店面去吸引顾客的。

以传统方式接待顾客

一旦顾客跨进达仁堂的大门，乐达仁就以传统方式来接待他们，而且他对达仁堂的员工也按照传统方式进行培训。正如我们已看到的那样，乐达仁的祖父乐平泉只用乐家自家成员去经营北京的那一家同仁堂药店，乐达仁也遵循此例，只用乐家自己人来经营天津的达仁堂总店，达仁堂的所有药品也都是根据秘方在总店配制的。[54] 乐达仁在天津之外所开设的分店，也一律遵循这一家族式管理的模式，由一位当地家族的成员来管理分店。当然，分店归乐达仁家族而非当地家族所有，但乐达仁试图将其他家族和乐家联系到一起，因而将当地家族的青年人带到天津来，想象着把他们当作自家人看待，并把他们收作学徒，然后再送他们回家乡所在地的达仁堂分店工作。

在天津达仁堂总店，乐达仁自己所扮演的是老派家长的角色，对徒工们拥有绝对的权威。他亲自为每一位达仁堂的先生起一个号，每位先生要带领八至十位徒工，并同他们生活在一起。在先生的督导之下，徒工们每天要工作八个小时，晚上则要学习。他们要用三年时间学习传统中医理论、书法、算盘的使用，最后还要熟记中草药疗法的400条基本准则。一旦徒工顺利满师，乐达仁就把他们提拔为先生，给他们起个号，再将他们派到各自家乡的达仁堂药店工作。[55]

这些外埠分店的查柜（经理）走马上任后，乐达仁继续将他们视为家族成员。他设法通过师徒关系和虚拟的家族关系将他们与自己捆绑在一起，希望他们遵守他为查柜所编手册《言出法随录》里的种种规矩。查柜们要定期通过内部的《号讯》向他汇报业务。[56]最后，乐达仁确实证明他与职员的这种家族关系所言非虚，他向长期以来忠心耿耿为达仁堂服务的员工允诺，可以由其儿子来接他们的班，而他也的确履行了这一承诺。[57]

乐达仁通过这些方法培训各分店的查柜，是为了让顾客有每家达仁堂药店都是本地化药店的印象，并和其他“传统”中药店一样，一般都采用师徒制来培训学徒。[58]实际上，乐达仁的药店是全国连锁，但其员工的招募和培训却使其每一家分店看上去都似乎是家族经营的一般。

发扬传统

在推广达仁堂方面，乐达仁并不时髦，他没有通过五彩斑斓的海报、广告牌和其他视觉媒介来打广告，而仍旧沿用类似于同仁堂所使用的促销手段。像同仁堂一样，达仁堂仅在印刷媒体之一的报纸上做广告。而且，即便在这些报纸上登广告时，这两家药店的做法也与国内的西式药店迥然不同，不用图片，并采用传统书法中的草书来书写店名；而国内西式药店则恰恰相反，使用现代美术字题写店名。[59]一般而言，达仁堂像同仁堂一样，都通过相同的文化媒介来宣传自己。不过，与同仁堂相比，达仁堂吸引顾客时在某种程度上显得更为开门见山，而不如同仁堂来得含蓄。

在向顾客提供药品方面，达仁堂也紧随同仁堂的做法。一些老式中药店向顾客出售原料草药后，顾客要回家自己煎制，但达仁堂和同仁堂通常都会配制更为方便的中成药。像同仁堂一样，达仁堂经常以“大丸”的形式配药，这种大丸有胡桃般大小，外面通常裹有一层白蜡，顾客将之打开后，里面有 50 至 100 粒小药丸。[60]

达仁堂和同仁堂药品的区别，主要在于前者的价格政策更为直截了当。在同仁堂的整个发展历史中，它建立起了绝不打折和只选用最上乘草药的名声。到了 20 世纪，同仁堂依然通过控制华北地区的草药购买来维持这一标准。全国各地众多的中药店和中药商会都要定期派人前往华北最大的药市采办药材，而只有同仁堂及其商会常年在乡村地区驻有经纪人、采办处以及私宅。[61]达仁堂也在同样的药市购买上乘的原料草药，但当同仁堂小心谨慎地避免谈及其药品的价格时，乐达仁却采用“善价”这种对顾客而言颇具吸引力的策略来推销达仁堂的药品。[62]

同样，在决定其药店应出售哪些药品方面，乐达仁从仰赖同仁堂的药品起步，再辅之以达仁堂自制的药品。在其巅峰时期，达仁堂药店的货架上有多达1000种药品，均系同仁堂或达仁堂自制，囊括专为男、女、老、幼所用的各种药品（见表2.1）。

表2.1　同仁堂和达仁堂的主要药品

药品名称	功能	适宜人群
参龟鹿茸丸	温阳固肾，滋阴益气	男性
乌鸡白凤丸	补气养血，调经止带	妇女
女金丹	调经养血，温宫散寒	妇女
九方至宝丹	解热健胃，止呕止泻	儿童
小儿回春丹	清热解毒，治疗惊厥	儿童
虎骨酒	祛风散寒，活络关节	老年人
牛黄清心丸	清心解毒，祛风化痰	所有人群
安宫牛黄丹	退热醒神，安心开窍	所有人群
狗皮膏药	祛风散寒，活血止痛	所有人群
大活络丹	舒筋活络，治疗瘫痪	所有人群

资料来源：侯式亨:《北京老字号》，第401页；何贝:《天津达仁堂》，见《津门老字号》，第261—262页；北京中医药老年保健研究所:《北京同仁堂名药》，第1—11页。

为了促进达仁堂的药品销售，乐达仁在同仁堂的推销方法上推陈出新，以迎合时代需求。例如，他像他祖父一样变成了一名慈善家，但他所资助的机构在他祖父那个时代还并不流行。1921 年，乐达仁在天津创办了达仁女校，自任校董事会主席，并聘请著名教育家马千里出任校长。直到 1926 年这所学校关闭，乐达仁借助它在公众中赢得了很好的声誉，并吸引了包括周恩来之妻邓颖超在内的进步教师。1924 年，乐达仁在天津开设了另外一家慈善机构——免费的达仁眼科诊所，由颇受尊敬的眼科医生黎宗尧负责义诊。[63]

每逢传统节假日，乐达仁便采用他祖父或许也曾使用过的方式进行庆祝，但通常会加上他那顾客导向的格调。唐代的道家医师孙思邈曾编过三十卷的《千金要方》，被后世尊奉为“药王”。每年农历四月廿八的药王爷生日，乐家都要雇请京戏戏班搭台演出，并设宴款待当地名流。这些宴席大约可与他祖父当年所举办的宴会相媲美。同样，每年的正月初二，乐达仁会在达仁堂总店内敬财神，届时人们纷纷前往。为了从这一文化活动中达到商业宣传的目的，乐达仁还加上了自己的噱头，给来者每人发一枚价值两角的银币。他的另一个取悦众人的法宝，是有一支举办免费音乐会的乐队。他从达仁堂以外招募了一名音乐指挥带领这支乐器齐全、服装讲究的乐队，而乐队成员也都是达仁堂的全职员工。[64]

保留传统？

在乐达仁和乐家其他成员的经营下，同仁堂和乐家老铺展现出了非同一般的活力。20 世纪二三十年代，乐家将几个儿女送到欧洲和美国接受教育。这些留学的子女回国之后，便被委派到管理岗位，打理家族的中医药生意。他们中的一些人自此一直担任同仁堂的管理人员，直到1949年中华人民共和国成立以后依然如此。[65]

20世纪50年代初，乐达仁的侄子、前北京警察厅督察长乐达义的独子乐松生，带头为新成立的中华人民共和国作出了贡献。他欣然响应政府的政策，特别是把像同仁堂和达仁堂这样的资本主义企业转变为公私合营企业。1955年，毛泽东、周恩来和其他领导人接见了乐松生，称他是他们在华北最重要的资本家盟友，并任命他为北京市副市长。[66]自公私合营以后，在国家的管控下，同仁堂经历了变革，并开设了多家分店。1991年，同仁堂被评为国家一级企业，并且在40多个国家注册登记。然而，同仁堂总店仍然藏身在北京前门南面大栅栏那条狭窄的巷子里，它的驰名之处依然在于不通过西式广告而依靠其“老商号”的身份来吸引中国消费者。[67]

对同仁堂的这种描述可能会给人留下一种印象，即乐氏家族是通过墨守传统而得以保存同仁堂及他们的其他药店的。如果真是这样，这种印象其实是不对的。正如我在本章中所描述的那样，乐氏家人在19世纪末20世纪初与其说是更多地坚守传统，倒不如说是更多地为传统赋予了新的内涵。

为传统赋新意

约翰·卡梅伦在1925年曾说同仁堂的药丸使它名扬天下，本章并没有反驳他的这一观点。毫无疑问，同仁堂和达仁堂的成功至少应部分地归功于其药品的功效，这在当时给中外的药理学家留下了很好的印象。事实上，当时全球最大的现代药品制造商德国拜耳公司便是达仁堂的西方赞赏者之一。达仁堂给它留下的印象是如此深刻，以至于它在20世纪30年代曾向乐达仁提出了组建合资企业的建议（这一提议后来由于厂址等后勤原因而未能落实）。[68]但是，卡梅伦所表达的另一层含义，即同仁堂药品的声誉是在完全不进行推销的情况下获得的，则与同仁堂自身的历史不符。乐平泉和乐达仁都积极推销他们的药品，并且在这一过程中对家族的企业进行了切实的改造。

若以19世纪末20世纪初这一时期判断中国商人是否传统的通常标准来看，乐家其实并不传统。用当时北京的文坛领袖及评论家老舍的话来说，乐家没有像一些老式的北京店主那样被动地将过去的所谓“君子之风的买卖”全盘保留下来。[69]要说乐家留有“君子之风的买卖”的话，那就是他们没有借助19世纪末20世纪初才从西方引入中国的海报、广告牌和其他图画媒介来促销其药品。但是，他们决定不采用这些西式广告媒介，似乎更像是积极的市场营销策略的一部分，而非对传统的被动接受。

乐平泉没有被某个单一的旧传统所束缚，而是对旧例作了很多富有想象力的改变，创造出诸多的新传统。乐达仁则以传统的名义进行了更为激进的革新，尤其是他为了管理药品在各地区间的销售而在全国各地广设分店。乐达仁早在周游西方之际，就曾观察过西方的商业行为，并似乎已能老到地将西方商业组织形式（如连锁店）与它们的广告活动（尤其是通过印刷媒体打广告）区分开来。由于他在中国所面对的主要营销问题是如何满足市场需要，因而他欣然接受了西方连锁店的观念。但是，他既不需要重塑中国消费者的偏好，也不需要培育市场对其产品的需求（他们的产品早在乐平泉之前就已在中国广为人知，在乐达仁之后也是历久不衰），就断然拒绝通过印刷媒介刊登西式广告，通过其他途径来凸显其药店和药品的老字号传统形象。

正如本书在以下各章节中将要描述的那样，乐达仁在采用连锁店的组织形式以及设计出达仁堂这种颇引人注目的新型“老字号”药店等方面，同那些经营西式药店的中国老板有着极为相似的地方，并同引人注目的“现代”西式药店处于互补关系。但是，经营西式药店的中国老板们面临着完全不同的市场营销问题，因而也制定了不同的广告策略。他们和乐达仁不一样，他们所面对的状况是中国消费者对其产品一般来说并不熟悉，因此便利用西式图画媒介来提高或创造消费者对其药品的需求。

具有讽刺意味的是，同乐达仁相比较，中国的西药经销商缺乏在西方生活以及同西方人打交道的经验。他们一般都没有到过西方，也没有在国内外上过西方赞助的学校，没有在西方公司及其他西方机构接受过培训。像乐家一样，这些中国企业家销售的是在中国生产的药品，但是他们统统以一种自认为是西式的风格，去包装药品、装修药店以及设计各类广告。一般来说，经营西式药店的中国老板都不通西方语言，也缺乏在西方国家生活的亲身经验，因此，在没有向西方人咨询的情况下，他们凭借着自己的想象力来设计广告，以此将其药品塑造成“西药”。他们当中制作出了最富想象力的“西式”广告的，是有着“中国广告大王”之称的黄楚九。

图 2.1　18 世纪的北京。同仁堂药铺就在图中所标出的圆圈中，正好在通往前门的大道左侧。

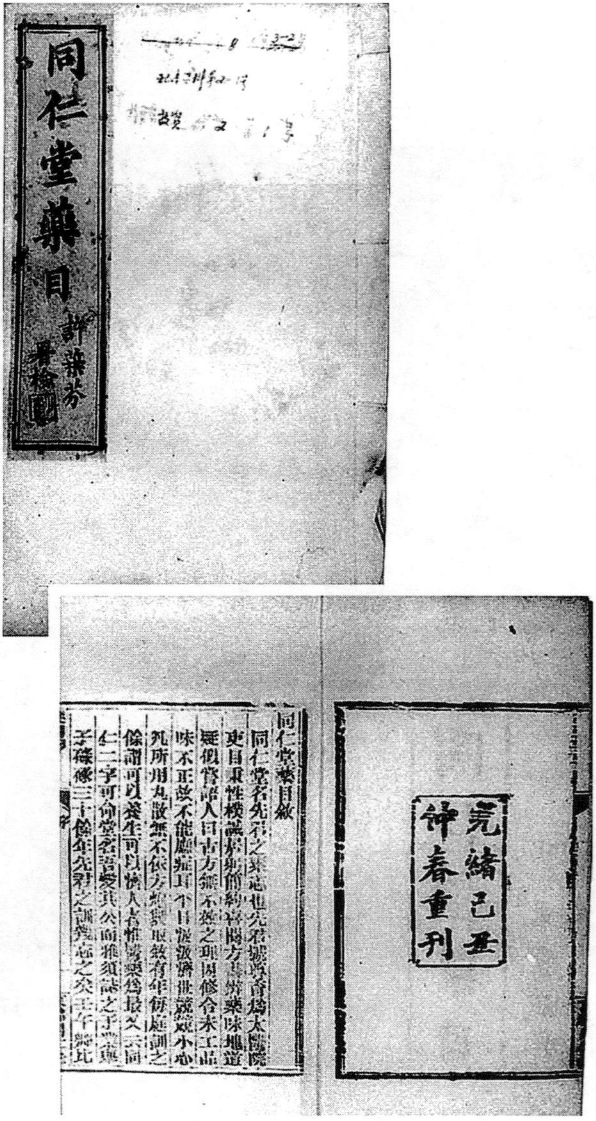

图 2.2 《同仁堂药目》初版出现于 18 世纪早期。图中的版本出版于 19 世纪末，载有 495 种成药配方。

图 2.3　19 世纪 90 年代的乐家合影，此时乐平泉的遗孀许氏（倒数第二排右四）正当家。

图 2.4　1925 年，北京同仁堂那昏暗不起眼的建筑，始建于 1900 年，是 20 世纪早期同仁堂的药铺。

第三章

广告之梦

今天……中国一般社会欢迎的是月份牌。月份牌上的女性是病态的女性。月份牌除了技巧不纯熟之外，它的内容尤其卑劣。中国现在并非没有健康的女性，而月份牌所描写的却是弱不禁风的病态女子。这种病态，不是社会的病态，而是画家的病态。

——鲁迅

《鲁迅在中华艺术大学讲演记录》（1930 年）

鲁迅这位中国大文豪和批评家的上述看法是否正确？广告难道完全只是商业艺术家“病态”幻想的表现，而完全没有反映社会的情况？如果真是这样的话，那么月份牌和其他的广告又为什么会像鲁迅说的那样，受到“中国社会普通民众欢迎”呢？[1]

鲁迅无疑是正确的，他没有采纳广告直接反映社会现实或简单地表达大众态度这一普遍且不可信的假设。那种试图把广告想象为一面镜子，能映射出社会和大众思想的真实形象的假设，是有诱惑力的。然而，研究西方历史上广告问题的专家已经令人信服地表明，广告的作用至多不过是像美国历史学家罗兰·马钱德（Roland Marchand）所指出的那样，“（它）不是一面真实的镜子，最多也就是一面哈哈镜，一面扭曲真实的镜子……（它）是一面游乐场的镜子，不仅扭曲真实，还会取舍选择”。[2]

如果说，鲁迅没有把广告简单地归因于社会是对的，那么我认为，他把广告的责任统统算到商业艺术家的头上却是错的。正如我们在本章稍后将要了解的那样，一些中国商业艺术家作为广告形象尤其是广告中妇女形象的创造者，确实发挥了关键作用，但在20世纪上半期，他们并不是在中国创造和传播广告的主要历史角色，更不是唯一的角色。在此过程中，中国企业家起了更为关键的作用。为了说明他们的这一作用，本章要着重探讨的是黄楚九（1872—1931）。他是一名生产和经销“新药”的商人，也是20世纪早期中国的“广告大王”。[3]

用西方办法解决中国问题之梦

20世纪初的中国人渴望用西方的办法来解决自己的医疗问题。基于此，黄楚九第一次大打广告战。他为了测试民众渴望的程度，推出了中国第一种形似西药而实为本国制造的药品。他把这种药装在瓶里分发，冠名“艾罗补脑汁”，听起来很像是一种西方药名的中文音译。而且，黄楚九找到当时中国最大的出版社商务印书馆，让其在药品的商标和外层包装纸上用英文印上了“invented by Dr. T. C. Yales（由艾罗医生发明）”的字样。因此，此药在外观上给人们的印象是一种西药。[4]

“西式”替代品的中国渊源

尽管黄楚九没有什么西方合伙人，也没有西方的资金背景，更未去过西方，也从未学习过任何西方的制药知识或接受过西方教育，但是他却把“艾罗补脑汁”打造成西药的模样。1872年，黄楚九出生于上海以南100多公里的浙江省绍兴府余姚县桃源村。父亲是一名中医，所以他曾在父亲的医馆里当过学徒，学得了一些中医药知识。直到15岁，他一直在村里的私塾念书（私塾排斥西式的教育改革而实行传统中式教育）。[5]他生平只上过一次西式学堂。那是1887年他父亲去世后，他和母亲一起搬到上海，随后曾短期就读于清心书院。不久他就发现当街头小贩兜售药品赚钱的机会，于是开始逃课，后来干脆退了学，彻底同求学生涯告别。从那以后，他开始逐步建立起销售中药的生意，起初在城隍庙周围的茶馆和酒肆兜售药材，不久他和母亲在上海老城区开了一家小药铺，当了老板。[6]

1890年，黄楚九把他的店铺搬到了上海法租界。通过将传统药铺重新装修成新式风格的药房，他迈出了将旗下的生意打扮成西药的第一步。他放弃了最初的传统店名——颐寿堂（这种以“堂”结尾的店铺多见于中国旧式的药铺，如“同仁堂”“达仁堂”等），代之以一个听起来很洋气并且很契合上海法租界的名字——“中法大药房”，使用了“药房”这个汉语里的新词。他还给他的新药房起了个英文名——“The Great Eastern Dispensary”，并把这一英文名字和药房的中文名称放在一起，印在药房信纸的抬头处和药房的商标上。后来，他又将药房从法租界搬到了公共租界，这是他最后一次搬迁店址。[7]

黄楚九的药房和“艾罗补脑汁”的商标看起来颇具西洋风格，但实际上此药不含任何西洋成分。他从一个名叫吴坤荣的制药商那里买到了这个原本用于镇静安神的处方。随后，黄楚九雇用了40名工人来生产和装瓶，并且通过他和其他中国人开办的新式药房进行销售。黄楚九在广告推销的过程中只选择中文媒体，如中文报纸、传单和海报，而且不遗余力地把他的“西”药放在中医的语境中加以宣传。[8]（因为黄楚九的药房和本书中提到的其他药店都把广告宣传集中在中文媒体上，而且都是通过其药品的中文名称而非英文名称来获得消费者的认可，所以，我在本书英文版中提到这些药房时，使用的都是从其中文名称直译过来的英文名称，而不是其正式的英文名称。例如在黄楚九这个案例中，我便称药房为“Great China-France Drugstores”，而不是“The Great Eastern Dispensary”。）

黄楚九的广告力劝国人尝试他的“西式”补脑汁，以弥补中药的不足。他煞费苦心地将不足追溯到中医“五脏六腑”的理论，指出这种理论的问题在于它过于集中强调身体的功能，而忽视了脑子的功能。于是，黄楚九根据他知道的西医理论，指出脑子乃“第六脏”，并在此发现的基础上，宣称他已构建了一个新的理论体系，亦即“六脏六腑”理论。[9]

因此，虽然黄楚九在广告中是以西方医学理论作为“艾罗补脑汁”的基础，但他的信息又是通过深深植根于中医理论的术语和逻辑来传达的。尽管黄楚九声称他采纳的是西方医学的看法，但他在描述身体时，却使用的全是“脏腑”一类的说法，而不用“器官”这样的术语。用医学史专家满晰博（Manfred Porkert）的话来说，“关于特定‘脏腑’的陈述在任何情况下都无法同西方思想中关于相关‘器官’的陈述完全等同起来……认为中医对‘脏腑’的描述和西医对其基本特征的说明可以混为一谈的想法（是绝顶荒谬的）”。[10] 事实上，黄楚九从未就中西思维模式中“脏腑”和“器官”的差异作过任何评论，也没有对两者在健康和疾病等一般性问题上的差异作过任何评论。黄楚九一直坚持只用中文术语做广告，夸口说他发现了关于“第六脏”的西医理论，并表示中国人对“健脑”的需求正是他的药品可以满足的。[11]

为“西洋风格”除障开路

黄楚九的“艾罗补脑汁”刚刚上市不久，就碰上了两桩广告索赔案。1907年，也就是在黄推出“艾罗补脑汁”还不到一年的时候，一个“美国小无赖”（黄家对这个故事的记载中便是如此刻画对方形象的）要求黄赔付产品专利使用费，因为这个美国人宣称他是艾罗博士即“艾罗补脑汁”发明者的儿子。黄楚九并不认为这是一个多大的威胁，他悄悄地支付给这个艾罗先生一笔钱，作为交换，他让对方签了一份法律文书，同意将有关“艾罗补脑汁”的一切权益都转让给黄的中法大药房。[12]

1907年晚些时候，另一名叫艾罗的葡萄牙医生又提出了控告。这名常驻上海公共租界的医生控告黄在未经其允许的情况下使用他的名字来促销药品，并申请在公共租界的会审公廨进行审判。由于这次控告无法在庭外和解，黄楚九便出庭和这个西方人当面对质，并利用这一机会为他的生意大造声势。

黄楚九辩解说自己是无辜的，说他之所以在商标上使用“T. C. Yales”这个名字，是因为这是他自己名字的西式写法。黄楚九解释道，他姓黄，也就是英文“Yellow”的意思，而由于“Yellow”在西方并不是一个常用的姓氏，他才选择了一个听起来像“Yellow”的普通西方姓氏“Yales”。至于“Yales”之前的“T.C.”，黄楚九说这只不过是他名字中的“楚”和“九”按照家乡方言发音，用罗马拼音转写之后的头两个字母罢了。[13]

黄楚九在法庭上的表现很有迷惑性。法官认同了他的说法，并驳回了对方的索赔请求。报社记者也不遗余力地对黄楚九的胜诉大肆渲染。结果，黄楚九的“滑头”名声不胫而走。[14]即使是经常被其他地方的中国人视为狡猾代表的上海人也甘拜下风，黄楚九被戏称为“上海城里两个半滑头中的一个”。[15]

在这场官司中出风头，不仅没有使黄楚九的“艾罗补脑汁”的销售受到不良影响，相反，这次事件还让该药的销售量突飞猛进。胜诉之后，黄楚九很快便在“艾罗补脑汁”上赚取了高额利润。他每生产一瓶168毫升的补脑汁的平均成本是0.4元，但是每瓶的售价却高达2元，从中可以赚取400%的利润。黄楚九因此日进斗金。他购买了一辆高档汽车，用钢筋混凝土重新装修了他的三层小楼，并且把销售范围拓展到上海以外的地区。到1911年，黄楚九通过把赚取到的丰厚利润再次投资到中法大药房中，使它成为上海第二大新式药房。它总共拥有6.8万元的本金，年销售额高达25万元，年利润为5万元。就在那个时候，黄楚九正式把自己的企业西方化了，他给驻上海的葡萄牙领事几百元，购买了在上海一个已逝的葡萄牙人的公民身份，进而把中法大药房注册为一家葡萄牙企业。从此以后，公司的信笺上方用中文和英文同时宣称它是一家葡萄牙企业。[16]

通过成功地推广“艾罗补脑汁”并在法庭上为其辩护，黄楚九开创了先例，为中国市场上看似具有外国起源的国产“新药”的销售铺平了道路。一些中国药店对黄楚九的高额利润生意垂涎三尺，纷纷制作、销售他们自己的新药，即所谓的“本牌产品”。到20世纪30年代中期，中法大药房制造了500多种本牌药品，不过这绝非独树一帜之举，因为其他几家中国人所拥有的新式药房，每一家都制造出了数量相当的本牌新药（见第四章）。[17]

推广用西式方法解决中医问题

为什么黄楚九宣传“艾罗补脑汁”的广告会大受欢迎呢？黄楚九亲自扮演了为其商品制定特定广告活动的主角，但他又是如何使打出的广告行之有效的呢？若用鲁迅的话来说，这是因为黄的广告创意和形象是来自社会或是来自打广告的人？

在这一特定案例中，以上问题是难以回答的，因为学者们仍然在为历史上中国一般民众对医药的态度争论不休，而这是个值得进一步研究的领域。从现有研究成果来看，似乎黄楚九强调西式之法作为中医可行替代方案的想法，在当时只有部分受过教育的中国知识精英赞同，并不代表整个中国社会的流行思想。研究思想史和政治史的学者表明，在20世纪上半叶，在西医的提倡者和中医的保卫者之间，曾经有过相当激烈的论争，而且双方在互相攻伐中都做了大量的组织动员。但是，这些学者仅把目光集中在受过教育的诸如知识分子、政治领袖和医生之类的精英人士身上，而没有涉及其他中国人是如何看待医药方面的这个中西对峙问题的。[18]

正如我在第一章中所提出的，席文和其他学者认为，在1949年中华人民共和国成立之前，“中—西”或“传统—现代”对立的二元论还没有取代大众就医有“多种选择”的情况。我们将在本书以下章节中看到，这一看法若用于20世纪上半期是有问题的。不过，这一看法若是用来描述19世纪90年代以及进入20世纪之初的中国的情况，似乎却又是有道理的。当时，黄楚九刚刚进入市场，大打广告。而在那时的中国社会，大多数消费者显然并不觉得就医只能在中医或西医这两者中挑选一个，而是可以抱着折中态度并有多种就医选择。

因此，当黄楚九最初将他的药品作为“西药”推广时，中国社会里力挺西药的其实还只是很少一批知识精英，而普通老百姓对此并不认同。面对这样一种市场挑战，黄楚九所制定的促销西药的战略同中国知识精英们推广西药的办法迥异。他在打广告时所采用的，是普通人都很熟悉的“脏腑”这个中医术语，而不是人们所不熟悉的“身体器官”这个西方科学用语。这样一来，对中国消费者而言，黄的药品既保留着似乎是西洋异域舶来品的吸引力，又看起来很容易理解，也没有什么危害。若以鲁迅的话为标准，那么，黄的广告就既出自他自己（通过有选择性地采纳中国精英知识分子提倡西药的看法），也来自社会（通过他根据普通民众不熟悉西医的情况而做的调节以迎合他们的胃口）。

经济民族主义的成功之梦

1911 年，受到“西式”的“艾罗补脑汁”大获成功的鼓舞，黄楚九开始生产一种模仿产于日本的叫作“仁丹”的药品。四年之后中国掀起“抵制日货”的运动时，黄楚九打着民族主义的旗号宣传“购买国货”，开始同制造仁丹的日本公司展开竞争，但实际上他最初曾把那家公司视为自己生意的样板。

仁丹：黄楚九的日本样板

从黄楚九的角度来看，日本生产的仁丹为他自己的产品提供了一个样板，这是因为仁丹是当时在中国最为流行的产自外国的药品。根据当时美国驻上海总领事的说法，仁丹在中国的销售量几乎等同于其他所有外国药品销售量的总和。[19]仁丹的流行并不是因为其疗效有多么显著，至少当时美国药学会所做的化验分析表明，仁丹“并不含什么有效成分”，因为它缺少“有效的生物碱”，它的成分大都是糖，“闻起来很香，非常类似于芳香产品‘森森’”。[20]不过，如果说仁丹的疗效大有商榷的余地的话，那么在中国市场上营销仁丹的这家公司的商业能力却是不容否认的。

公司的缔造者是日本人森下博，他于1893年开始在大阪生产仁丹之前就已经把眼光投向中国了。他一生都对“汉方”十分感兴趣，很早就产生了以后要生产仁丹的想法。[21]在咨询了一位日本汉学家和一位专门报道中国的日本记者之后，他为自己的产品选择了一个中文名“仁丹”。这个名字很可能是部分借用了“同仁堂”的名号，因为第一个字“仁”和“同仁堂”的第二个字是一样的。这个日本产品名字中的第二个字“丹”，则是一个长久以来就在中国道教的药剂以及其他中国传统补药中经常使用的字。[22]

不到十年的时间，森下博便把自己的营销体系从日本延伸到了中国。到1908年，他已经在中国的三座城市建立了分公司（长江下游的上海、长江中游的汉口以及华北的天津），并且让每个分公司负责一个包括了五到六个省份的销售区域。在上海分公司，他斥资50万日元建立了“东亚公司”，作为在中国的总部。东亚公司招募中国的企业为他们经销仁丹，并且通过给予他们七到十个月的信贷（相比之下，西方公司只给三个月的信贷）以及保证他们不受市场价格浮动的影响，从而说服他们只卖仁丹，不卖其他西药。如果市场价格高于双方的协议价格，东亚公司允许经销商把多余的利润放进自己的腰包；如果市场价低于协议价格，那么经销商的损失由东亚公司埋单。[23] 通过这一策略，东亚公司在黄楚九进入上海市场之前就把仁丹卖到了全中国。当时美国驻上海总领事评价仁丹时说："这家公司在广告宣传和推广促销方面不遗余力，把全中国都有计划地梳理了一遍，即使是在偏远的内地，人们也很难不注意到那些对仁丹的好处大加赞赏的'熟悉的海报'。"[24]

正如这些关于仁丹的宣传攻势和"熟悉的海报"所揭示的，这家日本公司为其庞大的销售体系配备了全套的广告武器。到1910年，它已是日本的头号广告商，并把目光投向了中国，希望在中国也独占鳌头。[25] 公司通过诸如报纸、杂志、广告牌、海报、传单、月份牌、行街展示等一系列的媒介活动来传递自己的产品信息，与此同时，仁丹的经营者们将注意力特别集中到了一点——"仁丹"这个商标上。1910年代后期，美国商务部曾派遣一位美国广告分析家前往中国、日本和菲律宾等地，对当地的广告进行长达18个月的调查。根据他的报告，"仁丹"这个商标是同时为识字和不识字的中国人所精心设计的。他在这份关于中国广告的报告中提到，"最好的'商标'几乎都是图像化的，而且在绝大多数情况下都配有几个通俗易懂的汉字"。

他还用仁丹作为主要的例子，指出："日本'仁丹'所用的商标是最好的之一……它风靡全中国。这个商标的图案就只是一个人头和肩膀，戴着一顶非常别致的帽子，下面是两个甚至连文盲苦力都能认得并记住的简单汉字。"[26]说这两个汉字非常"简单"，并非夸张之词，因为每个字都只有四画而已。

在20世纪前十年，通过不断在户外打广告，尤其是通过大型广告牌和让人胸前挂着广告牌展示，仁丹对于识字或不识字的中国人来说已经是耳熟能详。[27]不仅如此，"仁丹"商标上的男人形象深入人心，甚至影响了中国男人的时尚观。以"仁丹"男子浓密的小胡子为模仿对象，很多中国男人也留起了类似的胡子，这在很多城市（包括被小说家林语堂注意到这种情形的北京）和乡村（像吴组缃的短篇小说《樊家铺》里所描绘的那样）都可以看到。[28]甚至今天，尽管"仁丹"的形象早已不在中国的景观中占有任何显赫地位了，但"仁丹胡子"这个词却仍然在中国被用来描述男人的胡子。

模仿日本产品

日本公司的成功给黄楚九留下了深刻的印象，他开始着手生产一种与仁丹难以区别的新药，并给这种新药起名为"人丹"。除了在书写上与日本"仁丹"有所差别，其读音乃至声调都一样。与40年前同仁堂的模仿者同人堂所用的伎俩一样，黄楚九用"人"这个"仁"的同音异形字取代了"仁"。为了制造人丹，黄楚九出资创建了中国第一家由中国人拥有的洋式机器制药厂——龙虎公司，专事仿制仁丹。根据龙虎公司的分析，日本仁丹的主要成分有薄荷、冰片、丁香和儿茶，而这些材料在中国都可轻易获得。于是，黄楚九便使用这些材料去制造与仁丹相比几可乱真的人丹。[29]

在人丹的广告营销上，同其配制一样，黄楚九从一开始便尽量使之同日本仁丹所做的相仿。1911 年 7 月 26 日是人丹上市的第一天，黄楚九在上海报业之首的《申报》上大做广告，声称人丹“疗效神奇，包治百病……并缓解各种紧急病痛”。在这之后的四年里，黄楚九在广告宣传中回避了人丹与仁丹之间的区别，不提及自己的是一种中国产品，也没有试图激发中国消费者的爱国主义情绪。实际上，他走的还是艾罗补脑汁的老路，广告中包含着并非中国式而是西式的图像，比如由铜号（中国人叫作洋号）和大鼓（中国人叫作洋鼓）组成的管弦乐队。[30]

然而，黄楚九所采用的这种模仿战略，却使得人丹出师不利。最初，他每年甚至连 100 箱产品都卖不出去。[31] 不过，他的这种策略只用到 1915 年。这一年日本将“二十一条”强加在中国政府头上，要求在中国获得广泛的经济权利和特权，结果激起了中国人的反抗，其中包括发动抵制日货运动。

大卖“国货”

1915 年 3 月 23 日，“二十一条”刚公开了还不到两个月，上海 20 家主要商会的会长决定成立“劝用国货会”，开始抵制日货并推广中国制造的替代品。尽管受到北京政府的正式禁止，但这个组织还是迅速扩展，到1915年5月，已经在中国各地成立了70个分会。[32]随着抵制日货运动如火如荼地展开，黄楚九开始在广告中宣称人丹乃是“国货”，以便趁机渔利。

从1915年5月到8月，黄楚九在报纸上为人丹大做广告时打出了民族主义的口号。这些广告敦促中国消费者要“杜绝漏卮”，“挽回利权”，以及“买完全国货”。[33]黄楚九承认他的人丹的口感一度比不上日本的仁丹，但他仍在广告中坚称即便那样人丹还是值得购买的，因为它一直是颇有疗效的药品，而且还是百分之百的国货。黄楚九的广告又宣称，到了1915年，人丹的口感已经一点都不比外货差了，这是因为他把中国药材同最现代化的西方生产技术结合起来，改善了人丹的质量。为了加强视觉效果，黄楚九在报纸广告中搭配上了民族主义的图画和口号。例如，在1915年的一则广告中，黄楚九使用了一幅充满民族主义激情的由旗帜和旗杆组成的广告画，其中，“国”字是旗杆的基础，“中”字作旗杆，一面写着“人丹”二字的旗帜则在旗杆顶端飘扬。[34]

在使用现代民族主义的竞争语言的同时，黄楚九也没有丢弃中国传统的和谐意象，而是把这两者结合到了一起。例如，他于1915年修改了人丹的商标，使之既包含了民族主义的竞争性，又包含了传统的和谐。为了突出民族主义，他将“中华国货”这几个字醒目地放在圆圈中；为了呈现传统因素，他又用了一幅龙虎图，根据传统的道家学说，当阴（虎）阳（龙）间的对立达到和谐时，就能产生灵丹妙药。[35]商标还使人丹给人一种不仅体现了民族主义和中国传统的特点而且还十分正宗的印象，因为它宣称获得了三家政府部门的认证："卫生署化验批准，财政部奖励免税，商标局注册给照。"[36] 为了加深这种印象，黄楚九还为自己买了几个荣誉官衔，其中之一是 1915 年成为中华民国总统袁世凯的"大总统府谘议"。[37]

即便是在使用民族主义及传统形象将自己的产品与日本仁丹区别开来的时候，黄楚九仍然采用日本竞争对手的财务和营销手段，来加强自己公司的销售体系。1915 年，他将龙虎公司改为股份有限公司，并且吸收了好几个中国投资者作为股东，使得公司的资本提高到了 10 万元。以此为后盾，黄楚九开始像他的日本对手那样，给中国经销商以同样的销售信贷，允许他们在持有货物 10 个月后再付清货款。为了给这些经销商打广告，他亦步亦趋地把他的日本对手所做过的事情再来上一遍，派出一批批广告人员在上海日本仁丹曾打过广告的地方也张贴人丹的广告，并派出四五批广告人员去上海以外的城镇乡村做同样的事情。这些广告人员雇用了一批当地的小孩，让他们戴上高帽，穿上白袍，一边敲鼓游行，一边散发传单。[38]

然而，尽管黄楚九这样大张旗鼓地打广告，却依然没有赚到高额利润。1915 年 8 月，"二十一条"后发生的抵制日货运动已接近尾声，黄楚九对于人丹的销售极为失望，以至于他以 4 万元的价格把公司卖给了两个中国出版商，即中华书局的正、副社长——陆费逵（陆费伯鸿）和沈芝芳。一年以后，新老板的经营更为惨淡，甚至连为改进人丹而投入的 6 万元也损失殆尽。这时，黄楚九又从他们手里花 2 万元把公司买了回来，而这个价格只不过是当初他卖掉公司时价格的一半而已。[39]

从 20 世纪初到 30 年代，黄楚九一直在卖人丹，但业绩平平，有时甚至很差。平均下来，他每年能卖掉 200—300 箱。他通常削价 20% 来销售人丹，有时甚至削价 80%，结果，人丹销售屡屡亏损，他不得不用艾罗补脑汁的利润来填补人丹造成的亏空。人丹的最高年销售纪录是 1000—1260 箱，而这和两次抵制日货的运动紧密相连，第一次是在 1919 年五四运动期间，第二次则是在 1931 年的抗日救亡运动期间。但即便拥有这样的销售纪录，人丹还是比不过它的日本对手仁丹。在 1919 年的抵制日货运动中，人丹销售的年利润是 2 万元，这还不到艾罗补脑汁年利润的一半。在 1931 年的抵制日货运动中，人丹的销售总量甚至没有超过仁丹的 1/30（人丹销售量为 1260 箱，而仁丹的销售量则高达 37800 箱）。[40]

鼓吹经济民族主义

为什么黄楚九为人丹所打的广告不如其他产品广告的效果好呢？就像宣传艾罗补脑汁一样，黄楚九在人丹的广告设计上使用了中国知识精英所引介的概念和形象。自从世纪之交梁启超和中国其他的思想家开始倡导民族主义事业以来，在 20 世纪前三分之一的时间里，中国知识分子和青年学生领导了一连串抵制外货运动，每一次都是由某一政治或外交事件所引起的，大多针对日本（运动发生的年份有 1908 年，1909 年，1915 年，

1919—1921 年，1923 年，1925—1926 年，1927 年，1928—1929 年，1931—1932 年），其次是针对英国（1909 年，1925—1926 年，1927 年）。毋庸置疑，黄楚九采用并继续使用“国货”的口号，是因为一些抵制外货运动还是行之有效的。就像雷麦（C.F. Remer）所指出的，如果一次抵制外货运动在中国广泛扩散开来并持续超过一年的时间，则外国货在长江下游和华南地区的销量就会下降 25%—40%，在华北地区会下降 10%。[41] 经济史家侯继明以此为依据，并进而得出结论：在对中国市场的争夺中，经济民族主义是中资企业同外国对手竞争时所拥有的一个主要优势。[42] 然而，这个结论也许过于强调了民族主义的意识形态方面，而对企业在推销商品方面所具有的组织能力没有给予足够的重视。

如果只是从意识形态的角度来看待黄楚九同日本仁丹之间的竞争的话，我们很难解释为什么他没有获得更大的成功。从 1915 年到 1932 年，黄楚九一直大打民族主义的广告，并几乎每年都受益于抵制日货的运动。他同国货运动的其他参与者一道，把日本仁丹当作主要的目标，并使用各种手段使中国消费者不会误将仁丹当成国货。尽管仁丹的名字含有为中国消费者所熟悉的儒家和道教术语，并含混地以“东洋”货而不是“日本”货来推销，但在 20 世纪一二十年代，这却无法阻止黄楚九和抵制日货的示威者们反复认定它是日货并予以痛斥。[43]

如果从组织上而不是纯粹从意识形态上来看黄楚九同日本仁丹之间的竞争的话，那他在竞争中失利的原因就变得清晰明了了。早在黄楚九进入市场之前，仁丹就已经在中国建立了一个跨地区的销售体系（这是它在日本国内销售体系的延伸），并且继续通过这个体系销售长达半个世纪，直到 1945 年“二战”结束才衰退。仁丹的销售体系并不是当时中国最大的药品销售体系（见第四章），但是它远远要比黄楚九的大得多。而且，仁丹的日本员工和中国销售代表在中国所从事的长途贸易，在规模上是黄楚九的中国公司望尘莫及的。结果，当黄楚九的艾罗补脑汁在市场里所向披靡、日进斗金之时，他的人丹却无法做到这一点。

女人身体之梦

黄楚九一方面利用具有西方异域风情的形象为艾罗补脑汁做广告，另一方面又运用中国的民族主义形象为“人丹”做广告，不过，这些都还不是其广告中最常见的。他在宣传艾罗补脑汁、人丹以及其他所有产品的时候，最常用的当属美女形象。[44] 为了打造这些形象，黄楚九招募了两位中国商业美术家，郑曼陀（1888—1961）和杭穉英（1900—1947），二人最终凭借其绘制的女性（尤其是裸女）月份牌海报在 20 世纪初的中国声名远扬。

采用裸体画

1914 年，黄楚九朝着成功地把女性形象商品化这一目标迈出了第一步，也许也是最重要的一步，他发现了当时 26 岁还默默无闻的肖像画家郑曼陀。那时，郑曼陀专事仕女画，刚刚从杭州搬到上海没有几个月，正在位于上海中心商业区南京路上的张家花园开画展，并希望出售他的画作。[45]

当黄楚九看到郑曼陀的画时，立即意识到了它们有着用作广告的潜质。他对郑曼陀使用擦笔淡彩的绘画技巧来表现中国仕女的艺术手法印象尤为深刻，因为这种技巧使他笔下的女性形象清秀典雅、栩栩如生。按照艺术评论家张燕凤的说法，它“给人以一种几可召之即来之感”。[46] 郑曼陀并非这一技法的发明者，但他却是第一个将之运用到仕女画中的画家。[47]

黄楚九当场聘用了郑曼陀，并让他着手改变广告中中国女性的形象。几乎在一夜之间，郑曼陀广告画中的女性形象便由于其新的技法和女性身体的主题（包括裸体）而广为人知。当时，中国画家尽量不去绘制裸体女性，甚至不作展示妇女形体的画。在 20 世纪初，一些中国画家只是在私下画裸体模特画，直到 20 世纪 20 年代中期，他们才开始公开展示此类画作。[48] 当时，中国的摄影师们也不会发表中国人的裸体照片。正如林培瑞（E. Perry Link，Jr.）在考察中国流行杂志上的文学作品时所指出的，“在 1910 年代出版的杂志中，照片上的美女总是从脖子以下就捂得严严实实的”。[49]

然而，早在1914年，当其他中国艺术家和摄影师还在用厚厚的衣服掩饰妇女身体时，郑曼陀就已经开始为黄楚九画半裸体广告画了，而黄楚九则毫不犹豫地把它们印在为他的药品做宣传的月份牌上。郑曼陀的第一幅月份牌广告画，选择了一个大家耳熟能详的人物杨贵妃（719—756），即唐玄宗的妃子，也是中国古代“四大美人”之一。就像先前的中国帝制晚期的仕女画家那样，郑曼陀让杨贵妃置身于温泉之中，通过描绘她身着一件半透明的丝质浴衣来展现她的身体轮廓。这幅名为《贵妃出浴》的画印在1915年的月份牌上，由黄楚九的公司卖给批发商、零售商和消费者。[50]

随着这个月份牌以及其他类似月份牌的印制出版，对郑曼陀的作品需求很快就大增。黄楚九试图留住郑曼陀，用当时的标准来衡量，他花费了大量财力去投资广告，每年支付给他的首席商业画家、最好的广告文字写手以及广告经理人员每人2400元的年薪。[51]尽管黄楚九开具的待遇丰厚，但郑曼陀不久还是离开了中法大药房，自己开了一间画室来广接生意。他做一个基本设计的最低报价是500元，还允许他的顾客对画作提意见，或增或改都可以，但每改动一次他就要收取100元作为报酬。即使收费高昂到如此地步，顾客们仍是趋之若鹜，让他应接不暇。订单如此之多，以至于郑曼陀只能把一些迟来的生意从这一年排到下一年。[52]

跟上时尚

在郑曼陀离开之后，黄楚九就将一位年轻人杭穉英招纳了过来，后来，杭穉英则超过郑曼陀成为中国最有影响力的美女广告画家。在20世纪初，当时还不到20岁的杭穉英在商务印书馆广告部工作，利用工作之便，开始学习郑曼陀的绘画技巧。[53]1925年，杭穉英辞职开了一家自己的画室，并借用沃特·迪士尼的新技巧，对画作进行技巧上的革新（自20世纪20年代后期开始，迪士尼的卡通作品已经在上海的影院上映）。像迪士尼一样，杭穉英以自己的名字命名了他的画室（叫作“稚英画室”），除了带徒弟（在他于1947年去世前，曾带过几十个徒弟），他还把画师们组织起来集体作画。在他的画室里，他是领导，所有的画作都要由他署名，其他人则不许署名；在他之下，是他的两个直接助手：李慕白（1913—1991）和金雪尘（1904—1997）；李、金之下，是七八个拿薪水的画师；在底层，则是不拿薪水的学徒。根据现有的资料来看，所有的画师都是男性。实际上，据我们所知，所有为杭穉英或其他人工作的月份牌画师都是男性。[54]

杭穉英与郑曼陀的不同，体现在他对女性头部和身体的描绘上。在他笔下，女性脸部的笑容灿烂——他甚至让她们因大笑而露出牙齿。他笔下的现代女性参加社交活动或进行西式运动（包括骑自行车、打网球、打高尔夫球和射箭）时，都会露出愉悦的笑容，甚至他笔下的仕女们也不再有着过去画家所画的端庄紧闭的樱桃小嘴，而是打破了笑不露齿的禁忌。[55]杭穉英还对离开身体只描绘女性的头部颇感兴趣，他是中国第一个只将现代女性的肩部或颈部以上的头部单独画到月份牌上去的画家。在此之前，中国的画家尽量避免对头部的特写，因为人们的习惯看法是头部画像同砍头、不得好死联系在一起。杭穉英打破了这一禁忌，而在不少画作中着意只画女性头像，人们称之为“大头美女画”。[56]

在描绘女性身体的时候，杭穉英也有创新之处。最初，他像郑曼陀一样，在描绘仕女时有时让她们身着传统服饰，使她们显得线条全无；有时让她们身披透明浴袍，半裸人前。[57]但后来，他采用了中、西两种现代时尚去表现女性身体。当他笔下的妇女身着西式服装时，他会让她们身着紧身短裤、泳衣、睡衣、无扣短衫、没有系带的三角背心，来暴露她们未裹的脚和未束的胸，这种基调后来以“酥胸半露”闻名。[58]

当他笔下的女性身着现代中式服装时，杭穉英会让她们穿旗袍——一种改制自满族的服饰，有一个高领，两边开衩，纽扣从脖子开始经胸部到右臂下方一字排开。在包括郑曼陀在内的先前画家的笔下，满族和汉族妇女的旗袍装形象都是上身短夹衣、长袖加上宽松的长裙或长裤。而杭穉英笔下的旗袍女子，则身着无袖且长度接近地面的旗袍，腰部以上紧身，以下则各一边开衩，将整个大腿部分暴露出来。[59]无论其笔下的女子是穿西式服装还是中式旗袍，杭穉英和他的清一色的男性画师班底明显都是在画给男人们看的，这些画中的女子几乎总是位于前端最显眼的位置，搔首弄姿，目光从月份牌之中顾盼而出，对男性观众暗送秋波。

杭穉英因擅长裸女和半裸女画而出名，生意红火，除了黄楚九，他还接到了很多其他企业家月份牌画的订单。下这些订单的，一般都是以上海、华南和东南亚为基地的中国或外国企业。甚至以拥有中国最大的广告部为荣的英美烟草公司，最后也委托杭穉英为其制作该公司在中国的一半的广告画。从 20 世纪 20 年代后期到 30 年代，稚英画室每年要绘制 80 多幅广告画，收入超过 24 万元。[60]

女性身体的流行

为什么黄楚九那些印有女性身体的月份牌海报是他所有广告中最受欢迎的呢？正如鲁迅所强调的那样，中国的商业美术家在绘制广告中的女性形象方面发挥了重要作用，但正是企业家黄楚九发掘了郑曼陀，郑曼陀是当时中国首位且最终成为最具影响力的商业美术家，也正是黄楚九聘用了郑曼陀，并让他着手创作了第一批中国女性的广告形象。就像在“艾罗补脑汁”和“人丹”的宣传活动中一样，黄楚九在广告形象的创作方面发挥了主导作用。他的这些举动再次引发了这样一个问题：他的创意究竟是源于他自身还是整个社会呢？

由于缺乏对 20 世纪上半叶中国大众审美趣味的详细研究，这个问题再一次难以回答。如果我们只是从字面上来理解历史学家伊懋可（Mark Elvin）的大胆分析的话，那么除去 20 世纪初期那些中国精英通过同西方打交道所带来的观念，黄楚九没有任何中国的思想资源可资凭借，从而将人体当作美学对象来看待。伊懋可曾指出，在19世纪晚期之前，中国的精英们只是把“身”看成是穿着衣服的“木偶，是一种象征的承载体”。相应地，他们穿着宽松的衣服，“几乎没有任何与时尚相关的东西”。按照伊懋可的看法，这种在20世纪前对待身体的态度是“所有中国人的综合征”，其根源则可以追溯到“一种存在于东西方思维之间的根本的历史差异。中国人传统上一直认为，在合乎伦理和伤风败俗之间存在着一条巨大的鸿沟……在‘正’与‘邪’或‘公’与‘私’之间，无论是在艺术上还是在哲学上都无法进行对话”。因此，“德”从来便是不可妥协的、理想主义的和枯燥乏味的，而“恶”却是充满人性的、生机勃勃的，但却又是不可救药的。所以，德和恶之间存在着不可逾越的鸿沟，阻碍了它们互为补充，这好像是在西方的古典时代、中世纪和现代早期曾发生过的故事一样。伊懋可认为，中国人于20世纪初在西方的影响下接受了两者之间的对话之后，才开始将裸体视为一种美学对象。也只有在此之后，中国画家才开始在描绘着装妇女的形象时，让她们呈现出各种姿势，让观者对她们衣服下的身体产生联想。[61]

伊懋可的论点似乎与一种直到最近都被艺术史学家们不加批判地接受的共识相符。按照这一共识，中国艺术家在20世纪之前是不画裸体画的。[62]但高居翰（James Cahill）近来发现了一些17、18世纪的中国“美女画”（即他所称的“pin-ups”），并且他提出，这些画作展示了中国艺术家在 20 世纪之前是如何借鉴西方女性身体形象的。在 17 世纪，中国人所画的美女画中，女性身裹厚衣，“没有体形”；随后，到了 18 世纪，中国画家让美女画变得“更具风情”，描绘出的女子形体线条更加清晰，其春色撩人之处亦更为露骨。中国画家是在西方艺术家（尤其是 18 世纪乾隆皇帝的宫廷御用画师、耶稣会士郎世宁）的影响下实现这一转变的，但他们并非只是照搬西方描绘女性的技法。用高居翰的话来说，中国艺术家吸收欧洲绘画技法时，“从不盲目抄袭或模仿”，而是将这些技法“与早已弃用、如今被重新发掘的本土风格元素相结合”。[63]

不管 20 世纪早期的月份牌画家们是否看到过这些 17 到 18 世纪的中国美女画，但几乎可以肯定的是，他们看到过 19 世纪中国的半裸女画。比如，一位中国艺术批评家曾认为，郑曼陀完全可以只按照一幅西方女子的裸体照片，便绘制出他的第一幅《贵妃出浴》的月份牌半裸体画。对这种说法，艺术史家梁庄爱伦颇不以为然。[64] 梁庄爱伦指出，郑曼陀可能见过中国的样板，因为在帝制晚期的画作中，“有关贵妃出浴的最常见的表现方式，便是杨贵妃神态闲散，身着透明浴袍，裸体难遮”。如果郑曼陀没有看过此类画卷，那么他可能接触过刻画杨贵妃此类姿势的木版画，比如说当时十分流行的《百美图谱》。按照梁庄爱伦的说法，这本画册“被一再重印，价格相对而言也不贵，所以郑曼陀应该可以看到”。[65]

根据高居翰的发现和梁庄爱伦的观察，高居翰的理论似乎比伊懋可的理论更适合用来解释黄楚九的商业画家们的裸女画。不可否认的是，这些画家学习过英语，并了解西方的商业形象（甚至是迪士尼的商业形象），但是伊懋可似乎低估了中国画家根据中国的样板作画以及将西方形象本土化的能力。就像高居翰笔下的第一阶段的中国画家那样，郑曼陀并不是简单地复制西方的图画形象，而是把本土元素（尤其是传统仕女画）和他自己的技巧（尤其是他的擦笔淡彩技巧）结合起来。像第二阶段的早期画家那样，杭穉英没有简单地迎合西方，而是抓住了前辈们的美女图像（在这一点上，他模仿了郑曼陀的画作），并在此基础上予以发展，使这些画更为露骨，也显得情色横流。就像 17、18 世纪的中国美女画画家通过两个阶段把西方的女体形象本土化了一样，20 世纪早期的郑曼陀和杭穉英也是如此。

当这些女体画作随着黄楚九的广告流布天下时，中国的消费者又是如何看待它们的呢？如果伊懋可关于精英和大众的态度差异的分析是正确的话，那么黄楚九就面对着一个更加棘手的问题，那就是，要在大众中推广女体画要比在精英中更为困难。在伊懋可看来，西方关于“正”与“邪”之间“对话”的概念，还只是对中国大城市里的知识精英们有吸引力，而“大多数中国人仍然视其为洪水猛兽……也是造成整个社会道德沦丧的罪魁祸首之一，这恰恰是因为它削弱了生活中‘正’‘邪’之间的壁垒。他们没有受过教育，因而难以驾驭这种强有力的，但也是奇特的西方的非常规看法”。[66]

如果只看黄楚九广告中的视觉部分，我们的确很难确定是否“大多数中国人……不能从文化中汲取力量”，从而去理解西方的那种围绕着女性身体而进行的有关概念和伦理道德的对话。但是，如果我们把黄楚九大打广告的方式也考虑进来，那么，有一点就清楚了，黄楚九通过女性身体形象以及其他的西方形象或中国民族主义的形象所要吸引的，绝不仅是作为精英的中国消费者。事实上，在委托像郑曼陀和杭稺英这样的精英画家为他制作广告画后，尤其是在上海这个地方，不管人们识字与否，黄楚九已经将它们散布到了整个社会的各个阶层中去。

上海的大众广告

在 20 世纪初期，黄楚九及制药行业的其他人利用广告在上海实现了销售额最显著的增长，这使得其超越诸多竞争对手，上海也因此成为中国本土经营“新药”的企业设立总部的首选城市。早在 1907 年至 1908 年，上海就已成为中国的印刷业之都、报纸和广告的主要输出地，而在 1911 年至 1936 年，上海超过广州，成为销售和宣传“新药”的企业最热门的聚集地。1911 年，上海作为药品销售的一个中心，还和广州不相上下或略为落后：两座城市都各有 28 家新式的中资药房，上海所经销的进口药品约为全国总数的 10%，而广州则为 12.2%。但到了 1936 年，上海已经远远超越了广州，成为进口和销售新药的中国商人的贸易中心，有 166 家中资新式药房坐落上海，而广州却只有 84 家。当时中国 77%的进口药品经由上海入关，而广州只占 5.9%（天津占 9.2%）。[67]

黄楚九的大众广告

在中国企业家当中，黄楚九是最早正式将总公司设在上海的人之一。为此，他对公司总部建筑进行了精心设计，使其本身就成为一种广告。20 世纪 20 年代，黄楚九特意把公司总部大楼的地址选在上海中心热闹的交叉路口，以吸引“眼球”。公司总部设在两栋极为引人注目的办公楼里，一栋位于北京路和芝罘路路口，另一栋位于福州路和山东路路口。1928 年，当黄楚九决定建造这两栋楼时，他制定了《新楼建造基本纲要》，发给建筑师和营造商遵照执行。在纲要中，他特别强调了大平板玻璃橱窗的重要性，以陈列商品吸引顾客目光。而且，黄楚九要求大门入口处不要阶梯，以方便所有人，尤其是前来买药的老弱病残入内。建好之后，整个建筑的一层完全被玻璃橱窗环绕，光是这些橱窗的设计和建造（不算陈列商品）便花费了超过 4.65 万元。这两栋建筑都是五层楼高，一栋黄色，一栋绿色，都带有一个闪闪发光的陶瓦屋顶。甚至连黄楚九的药厂也备受人们关注，因为他在招牌上镀了 20 盎司真金。[68]

在黄楚九的所有建筑物中，最有广告价值的是于 1917 年开张的“大世界”，这是一栋五层楼高的娱乐场，位于上海法租界西藏路和爱多亚路（今延安东路）的交会处。黄楚九在大世界安装了哈哈镜，上演中国地方戏并提供其他流行的娱乐方式，吸引了大批民众，平均每天买票入场的人数达到了2万人。当来此寻欢作乐的人在这个奇特的建筑物中从一层来到另一层时，迎面而来的就是黄楚九张贴在墙上的关于其药品的广告。在外面，黄楚九也不失时机地利用大世界来进行广告宣传。他在楼的外墙上安装了广告牌，并在塔楼上玩一些广告花招，例如放出一只巨大的风筝，向周边地带散发广告传单。日复一日，黄楚九利用大世界铺天盖地地打广告，以致当时的人们戏称大世界为黄楚九的“商品世界”。[69]

在设计楼房的同时，黄楚九和他的员工也在上海总公司设计广告。他成立了一个专门的“广告科”，为它拨出大量经费。在他最热销的药品的预算费用中，60%到75%用在广告上，只有25%到40%用于药品的生产和销售。广告预算的一部分用来支付画家和写手的薪水，按照当时的标准来看，这些人都收入不菲。另一部分广告经费用于资助“大陆电台”的运转，这是黄楚九完全所有的一家下属机构，每天通过播放诸如《西厢记》等经过改编的经典和其他节目，来为黄楚九的药品打商业广告。广告预算的第三部分是制作可视性商业节目——在影剧院的电影正片前放映的幻灯片和小电影。预算的第四部分主要是在报纸上做广告，其中包括一些前人所未曾有过的创举。例如，在20世纪20年代，黄楚九是上海第一个用整个报纸版面来做广告的人，这一做法后来也被其他新药企业所采用。1923年，当黄楚九推出了新药“百龄机”时，他每个月都要在报纸上做一到两次整版广告，与此同时，他还专门印行了自己的杂志——《百龄画报》，很大程度上也是用来为这种新药做广告的。[70]

在上海，除了在电台上播放商业广告以及在报纸上刊登广告，黄楚九与其他“新药”经销商还通过一个由批发商和零售商构成的商品促销系统来进行广告宣传。居于这个系统最上层的，是16家最大的中资连锁药房，每家都拥有超过10万元的资本，它们自己制作广告，并通过自己的连锁药房来推广。到1936年，这16家最大的连锁药房的销售总额已经占了上海“新药”销售额的68.3%。位于这个体系较下一层的，是中等规模的药房，平均资本有1.5万元，每年销售额为3万元。黄楚九的公司和其他大药品公司，通过租用这些中等规模药房的橱窗来做广告。再低一层的，是一些小药房，平均资本2000元，年销售额为1.5万至3万元。在这一层之下，是饭店、烟纸店和其他小商贩。大药房通过批发商直接或间接地把广告提供给这些零售商。[71]

由于缺乏详细的数据资料，我们很难评估这些广告的效果到底如何，但是现有的数据表明，截至1936年，新式药房通过做广告，在投入资金较少的情况下，获得了较销售传统中药的老式药铺更多的销售额。如表3.1所示，1936年，上海的新式药房同老式药铺相比，数量要少得多，资本较少，雇用人手也较少，但是它们的销售总额却和老药铺相差不大。因此，到1936年，黄楚九与其他西式“新药”制造商在上海的销售额几乎达到了乐达仁和其他传统中药商的水平。相比之下，黄楚九他们所开店铺的数量不到旧式药房的三分之一，投资额还不到一半，所雇用的员工数目则远低于一半。可以肯定的是，黄楚九的生意以及行业中其他人的生意能取得如此高的销售额，部分是因为他们通过视觉和听觉媒体做广告，而这是乐达仁和其他传统中药商所做不到的。[72]

表 3.1 上海中资新旧药房发展情况比较表（1936 年）

	新式药房	旧式药房
药房户数	166	498
资产（元）	7550000	13530000
职工人数	2012	5400
营业额（元）	41510000	41880000

资料来源：上海社会科学院经济研究所:《上海近代西药行业史》，第 120，123 页。

黄楚九的大众消费者

黄楚九通过包括月份牌、报纸、电台节目和“大世界”在内的各种媒介做广告，并通过多层次的市场营销系统传送广告，从而吸引了上海的精英群体和一般民众的关注。在这一意义上，黄楚九让他的产品走向了大众市场。但问题在于，普通大众是否只是商品橱窗的观众，还是成了大众消费者？

在没有消费者支出明细表的情况下，要精确地分析出每个社会阶层究竟购买了黄楚九多少药品是做不到的。然而，从当时在上海进行的一项调查来判断，上海的产业工人显然是既愿意也有钱购买其产品的。1927—1928年的一项对230位棉纺织工人及其家庭所做的调查显示，有3/4的工人家庭买过药品，并将此视为一项要优先考虑的开支，他们在购买药品上的花费超过了洗漱用品、娱乐（去戏院和电影院）、教育、烧香拜佛等，或者说，超过了除交通、烟、酒和吃住穿等生活必需之外的其他任何花费。[73] 一份后来在1936—1937年对390户家庭所做的调查也显示，工人愿意购买药品，这份调查的结论还进一步对技术工人、半技术工人和非技术工人的消费习惯作了区分。根据这一报告，上海的技术工人家庭在非必需品（即除了衣、食、住之外的项目）上的支出，占他们收入的23.14%（这同20世纪30年代美国工人用于非必需品的消费支出在比例上大体相同）；半技术工人用于非必需品的开支占其收入的11.52%；而非技术工人则没有余钱用于这种额外消费。[74]

根据这些发现，我们似乎有理由认为，黄楚九药品的一部分是被非精英群体中的技术工人家庭消费掉了，而半技术工人和非技术工人的家庭则不大可能会购买黄楚九的药品。可以确定的是，在20世纪初的上海，技术工人家庭每年会花1到2元购买药品，而这足以购买一瓶黄楚九的艾罗补脑汁了（每瓶定价2元）。

“攫取使用”和大众化

本章表明，在20世纪早期的上海，身为“新药”销售商的黄楚九制造了有关西方、经济民族主义以及女性的种种形象，并通过广告传播了这些以及其他一些形象。在塑造这些形象的过程中，黄楚九吸纳了中国知识精英最为珍视的一些理念——倡导西医、经济民族主义以及女性解放——并将它们商品化，用以推销自己的产品。在此过程中，他极大地改变了中国知识精英所提出的种种构想，随心所欲地用人们熟悉的中文术语（比如中医里的“丹田”）替换不熟悉的外来术语（比如西医里的“身体器官”），将陈旧观念（比如传统的“对立统一”）与看似相互矛盾的新观念（如竞争性经济民族主义）随意混搭，并且毫不害羞地将一些形象去政治化（比如对获得解放的女性形象，他将其描绘成时髦的美人，而非严肃的女权运动者）。

一言以蔽之，黄楚九“挪用”了中国知识精英的现代话语。“挪用”（poach）这一术语是被理论家米歇尔·德·塞尔托（Michel de Certeau）选用，以描述在任一社会中消费者积极利用（而非被动接受）表征、仪式和法规的过程。按照塞尔托的说法，消费者通过挪用保护了自己，同时抵御了强加于他们的任何文化，而且他们的挪用行为具有颠覆和改变这种强加文化的效果。[75]尽管塞尔托将这种挪用概念应用于消费者，但将其用来描述黄楚九对中国知识精英的理念和意象的利用情况，似乎也很恰当。

然而，塞尔托关于“挪用”的概念只涵盖了黄楚九的广告在 20 世纪上半叶对中国文化产生颠覆性和变革性影响这一过程的部分内容。黄楚九所做的不只是出于防御性目的从知识精英那里挪用理念和意象。他还通过在上海高度结构化的市场营销体系，积极地将广告推广开来，使其不仅面向精英阶层，也面向非精英阶层进行传播。因此，我们只有把“挪用”和“大众化”这两个概念结合起来，才可能对鲁迅对广告的批评做出合理的回应。黄楚九在大众化上的努力，有助于解释为什么广告会像鲁迅所看到的那样受到了“中国一般社会欢迎”；而黄楚九的攫取行为，则有助于解释为什么广告商们在鲁迅这个中国知识精英的眼里，是“病态的”。

作为一个善于从中国艺术家及其他知识分子那里巧妙借鉴意象的人，黄楚九可谓与众不同。但作为一名广告推广者，在所有中国企业家中，他绝非影响力最为深远的那个。他在上海大力推销药品，触及了各个社会阶层的消费者，他的销售网也延伸到了上海以外的其他城市和乡镇，却仍然没有达到他的日本对手仁丹以及其他一些中国竞争对手所达到的覆盖面。为了了解药品市场的全貌，有必要对战前中国拥有最大营销网络的医药企业五洲大药房作一番考察。

图 3.1　黄楚九，中法大药房的创办者。他同法国或者其他任何西方国家都没有联系，也没打过交道。

图 3.2　1910 年代后期立在华北城市天津附近、画着日制仁丹商标的一块大广告牌：公司名称在一个留着“仁丹胡子”的男子半身像下面。

图 3.3　1914 年，在长江中游的汉阳城外，一排穿着三明治式广告牌的宣传员正在促销仁丹。

第四章
占领全国市场

国际药房股份有限公司［五洲大药房］在上海设有两家分店，在全国设有20家分店。另外，它还在中国的内陆城市特许80家为他人所拥有的药店担任代理商并使用它的招牌。（它经营着）庞大的生意，总店每年的营业额实际上已接近400万美元。它是上海乃至全国最重要的药企。

——贝肯

《上海的药店》（1929年）

贝肯（C. A. Bacon）是一位20世纪20年代在中国生活和工作的记者。当他将五洲大药房称为"上海乃至全国最重要的药企"时，[1]他并没有夸大其词。1929年，贝肯调查了中国的制药业，而且他并没有局限于中资企业。正如他在这里指出以及报告里详细说明的那样，五洲大药房当时在全国销售商品的范围要比其西方竞争对手更广。而在贝肯的调查报告发表之后，五洲大药房的营销体系变得更为庞大了。

五洲大药房是如何做到通过调整营销策略来吸引全国消

费者的呢？它是通过创建一种等级市场营销体系，依靠其员工或其他营销商在每一级都为消费者塑造出其产品的“西式”形象。从结构上来看，它的营销体系与中国城市的大小分布相适应：公司总部设在上海，这座城市人口密集、城际贸易量最大，因而也在中国城市层级中居于最高地位；完全由五洲所有的分店设在中国各个大区的中心城市里；各家合资店（五洲对其不享有所有权）则位于较小的城市和城镇里；其他出售五洲商品的店家和广告代理则要么位于更小的城镇，要么就是流动商贩。在每一个层级，五洲通过其员工或其他承销商根据当地消费者的情况对产品信息一再作出重新调整，从而使营销实现了本土化或地方化或进一步的本土化或地方化。为了理解五洲（药品）是如何抵达消费者的，我们有必要考察一下公司自上而下的市场营销体系。

建立全国总部

1911 年至 1931 年，在上海总部主持五洲全国市场拓展工作的负责人是项松茂（1880—1932）。这位中国企业家与黄楚九有着明显的相似之处。他和黄楚九一样，在 19 世纪 70 年代出生于上海附近的长江下游地区，于 20 世纪 30 年代初在上海去世。他们读的都是那种抵制西式教育改革、倾向于传统教育的“私”塾。[2] 而且，他还和黄楚九以及其他许多年轻有抱负的中国商人一样，十几岁就离开家乡，去附近的大城市寻找生计，先赴苏州，而后到了上海。[3]

项松茂几乎没有在外资企业工作和商业实践的经历，这一点也和黄楚九极为相似。1900 年，通过家里的关系，他在一家中资的中英药房开始了第一份全职工作。他工作努力，一步步从学徒升到在上海的中英药房总店的司账（会计），后来又成为汉口分店的经理。[4]然后，他于 1911 年离开中英药房，出任五洲大药房总经理，一直到 1932 年去世。

在项松茂整个读书和经商的人生经历中，他所接触到的外语、外企和国外经验不见得比黄楚九多。一般来说，他委派他人负责与外国人沟通，尤其是依靠在德资科发药房（Voelkel and Schroeder）任职的弟弟项载伦。加盟五洲后不久，兄弟俩便去日本考察制药行业，并与当时日本最主要的医疗器械生产商野田器械行签订了经销协议，成为野田在中国的唯一销售代理商。回到上海后，项松茂又派遣五洲的两位年轻同事赴欧美考察，分别与美资、英资、德资和奥（地利）资的制药企业签订了类似协议。但他本人并未去过西方。[5]

然而，尽管黄楚九和项松茂有诸多相似之处，他们却在项松茂发展五洲的计划上发生了冲突。1906 年，黄楚九是五洲的三位创办者之一（另外两位分别是药剂师谢瑞卿和出版商夏粹芳），并于 1911 年聘用项松茂为五洲的总经理。1916 年，项松茂在上海以外建立五洲分店时，与黄楚九产生了矛盾。那时，在上海以外的任何地方，黄楚九的中法大药房还保留着只要有当地分店，五洲便只能由其分店担任唯一经销商的权利。当项松茂要在天津建立五洲分店并与中法大药房的天津分店形成竞争之势时，黄楚九愤而反对并最终辞去其五洲职位。在搬开黄楚九这个障碍后，项松茂便放开手脚推行自己的扩张计划。此时，五洲的另外两个创业者也不在了——一位去世，另一位被黄楚九排挤出去，于是项松茂便成了五洲无可匹敌的最高领导者。[6]

在此后的20年间（1916—1936），项松茂和1932年继任五洲最高职务的儿子项绳武一起，大力投资改善五洲的基础设施，以拓展公司的长途贸易。到1936年，五洲已在18个城市开设了24家完全属于自己的分店，其中包括中国的16个城市和东南亚的2个城市，覆盖了中国除西北和西南地区以外的其他七大区域（见表4.1）。此外，到1936年为止，五洲在中国九大区域中的另外53个市镇，同当地独立经营的药店联手，这意味着五洲在遍布全中国的69个市镇都拥有了在其招牌下销售药品的分销商。1919年到1937年，五洲每年通过全国性销售体系所卖出的药品在上海以外销售总额所占的百分比，最高时达到92%，最低时也有63%（见表4.2、表4.3）。

在五洲的产品和广告从大城市走向中小城市和市镇的过程中，它们也进一步扩展到了城市和市镇以外的地区。当时，中国乡村的观察者便注意到，农村家庭里也有此类广告的存在。人类学家葛学溥（Daniel H. Kulp）在20世纪20年代初对华南乡村做实地调查后指出，“无论是在最穷还是最富的家庭中，都

表 4.1　五洲大药房分店

开业年份	地　点	大区域	1921 年资产额(单位: 元)
1912	济南	华北	6000
1917	天津	华北	10000
1919	北京	华北	10000
1919	汉口	长江中游	10000
1920	上海（太和）	长江下游	20000
1920	营口	东北	2400
1920	蚌埠	华北	5000
1920	芜湖	长江下游	6000
1921	九江	长江中游	2000
1925	厦门	东南	
1926	上海（虹口）	长江下游	
1927	重庆	长江上游	
1928	杭州	长江下游	2400[b]
1928	郑州	华北	
1928	上海（四川北路）	长江下游	
1930	上海（蓬莱市场）	长江下游	
1930	上海（东门路）	长江下游	
1931	扬州	长江下游	2500[b]
1931[a]	泰国曼谷	东南亚	
1931[a]	印尼三宝垄	东南亚	
1933	南昌	长江中游	
1934	广州	华南	
1935	上海（静安）	长江下游	
1935	上海（南京路）	长江下游	

a. 这两家海外分店创建的确切日期目前还不清楚。它们可能是在 1931 年开业的，因为 1931 年至 1937 年，五洲把公司产品的 28% 投放到了海外市场（见表 4.5）。

b. 这两笔投资系1921年对一合资药房投资的数据，但药房后来没发展成五洲的分店。
资料来源:《五洲大药房三十周年纪念刊》(上海，1936年)，第113—125页；上海社会科学院经济研究所:《上海近代西药行业史》，第7章；五洲大药房文件，文件编号Q38—37—115，“利润和资本统计：1920—1921年”。

表4.2　1936年五洲大药房的区域性分店和当地合资商数目

大区域	拥有地区性分店的城市数目	拥有当地合资商的市镇数目
长江下游	9	19
长江中游	3	7
长江上游	1	0
东　北	1	3
华　北	5	11
西　北	0	2
东　南	1	5
华　南	1	4
西　南	0	1
东南亚	2	1
总　计	23	53

注释：本表根据五洲的资料制作而成。1929年，贝肯调查了中国的制药业，他总结说五洲有80个合资商，不过他使用的数据似乎不如这里所用的精确。参见：C. A. Bacon，“Pharmacy in Shanghai”，p.658。
资料来源:《五洲大药房三十周年纪念刊》，第126—127页。

表4.3　五洲大药房在上海及上海以外地区的销售额

年份	上海以外分店（及海外分店）数目	销售总额（单位：元）	上海以外销售额（单位：元）	上海以外销售额所占百分比(%)
1915	1	310000	–	–
1916	1	–[a]	–	–

续表

年份	上海以外分店（及海外分店）数目	销售总额（单位：元）	上海以外销售额（单位：元）	上海以外销额所占百分比（%）
1917	2	–	–	–
1918	2	–	–	–
1919	4	830336	640975	77
1920	10	1373831	1095998	80
1921	10	1247060	915006	73
1922	10	1147993	796764	69
1923	10	1282549	829135	65
1924	10	1354324	856579	63
1925	11	–	–	–
1926	12	–	–	–
1927	13	–	–	–
1928	15	–	–	–
1929	15	4000000	–	–
1930	17	–	–	–
1931	17（2）	7642000	–	92[b]
1932	17（2）	5828989	–	92
1933	18（2）	6695262	–	92
1934	19（2）	6822900	–	92
1935	21（2）	6652167	–	92
1936	21（2）	11645419	–	92
1937	21（2）	–	–	92

a. 凡横线处皆表示暂无相关数据。

b. 1931 年至 1937 年，唯一可用的数据是五洲最受欢迎、盈利最多的产品“人造自来血”的销售平均百分比。

资料来源：上海社会科学院经济研究所:《上海近代西药行业史》，第 99，107—108，148，261，266，391—392 页;《五洲大药房三十周年纪念刊》，第 117—125 页；五洲大药房文件，文件编号Q38—37—115，“利润和资本统计：1920—1921 年”。

可以看到时尚的海报和图片日历”，“它们的内容通常不是彩印的广告，就是中国历史的某些场景”。[7] 五洲及其他企业成功地渗透到中国农村这一点，可以从以下事实推知：直到 20 世纪 90 年代初期，中国农民仍然在使用 1949 年前的包括五洲的商品广告在内的月份牌作为家庭装饰。1992 年，当美术评论家张燕凤在全国范围调查 1949 年前商业美术的体裁和实物时，她和研究助手们在城里的发现寥寥无几，城里人的说法是，这种“资产阶级残余”一直保留到 20 世纪 60 年代，但在“文化大革命”期间被销毁了。于是她和助手们把调查延伸到长江下游、华北、东北和华南这四个区域的农村地区，最终在当地农民家中发现了仍然挂在墙上的 586 幅 1949 年前的月份牌。[8]

在上海，项松茂通过筹集资金使这一庞大的销售体系得以运作。1913 年，即他加盟五洲仅仅两年之后，他将药房从合伙制转变为合资的股份有限责任公司，从而使其资本基础迅速扩大。1907 年，公司的初始资本额也就 1 万元左右，而到了 1913 年末（即发行股票一年之后），项松茂已将资本额迅速扩大到 15 万元（见表 4.4）。他把一部分资本投到五洲新总部大楼的建设上，1913 年新总部开业时，他意气风发地站在大楼门口拍照留念。

表 4.4　五洲大药房的资本额、销售额和盈利额（单位：元）

年份	资本额	销售额	盈利额
1907	10000	–	–
1913	150000	310000	–
1919	–	830336	31874
1920	210000	1373831	32692
1921	–	1247060	–
1922	–	1147993	–
1923	–	1282549	–
1924	–	1354324	–
1929	–	4000000	143681
1931	–	7642000	–
1932	–	5828989	–
1933	–	6695262	–
1934	–	6822900	–
1935	–	6652167	–
1936	2800000	11645419	3083802

注释：省略掉的年份表示该年度暂无可利用的数据。横线表示相关数据暂不可用。

资料来源：上海社会科学院经济研究所：《上海近代西药行业史》，第 99，148，261，266，391—392 页；《五洲大药房三十周年纪念刊》，第 117—125 页；五洲大药房文件，文件编号Q38—37—115，"利润与资本的数据，1920—1921 年"；C. A. Bacon，"Pharmacy in Shanghai"，p.658。

与此同时，项松茂也很关注产品的生产和研发。1912 年，他在五洲任职的第二年便成立了"合药间"。1920 年至 1922 年，他建立了制药厂，并购买了一家肥皂厂和一家化工厂。[9] 到 1936 年，五洲生产的以本土商标命名的西式产品不少于 780 种，其中包括少量以肥皂和化妆品为主的非医药产品，这在当时超过了中国其他任何一家制药厂的产品。[10]这些产品中，最受欢迎、盈利最多的是上市时间最久的“人造自来血”，这是由公司创始人之一、药剂师谢瑞卿发明的一种滋补品。[11]这种产品本用来治疗贫血，但是和中法大药房的艾罗补脑汁一样，因为其成分秘不示人，故其药效功能很难衡量。而且，和艾罗补脑汁一样，“人造自来血”采用西式包装，并通过中文媒介予以推广。这种药是在上海生产的，但项松茂将它广泛地投放到了中国所有的大区域市场和海外市场（见表 4.5）。

表 4.5 五洲大药房“人造自来血”在各个大区域的销售情况（1931—1937 年、1938 年）

大区域	占销售量百分比（1931—1937，%）	占销售量百分比（1938，%）
长江下游	23	30
长江中游	10	5
长江上游	–	–
东北	0.5	0
华北	12	20
西北	2	1
东南和华南	15	15
西南（包括长江上游）	8	15
海外	28	10
其他地区	1.5	4

注释：20 世纪 30 年代，“人造自来血”的销售额占五洲产品销售收入总额的九分之一。长江上游的销售数据包含在西南地区一栏。横线表示暂无可利用的相关数据。
资料来源：上海社会科学院经济研究所：《上海近代西药行业史》，第 99，148，266，391—392 页。

项松茂在五洲的生产、研发和销售等各个领域的投资均达到了预期的效果。公司每年的销售收入节节攀升——由1910年代中期的30多万元增加到20世纪20年代初期的130多万元，再攀升至20世纪30年代初期的600多万元，并最终在1936年达到1160多万元的高峰（见表4.4）。随着销售额的激增和名声的远播，五洲在中国成为家喻户晓的“药房之王”。[12]

五洲在全国性销售上之所以获得成功，得益于项松茂对上海以外地区进行投资的决定，但仅仅投资并非成功的唯一因素。一旦他做出建立分店的决定，他还必须考虑如何才能吸引偏远地区的消费者。

控制分店和吸引当地消费者

当项松茂走出上海，在中国其他城市营销五洲商品时，他面临着一种两难处境：一方面，如何才能保持上海总部对日益增多、遍布全国的分店的控制？另一方面，又如何才能使得这些分店对当地消费者的需求保持敏锐的嗅觉并及时做出反应？项松茂为既维护总部的控制又保持地方分店的灵活自主性所作的努力，在他对分店经理的挑选和对分店地址的选择上充分地显现出来。他在挑选经理时，考虑的是保持总部对分店的明确控制；而他选择分店地址时，考虑的是要让当地消费者感到方便。

通过中国式的社会关系网络管理分店

为了在遍布全国的分店营销五洲商品，项松茂从家乡聘用经理人。正如我在第一章中所指出的，中国商人在做长途生意时，往往更喜欢和同乡打交道，这是因为他们说同样的方言，也都希望最后能够告老还乡。项松茂来自距上海南部100英里的宁波鄞县，在建立生意网络的过程中，他也按照其他宁波同乡的做法。自10世纪以来，宁波便享有宁波商人对同乡绝对忠心耿耿的声誉。在19世纪，当上海作为贸易港口日渐取代宁波之后，宁波商人便创建了一个广泛的同乡会网络，控制了上海的金融，并主导了长江下游和中国其他地区之间的贸易往来。[13]19世纪末20世纪初，项松茂和其他宁波商人便利用了这些网络，从经办海外进口的工业商品开始，到了最后，是销售他们自家企业生产的大量产品。[14]

作为五洲的领头人，项松茂每年都会从上海去宁波，向亲戚朋友们咨询能够进入公司就职的新成员人选。他更喜欢五官端正、口齿伶俐的初高中生。他把筛选出来的候选人送到上海中华职业学校，委托该校对他们进行笔试和口试，并为通过考试者提供为期六个月的培训课程。一旦通过考试和培训的学员进入公司，他会把其中最聪明、口才最好的安排到市场部，把其余学员安排去做药房员工、办事员和仓库员工。选入市场部的学员，则从五洲经理、部门主管和技术专家那里学习有关制药业的知识，并向英国人、法国人和日本人学习外语。这些宁波同乡对于项松茂提供的工作机会自然是感激涕零，而项松茂也希望他们对五洲应当有着绝对的忠诚，同时，他们还要作效忠的宣誓，其中一条是不参加任何政党或团体。[15]

新人培训结束后，项松茂便安排他们到市场部任职，随后通过派遣新人在五洲不同分店间辗转任职而对他们继续予以考验和评估。通常情况下，项松茂会把他们首先安排在上海以外的分店任职。有时候，他还让一些人长期留驻某家特定分店，甚至达十一二年之久。对于最有潜质的新人，他则为他们保留着受人觊觎的上海总部管理部的职位，并负责建立和管理分店。[16]

通过同乡关系网，项松茂做到了对五洲的严密控制。几乎上海内外的所有五洲分店，都是他经由分店管理部建立起来并实施监督的。唯一的例外，是他于 1915 年由个人出资、未使用五洲股资建立的上海太和药房。最初，该药房由项松茂个人管理，不受五洲管理部控制，但是他最后还是让五洲盘进了太和药房，并和五洲其他分店一样按照同一方式经营。[17]

提供便利的店址

不让分店管理权受到地方控制的同时，项松茂在为药店选址时，对当地消费者购买是否便利表现出了极大关注。在中国历史的背景下，他为这些药店选址的做法是引人注目的，因为历史学家的一般定论是，中国商人在做生意时是不把店铺设在对消费者来说比较便利的市区地段的。

施坚雅曾指出，清政府禁止商人们在有城墙的城市中心位置建店铺，因为这里的主要房地产都已圈为官家所用。在清王朝为1911年辛亥革命所推翻、帝制终结之后，一些城市解除了对商业投资的这些限制。广州甚至在原清政府的衙门所在地，亦即城里最中心的区域建立了新的商业区，杭州也将原八旗营区改建成了新的商业区。[18]

根据城市史专家的研究，在中国其他城市销售西式商品的企业一般会把店铺设在位于外国租界区的各商业中心。这些租界是外国政府根据与19世纪战败的清朝政府签订的各项条约建立的，外国政府因此获得了通商口岸土地的永久租借权。白吉尔（Marie-Claire Bergère）和卢汉超曾对最大的通商口岸上海作过描述：上海的西式商店全部集中在租界区，尤其是沿着上海最主要的商业街道南京路而建。[19]根据卢汉超的研究，这样做的结果是，上海的大多数消费者因为住处“远离南京路”而几乎无法购买到西式商品。[20]

如果说中国企业店址未为消费者提供方便成为通例的话，那么五洲显然是这一通例的例外。项松茂的药店几乎都建在城市中人口集中的地区附近，而不在意它们是否靠近城墙内市区的中心或与租界为邻。到了20世纪20年代和30年代，城市人口的蔓延已远远超出城墙，项松茂把五洲分店设在城门附近，使得城墙内外的消费者都可以方便地光顾。结果是，五洲的分店往往开设在自帝制晚期以来便一直存在的老商业区，而新店则开设在刚拓宽的大路上。与此同时，传统老店（包括我们在

第二章看到的同仁堂）却依然留在狭窄的小胡同里。

同样，项松茂把分店都设在城市的人口中心，而不是集中在通商口岸的外国租界里。只有在中国几个最大的通商口岸城市（如上海、天津和汉口），他才把药店建在外国租界里，但大多数分店仍然设在处于中国管辖之下的其他地方。在五个通商口岸（九江、厦门、杭州、重庆和广州），他把药房建在外国租界以外的地方。此外，他还选择在其他七个既非通商口岸又无外国租界的城市（济南、北京、蚌埠、郑州、扬州、南昌和重庆）建立了分店（见表 4.1）。

在上海，项松茂为五洲的选址对消费者来说比其他地方甚至更为方便。1911 年 6 月，即他上任五洲总管这一年，他在上海商业区的心脏——公共租界中区——建立了公司的新总部，但他几乎在同时也开始把五洲的影响扩展至城市的其他部分。1913 年，他在公共租界外、法租界内建了一家分店，就在老城厢的老西门附近，而老城厢在公共租界和法租界建立前便久已存在。到了 20 世纪 30 年代，上海人口数量猛增到约 300 万人以后，项松茂又在中区建了一家分店，在北区、西区和法租界建了六家，这使五洲公司在上海的总数达到了九家（见表 4.1）。这样，假如在郊外工业区的工人和其他住在上海中区以外的消费者不愿意或不能去中区购物，那么五洲走向了他们，全市各处消费者的家门口都有分店。

项松茂在上海各处广设分店，并在其他城市也把分店设在人口聚居区，这表明他在挑选店址时考虑的是要给消费者带来方便。接下来，在将分店设在能被广大消费者看到的地方后，他又加上一招，通过建造醒目的“西式”建筑来吸引消费者的注意。

本土化的西式建筑

项松茂的药店都建成了“西式”风格，有许多与传统中国店铺形成鲜明对照的特征。一般来说，中国老店铺高一至二层，前面是木制门板、突出的屋檐、油漆的木制招牌和布料幌子。[21] 这些店铺很少有大窗户，店堂内外也是光线暗淡。相比之下，五洲药房的建筑要高得多，使用砖砌或混凝土建成，外墙有西式的阳台、栏杆和时钟。最引人注目的装饰或许就是药店的商标了——每一家五洲药店门面上方都在高处镶嵌着一个象征“五洲”的大型世界图雕。店里同样也让人眼前一亮：宽阔的入口、巨大的平板玻璃窗和明亮的陈列柜。与此同时，五洲各分店的外观不完全一致，也和西方的药店不同。它通过一种最明显的做法使得药店本土化，即使用汉字来书写招牌和门面，而把罗马字母变小或完全排斥不用。另外一些使得药店本土化的做法则更为微妙细致。

采用由两部分构成的垂直建筑形式

五洲通过采用西方用于商业建筑而非用于药店的建筑形式，在设计上将其药店的西式建筑地方化。几乎所有的五洲分店都采用了美国市镇主要街道上很常见的建筑形式。美国建筑史学家理查德·朗斯德（Richard W. Longstreth）将这一建筑形式特点归纳为一种“两个垂直的建筑部分，其正面被水平地分成两个主要区域……较低的区域有一两层高，在视觉上成为建筑的主要部分，亦是较高区域的基础”。朗斯德指出，这种形式的商业大厦通常“被当作一座雕塑般的塔楼，从每一面看去都高于周围的其他建筑物，耸立于地平线上”。根据朗斯德的说法，这种由两部分构成的垂直建筑形式在20世纪初期就已风靡美国，并被用于写字楼、百货商场和旅馆，偶尔还会应用于公共建筑和公共设施，但并未用于药房。[22]

五洲在中国所有地区的分店都采用了这种两部分建筑的设计，并采用加顶的方法使得每座建筑都给人一种鹤立鸡群的感觉。在北京、天津和济南等华北城市，五洲使用了大立柱以产生一种向上伸展的感觉，每家分店的建筑顶端都有一座塔楼，北京分店的塔楼上还有一座用罗马数字表示时间的大钟。五洲的建筑还添加了来自西方古典历史的装饰，包括庄重的梁柱、匀整的栏杆和粗面石砌墙，这使得它的分店对中国消费者来说充满了“西洋味儿”。正如这些分店所显示的，五洲对一些分店建筑的本土化并非通过偏离西式设计而达到，而是通过选用在西方并不用于药房的西式设计而实现的。

因地制宜

在中国的某些地区，项松茂通过更改西式建筑的主题和设计而使之本土化。在长江下游、中游和上游地区，他为建筑添加了中国的装饰元素。和华北分店一样，这些分店建筑也包括两部分的垂直风格，并有着经典的西方装饰（栏杆、三角屋顶、窗户三角楣饰），但建造者同样为门面保留了装饰以中国元素的空间。工匠们在五洲的九江分店招牌上方添加了中式的花卉图案，并在汉口分店建造了某种西式风格的圆柱，上面带有可能是由他们自己创造的柱头，而这些柱头与爱奥尼亚式、科林斯式的柱头或其他传统西方柱头，都没有任何相似之处。[23]

项松茂还通过因地制宜地调整西式设计，来进一步推进本土化。在长江以南地区，他的药店是用钢筋混凝土建筑的（华北地区则使用砖砌建筑），而且它们比华北的分店更高，可达到四至五层。这些多出来的楼层不仅产生了一种西式形象，还可用作储藏空间，以防止五洲商品在比华北地区的干燥气候要潮湿得多的条件下受潮变质。[24]

在亚热带的中国东南地区，项松茂也采用了适应当地条件的设计。同长江沿岸地区的药店一样，五洲厦门分店也很高（有四层楼），分为两部分，由混凝土建筑，并有商标和其他题字装饰。但它又和北方分店不一样，底层从街上缩了进来，这样楼前便建起带顶的走道或拱廊（即“骑楼”）。这一设计给消费者提供了躲避炎夏烈日和雨季暴雨的场所，而且由于骑楼是遍布厦门商业区诸多商店的共同特征，这给人留下了五洲是本地商店的印象。[25]

在所有这些分店中，项松茂之所以采用西式建筑，无疑是为了使它们在与传统中国店铺的对照中脱颖而出。正如一位中国历史学家恰如其分地引用成语所描述的那样，五洲通过建筑来自我推销的策略真是“独树一帜”。[26] 这些例子还表明，项松茂在 1925 年至 1932 年去世前大兴土木，给这些“西式”药店增添了中国特色。直到他去世后，五洲才建起了一个门面不带本土化印迹的药店。

依靠西方建筑师

1932 年，在上海“一·二八事变”期间（见第六章），52 岁的项松茂在带领一队五洲中国员工进行抗议活动后惨遭日本人杀害。当时，蒋介石还为项松茂写了悼词，称其“精神不死”。从那以后，甚至直到 20 世纪 90 年代，中国人仍然称颂他的英雄气概和为国殉难的事迹。[27]1936 年，也就是项松茂去世四年后，他的儿子暨继任者项绳武主持了五洲历史上最大的项目，建造从外表上来看没有任何本土化印迹的新的上海总店和公司总部。

项绳武在五洲新总店的地理选址和总体设计上，都使得它明显是西式的。他把店址设在福州路和河南路的拐角处（距南京路南面两个路口、距外滩西面三个路口处），在地理上位于英属公共租界中区的中心位置。他委托 1898 年在上海成立的英资公司通和洋行的建筑师负责大楼的设计和建筑。在按照西方建筑风格设计建造大楼方面，该洋行在中国颇有声誉。[28]

通和洋行的建筑师们在设计项绳武的新楼时，采用了 20 世纪20年代后期在西方流行的风格。他们使用了一种当时最时髦的美国建筑材料"泡沫混凝土"来建造大楼，这是一种轻质、泡沫状的混凝土。新楼的中心部分是一座十层高的塔楼，两边是六层高的侧楼。建筑师们采用了两部分的设计，在下面部分的底层安装了整排窗户，而在上面部分则通过垂直梁柱来凸显大厦的高度。这种向上伸展的效果和五洲的各个分店并无二致，只是规模更为宏大。他们用优美的弧线对大厦进行了斜切处理（拐角处则处理为圆角），这样一来，大厦在福州路和河南路口与其他建筑物融为一体，形成了一个柔和的圆形，而非突兀的正方形。[29]

通和洋行的设计师还安装了玻璃橱窗和照明灯光，映得大厦闪闪发光。大楼入口是位于中间的一个玻璃旋转门，两旁是沿着福州路和河南路的八个巨大的玻璃橱窗，每个都有12英尺宽、24英尺高。除了从这些橱窗反射出的光亮，大厦的整个外墙还装有霓虹灯，可在夜空的衬托下勾勒出大厦光灿夺目的轮廓。[30]

大厦里面，设计师同样利用玻璃柜和电灯照明以产生极为醒目的效果。在主楼层，他们在宽敞的购物区（面积为5268平方英尺）摆放了长排玻璃展柜，柜子里面和天花板同时发出光亮。[31]他们还在地板和天花板之间竖起巨大的粉红色云母石圆柱，以嵌铜的云母石铺成地板，从而添加了玫瑰色的光晕。购物区外，他们安装了当时最先进的设施，包括洗手间、电梯以及供暖和空调设备等。此外，他们在高楼层设了礼堂、餐厅、宿舍、储藏室和办公室。办公室是特为医生所设，目的是鼓励病人离开大厦之前在五洲药房配药。[32]

然而，尽管大厦具备所有这些西方特点——由西式建筑公司建造、装饰艺术设计、“泡沫混凝土”、巨大的玻璃窗和明亮的电气照明，项绳武并没有让药店完全脱离中国风格。在大厦的第三层，他为纪念父亲建立了项松茂先生纪念堂。他从北京聘请了中国美术专家来设计该作为五洲董事会会议室的纪念堂，而他们则打造了一个包含中式室内设计和装饰艺术风格的类似博物馆的空间。木梁由榫和榫眼相接合而加以固定，墙壁上挂有卷轴和绘画。这些以及室内的其他一些艺术和建筑特征，在20世纪被视为至少是自唐朝，尤其自明清以来长江下游地区艺术和建筑的精粹特色。[33]

项绳武认为其父对五洲的成功厥功甚伟。他指出，项松茂早就有了在相同地点建造一座更高的新总店的想法，以取代23年前即1913年所建的三层高的店面。根据项绳武所言，20世纪30年代早期，他的父亲便曾向董事会提交过一份建设一座九层高大厦的提案（比最终建成的只少一层）。[34]

1936年10月10日，五洲新厦举行盛大的开业典礼，项绳武称颂新店在中国历史上的意义，从而进一步把它同中国历史联系起来。开业这年标志着五洲药房建店30周年（始建于1906年），而开业这天也正是中华民国第25个国庆日，即纪念1911年辛亥革命的爆发。项绳武亲自向出席开幕式的4000名来宾（他共邀请8000人）作了爱国演讲，并通过所有媒体传达了同样的关于民族主义的、购买国货的广告信息，包括以一种“商业广告轰炸”的形式在上海用商用飞机向下散发广告传单。他的广告显然奏效，因为开业这天就有3万名顾客涌入药房，而第二天光临的顾客人数更多。[35]

不管项绳武对他的父亲和历史做出了何种姿态，在把这座大厦本土化、以迎合消费者的中国口味或风格方面，他就几乎没有花什么其他功夫了。他谨慎地设置项松茂先生纪念堂所在处，无论消费者是在一楼购物，或是从位于高层的医生办公室下来，或是在大厦外浏览橱窗，都是看不到纪念堂的。他的建筑给人留下这样一种印象：上海已经完全融入资本主义世界了。因为新总部似乎意味着，对上海的消费者来说，全球和地方口味实际上就是一回事。

谁设计了分店？

很明显，项绳武委托西方建筑师来设计他的上海总部，而他们也建造了一幢毫无疑问是西式的大厦。但是，是谁设计了五洲的分店以及这些分店是怎样在建筑上实现本土化的？就不那么清楚了。可采用的文献资料给不了确切的回答，而可看到的视觉资料（包括照片）则表明，这些分店是由以下三组人物之一设计的：项松茂在上海委聘的西方建筑师、项松茂从上海派去的中国建筑师、五洲分店经理在当地募聘的地方建筑师。这三种可能中，第一种比后两种可能性更小。西方建筑师是否介入似乎令人怀疑，因为几乎所有药店都是根据并未应用于西方药店建筑的形式来建造的。更有可能的是，项松茂从上海派遣中国建筑师到各个城市，因为这些分店有一些共同特征，特别是采取了两部分的垂直形式，而当时在中国享有最好声誉的中国建筑师又恰好都是来自项的家乡宁波。[36]当然，也有可能是项松茂的分店经理们雇用了当地城市的建筑师，因为正如我们看到的那样，分店绝不雷同，而是包含了适应当地情形，可能模仿了当地现有建筑的诸多特征（比如带顶的走廊）。

其中可能性最大的是，项松茂从上海派遣中国建筑师到其他城市。这一结论似乎是合理的，因为大家知道他个人对药店的建筑设计甚感兴趣，也因为他的一般策略是，将他自己的中央权威保留在上海，并防止当地人获得对分店任何方面的控制。[37]

地方化的努力

项松茂在拓展五洲国内市场之时，还试图控制分店和合资商，而不管他的公司对它们是否有所有权。在营销药品方面，他下决心要在上海对产品分销的每一层级都行使权力。事实证明，他成功地掌握了对五洲分店的完全控制，却没能控制住五洲的当地合资商。

防止分店的地方化

如前所述，项松茂通过中国同乡网来营销产品，并把五洲分店的所有权和管理权都掌控在公司的上海总部。他坚持由五洲完全拥有所有分店，并从上海派遣他信任的同乡同事去负责管理每家分店。有了对分店所有权和管理权的完全控制，他也就严格防止了当地商人变成分店的共同业主或经理。

加盟五洲初期，项松茂曾在中等城市与当地的共同投资者合作开药店——1914年在杭州，1916年在扬州，1919年在九江，但是他明确地把这些合资共有的药店与五洲全资拥有的分店区分开，只要这些地方分店是共有的，他就不会投资去翻新、扩建或重新选址。只有在后来五洲将这些分店买断并从上海派出自己的经理接管它们后，项松茂才在当地建立新的多层楼分店，并在以下各地正式开业：1921年在九江，1928年在杭州，1931年在扬州。[38]

项松茂对所有权和管理权的集中控制，使得五洲分店对于地方化有着高度的抵抗能力。公司总店要求分店经理和特许专营商定期提交销售和盈利报告；反过来，它每月也将销售数据的摘要和图表转发给它们。与这些财务报表一起，每月还有新的广告和促销杂志《澄光》。[39]总体说来，五洲分店贯彻了来自上海总部的政策，但特许专营商们却没有这么做。

屈从于当地合资商的地方化

如果说项松茂在中国各个大区域的中心城市成功地防止了其分店的地方化，那么他却不能在更偏远、更小的市镇对当地合资商也这么做。对于独立的药店，他既不能直接控制所有权，也无法进行管理。在不能直接控制的情况下，他就通过引入一种新的组织形式——“领牌联号”（字面意思是“领取一个招牌，与一家企业合资”）来寻求间接控制。这是当时另一种组织形式“联号”的变种。“领牌联号”的企业，从表面看是从属于某一“家族公司”的创业者，即便随着时间的推移它们在很大程度上已独立于该创业者的控制，也依然如此。[40]

为了招募五洲招牌的合资商，项松茂主动提出对方可以享有五洲公司的名称和声誉。在帝制晚期的中国，中国商人们非常重视他们的招牌，不仅极力捍卫，还积极对抗那些企图模仿或假造本店招牌的行径——正如我们在同仁堂的事例中看到的那样。但五洲和其他卖西药的药房不再采取以往的做法，而是把招牌提供给那些能成为合资商的独立经营的中国店铺。项松茂还通过为对方提供各种形式的广告，比如墙画、标语和海报（包括那些含有可填写当地店铺地址的空白处的海报），来吸引合资商。[41] 在另一种招商机制中，项松茂与潜在的合资商就财务安排进行商谈：五洲商品销售的利润和手续费，提前通知五洲的促销降价，以及五洲根据各联号店的销售额而提供的年终奖励，等等。

反过来，每家联号店也被要求签订一个协议，即它将只能出售五洲的药品，而不能出售五洲竞争对手的产品。五洲也希望联号店将其店铺的外观和运营搞得像五洲的分店一样，这样就拓展了五洲的市场覆盖面。但在实际运作中，联号店会偏离五洲的计划，以自己的方式对广告加以地方化或进一步地方化。

五洲同华北中等城市徐州的联号店的关系，就很能说明这种地方化的情形。20 世纪 20 年代，五洲在徐州尚无分店、联号店以及其他联系，于是在报纸上刊登广告寻找当地代理商。在收到徐州普育书局老板陆树东的回复后，项松茂亲自与陆树东进行商谈。五洲一方免费提供给陆树东店的招牌和广告，还按照批发价供货，预期会给陆带来 35%—45%的利润，而且还根据陆一方的具体周转情况，支付 2%—5%的手续费，以加快销售速度。

陆树东一方，则将店名改为徐州普育书局和五洲大药房，把新店名写在招牌上，还使用了五洲的墙画、标语、海报和其他广告。1930 年，在使用五洲名称卖药数年后，陆扩大生意、增加了第二座大楼，甚至在新楼竖起“五洲大药房分店”的招牌。[42]

陆树东在拓展五洲市场范围的同时，并不是被动地复制五洲分店。他顽固地拒绝签订只卖五洲产品的协议，还出售同五洲竞争的商家最受欢迎的各种产品，不光卖五洲的“人造自来血”，还卖中国造的“人丹”和日本产的“仁丹”，以及东南亚制造的“万金油”（详见第六章）。而且，他并不把药品局限于这些品牌的西式“新药”，还出售传统中医师所制的中草药。最后，他扩大了商店规模，实现了销售品种的多样化，甚至还销售诸如文具、摄影器材、玻璃和自行车等非医药产品。最终，陆树东与上海 100 多家公司都有生意往来。即使陆竖起的招牌声称是“徐州普育书局和五洲大药房”，当地顾客还是用中国最大百货商店的名字来称呼他的商店，叫它徐州的“上海先施百货公司”。[43]

通过这些方式，店主陆树东将五洲的市场营销地方化了。他使用五洲的招牌和广告，以使他的联号店看起来更像是一家五洲那样的西式分药店，而不像一家旧式书店。并且，在他添加了一家属于自己的分店后，仍然保持着合资商身份，并在五洲大药房的招牌下继续进行销售。但正是采用上述方法，陆树东转换了关于一家药店的全部概念，他拓宽了售货品种，从而让他做的生意看起来更像是一家百货公司，而不是任何一家五洲分店。

地方化的层级

五洲遍布全中国的营销体系通过公司所希望或不希望的方式被地方化了。在高层，项松茂有意努力推进的，是在他集中控制下的地方化。他从上海对中国各大区域中心城市的分店建设投资，并派信任的同乡同事去管理各分店。在他和分店经理们的监管下，五洲建立起了表面上很西式的分店，并与传统中药铺和其他中国商店形成了鲜明的对照。五洲也通过各种方式将分店本土化，包括选址城市人口聚居中心建店、在店面上大用中国文字，以及增聘或允许中国建筑商添加具有鲜明当地特色的设计和装饰。我们不清楚项松茂是否从上海派遣了设计师和建筑师，去设计和建造每个城市的分店，但看来他对每家店在何种程度上被地方化这方面，是有一定发言权的。

在大区域层面，五洲的分店经理们对其分店被地方化到何种程度也有一定的发言权。作为被项松茂任命的员工，这些经理都得听他的命令，而且作为被他从上海派到分店的宁波老乡，他们更熟悉他的方言、建筑嗜好和其他的文化价值观，这些胜过了他们对自己任职城市的方言、建筑风格和当地文化的了解。尽管如此，他们在某特定城市的任职时间相对来说较长——通常几年，有时甚至十一二年——这样他们就有机会了解各个城市的当地风俗。尽管他们的活动没有留下完好的资料记载，但他们可能通过在自己的分店，根据当地消费者的需求去改造来自上海的广告宣传，从而实现分店的地方化。

在营销体系的较低层级，五洲的联号店也将它的广告地方化了，其幅度之大甚至到了违反公司政策的地步。和五洲的分店经理们一样，合资商们也利用了五洲从上海提供的招牌和广告。然而，和分店经理们相比，联号店的店主们并不像他们那样，受到来自五洲的高度集中控制。他们展示广告的方式也与公司希望采用的方式有诸多不同。陆树东利用了五洲广告，却没将其书店转变为一家药店（如他的五洲招牌所宣称的那样），而是成为一家百货商店，这就是一个例证。

在营销层级的更低层面，零售商店主和流动商贩在城市的大街小巷和乡村集市无疑也利用了五洲的广告。尽管我们对他们如何做生意知之甚少，但我们有理由推断，在五洲的大量广告中，有一些到了中国零售商和小贩手中，他们用自己的路数为把五洲的“西式”形象本土化以及进一步本土化，创造了机会。

通过这个巨大而复杂的网络，五洲将药品行销到更广泛的地区，不但遍及各大区域，而且还深入这些区域的各城市层级中。在1937年日军全面侵华之前，五洲在这方面做得比其他任何企业都要好。而且，在从1937年到1945年的抗战期间，五洲仍以很大的规模持续经营，只不过那时它已不再是中国，甚至不是上海药品行业中最为重要的公司了。[44]它已经被其他不仅在战时存活而且迅速壮大的中资医药公司超越了。像中法大药房和许多其他战前就存在的医药公司一样，五洲在日军占领期间继续运作，但它在战时的盈利已远远落后于一些竞争对手，尤其是落后于新亚药厂了。

图 4.1　项松茂，1911 年至 1932 年任五洲大药房的总经理。

图 4.2　1913 年在上海开张的五洲大药房总部大楼。图中项松茂站在标有“×”的地方。

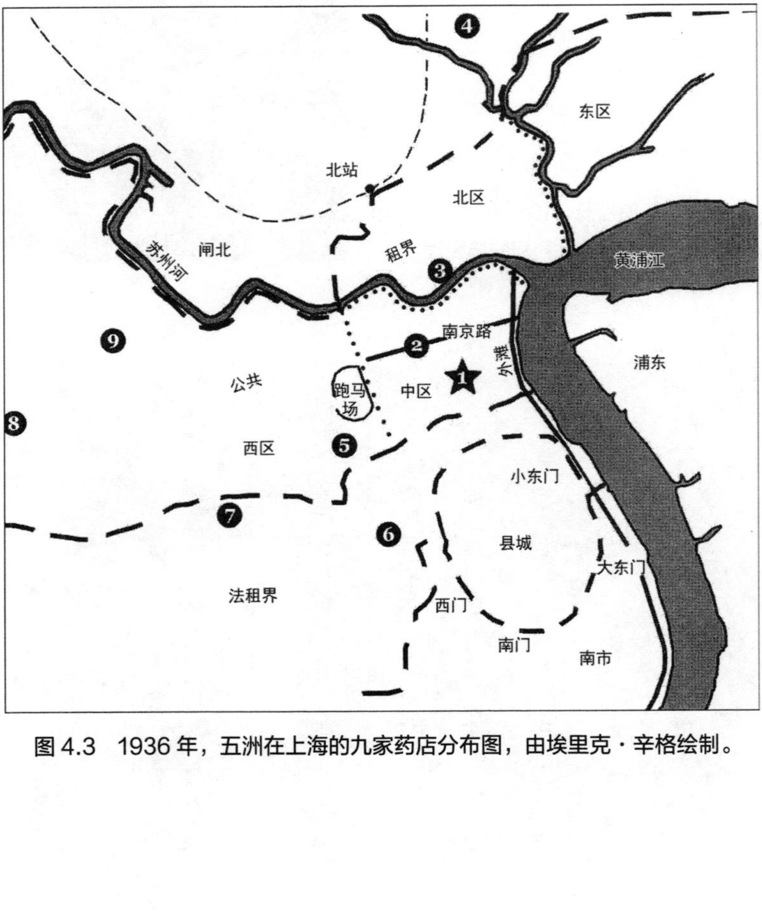

图 4.3　1936 年，五洲在上海的九家药店分布图，由埃里克・辛格绘制。

图 4.4　19 世纪 90 年代位于华南城市广州的中式传统风格的药铺。

图 4.5　五洲大药房的华北分店采用西式建筑风格：济南分店（左上，1930 年建），天津分店（右，1928 年建），北京分店（左下，1931 年建）。和五洲所有分店一样，这三家分店也将五洲大药房的名字和世界地图一样的商标用水泥高高地固定在店面上。

图 4.6 五洲大药房在长江中游地区的分店：汉口分店（上，1926 年建），九江分店（下，1930 年建），这些分店建筑均采用中国工匠自己制造的“西式”石柱，而且镶嵌了中国风格的花卉图案。

图 4.7　五洲大药房在华南地区的厦门分店（1932 年建），同其他分店相似，带了一个拱廊。

图 4.8　20 世纪 20 年代厦门的这个商业区成为 30 年代五洲大药房建立地方分店的建筑样板。

图 4.9　五洲大药房在上海的十层总部大楼（1936 年建），具有装饰艺术的风格。周遭的玻璃展示窗，每块都有 12 英尺宽、24 英尺高。

图 4.10　五洲大药房上海总部闪亮的夜景。

图 4.11　五洲大药房总部一楼明亮的售货大厅。

图 4.12　传统中式风格的项松茂先生纪念堂，位于五洲大药房总部三楼。

第五章
穿越敌线

沦陷时期，我们上海租界的工商界头面人物，尤其在驰骋市场上，先要搞一个“路路通”。我就是典型的一个“路路通”。……战争时期，我成功地与所有政治势力的头面人物建立了友谊。

——许冠群

《新亚药厂三十年来的回顾》(1964 年)

在日军侵占中国和东南亚后，中国的药品公司如何销售药品呢？正如我在第四章所提到的那样，项松茂在 1932 年上海“一·二八事变”时因为试图领导五洲大药房员工抵抗日军而惨遭日本人射杀。此后，其他中国企业家人人自危，尤其在 1937 年淞沪会战结束上海失陷后。战争前夕，中国医药公司都倾向于将总部设在上海，并在这里打理各方面业务。那时的上海在工业产品制造、向全国输出消费品以及印刷媒介（报纸、杂志、广告）等方面，已经超出中国的其他任何一个城市。那么，1937 年日本的侵略是否使上海从中国工商业及文化的中心地位跌落呢？[1]一些历史学家表示情况确实如此。詹姆士·里尔登·安德森（James Reardon-Anderson）认为，战前中国仅有少数实业家同科学研究人员一道从事研究和开发，他也描述了这些企业家在战时纷纷将位于上海和其他沿海港口城市的总部搬迁至更为安全的内陆地区。洪长泰也持类似看法，他指出，日军入侵时，中国一流的新闻记者、作家及漫画家进行了同样的迁移，促使“文化从沿海城市扩散至内地……使中国将关注点转至乡村”。[2]

如果说日本人的入侵使得上海遭到破坏，并迫使实业家、工业科学家和商业艺术家流失，那么，滞留在上海的中国药商难道不会因此缺乏研制药品及设计广告所需的专门人才吗？当上海于1937—1941年成为“孤岛”（日军控制了上海市内所有中国管理的区域，仅留下外国租界未被占领），以及在1942—1945年完全沦陷于日军铁蹄之下时，他们难道没有因在上海陷入孤立无援的境地，而失去长途贸易的机会吗？

如果没有中国“路路通”们的存在，答案无疑是肯定的。这些“路路通”的路子难以搞清，因为他们行踪诡秘。但他们中的一员许冠群（1899—1972），即在本章开篇引言中承认自己是“路路通”的人，为我们提供了一扇观察“路路通”世界的窗户。

许冠群保留了他旗下新亚制药厂的详细档案，还撰写了一部透露内情但未公开出版的回忆录，详细记述了他与商界乃至政界、医药界、科学界、文化界的战时名流的往来。[3]战争期间，许氏公司的资本和销售额增加，其销售网络也急剧扩展至整个中国及东南亚地区（见表 5.1、表 5.2）。战争结束时，许冠群已在新亚制药厂基础上成立新亚企业集团，资产突破 10 亿元，下辖 35 家公司，涉及药品、印刷、造纸、染色、纺织、五

表 5.1　新亚制药厂的资本及销售收入（1926—1945 年）

年份	资本	销售收入
1926	1000	–
1927	10000	–
1930	50000	–
1932	50000	355000
1933	250000	614000
1934	250000	705000
1935	250000	825000
1936	500000	1000000
1937	500000	1303000
1938	1000000	–
1939	1000000	3968000
1940	3000000	–
1941	8000000	–
1942	30000000	–
1943	120000000	52566000
1944	120000000	248077000
1945	120000000	121075000

注释：表中所略年份为可用数据缺失的年份。当时的货币使用情况如下：1935 年之前，银圆；1935—1941 年，法币（国民政府的官方货币）；1942—1945 年，中储券（汪精卫傀儡政府的货币）。横线表示相关数据暂不可用。

资料来源：陈礼正，袁恩桢编：《新亚的历程——上海新亚制药厂的过去、现在和将来》（上海：上海社会科学院，1990 年），第 7 页。

表 5.2　战时新亚制药厂的扩张

	1926—1936 年	1937—1945 年
总部	上海	上海
在华分公司的总部	无	上海（凡江苏，浙江属之）
		汉口（凡湖南，湖北，江西和河南属之）
		重庆（凡四川，贵州，云南和西藏属之）
		广州（凡广东，广西和福建属之）
		天津（凡河北，山西，山东和内蒙古属之）
		西安（凡陕西，甘肃，宁夏，青海和新疆属之）
海外分公司总部	无	香港，新加坡，曼谷和马尼拉
制药厂	上海（1）	上海（4），重庆，北京，香港
销售代理商	27（中国）	中国 41 家，东南亚 10 家

资料来源：上海社会科学院经济研究所：《上海近代西药行业史》（上海：上海社会科学院，1988 年），第 278—280 页；许冠群：《新亚药厂三十年来的回顾》（1964 年），第 66—70 页；陈礼正，袁恩桢编：《新亚的历程——上海新亚制药厂的过去、现在和将来》（上海：上海社会科学院，1990 年），第 6，224 页；档案 Q38-40-11，新亚化学制药公司文献，第 104，107—108 页。

金器具、金融、保险以及房地产领域。[4] 我们将从下述三个方面追溯许冠群取得的这些令人瞩目的成绩：战争前夕的企业运作，战争初期与日本和中国政府的谈判，战争期间通过科学技术实现商业扩张并扩大文化影响力。

战前的发端与改革

许冠群之所以能够成功利用战争机遇，是因为他在战争爆发之前就已经建立了先进的制造体系及长途市场营销体系。1926 年，许冠群还是一个刚满 27 岁的大学毕业生，便创办了新亚制药厂，开始生产现代科学药品（而不是那种专利药品的仿冒品），并在上海开设了一家工厂，首批产品是蒸馏水（始于 1926 年）和用于贮存皮下注射液的玻璃安瓿（始于 1929 年）。在新亚的头五年，即从 1926 年到 1931 年，许冠群通过其他药行在上海以外的地区销售和宣传新亚的产品。[5] 然后，在 1931 年至 1937 年，他以惊人的速度建立起了自己的大规模市场营销体系，这个营销体系由长途销售网络和一整套富有影响力的宣传出版物所组成。

改革销售网络

1931 年之前，许冠群的营销体系还仅限于上海，当时他是通过自己的社会关系网络来销售的。1931 年后，他将营销系统扩展到了上海之外，这时他才开始调整销售系统。像项松茂和其他许多人一样，许冠群刚开始做生意时也遵循着中国由来已久的惯例，通过同乡关系来建立销售网络。他的故乡是距上海西北约 100 英里的常州，他一生都与寓居上海等地的常州同乡保持着密切的联系。他是一位常州银行家的儿子，1918 年初次离开常州到上海，担任了一家棉纺厂的会计。紧接着，他在业余时间到上海商科大学夜校部读书，并通过加入该校的常州学生联合会结识了很多常州同乡。[6]

1926年，许冠群与两位常州同乡一起创立了新亚制药厂，并积极聘请常州同乡担任新公司的管理人员。在公司成立后的头五年，他每年都要派人乘火车到常州各学校去招聘职员。他们对学生进行笔试，并将考试合格者招为公司的学徒。许冠群再从这些常州同乡中精选极少数几位作为其徒弟和门生，这些人都称呼他为“老头子”。同时，他在公司的各类岗位上都聘有众多来自常州的其他同乡。[7]许冠群后来回忆道，他雇用的常州同乡实在太多了，以至于新亚药厂被戏称为上海的常州同乡会。[8]

1931年至1937年，当许冠群将新亚药厂的销售系统扩展到上海以外的地区时，他仍然保留着这种中国式的同乡网络，同时，他也开始研究并采用西式以及日式的营销方法。[9]用他自己的话来说，自就读于上海商科大学开始，他就一直在学习西方的“科学管理体系”。他还通过新亚药厂的另外一位创始人赵汝调来了解日本人的商业经营模式。赵汝调也来自常州，于20世纪20年代初在日本千叶大学获得药剂学学位，随后在一家在华销售药品的日本贸易公司工作。1936年，许冠群同赵汝调一道到日本考察制药工业，在这次考察所见所闻的基础上，他决心以日本最大的制药公司武田药品工业株式会社为模板来改造新亚制药厂。[10]

1937年，许冠群对新亚制药厂的销售网进行了一项重大改革。他第一次委任并非来自常州的人员担任高级职务，并要求新亚制药厂的新募人员必须参加新创办的新亚职员训练班。[11] 许冠群一共录取了23名高中毕业生进入这个培训机构，这些学生都是他们所在学校根据他们的学习成绩和个人才艺保荐上来的，而不是根据他们的籍贯。许冠群挑选这些年轻人作为新亚药厂的生意骨干，并设计了一个为期三个月的培训课程，以达到提高技能和灌输忠诚这两个目的。在会计及其他技能课的教学方面，许冠群争取到了由中国教育改革家黄炎培主持的中华职业教育社的帮助。在灌输忠诚理念上，他鼓励这些新招募的年轻人将自己视为军队里的战士，这样他们才能成为遵守纪律、有进取心的销售人员。培训的“目的是培养一支子弟兵队伍”，许冠群回忆说：“我从中选拔了几十个人到重要岗位任职。”[12] 这些“重要岗位”包括担任设在中国几个大区域中心城市的新亚分公司的高管：华北的北京；长江中游的汉口、南昌、长沙；东南的建瓯；华南的梧州；西南的昆明。[13]

同一年，即1937年，许冠群还对其销售网络实施了第二项重大改革，创建了一个全新的机构——促销与广告业务处。业务处的职责是通过与医生的直接沟通，说服他们推荐新亚制药厂的产品，从而占据药品市场。正如他后来回忆的那样，“我们认为医务人员是我们最重要的支持者，因为他们对病人和药店有很大的影响力。因此，如果我们能把他们争取过来，我们将完全占据药品消费市场”。用许冠群的话说，业务处的主要职责就是“拜访当地医生，说服他们定购药品，并把他们介绍给新亚药厂驻当地的销售代表”。促销与广告业务处的代表们在医生办公室设立展柜，派发样品和礼物，邀请医生参加宴会，散发刻意将新亚药品同外国制造的高价药品进行比较的明细单。在一些城市，许冠群甚至将医生聘为新亚驻当地的销售代理商，杭州的卢艮铭、南京的徐伯儒、常州的徐元谟就是其中的代表。[14]

许冠群之所以实施了诸如聘请职员时不考虑其是否是常州人以及在自己的学校里培训新募员工等改革，是因为随着新亚销售网络的迅速扩展，他需要一大批训练有素的销售人员去经营新的业务处。1936 年，即改革的前一年，新亚销售网络已发展到至少拥有 27 家业务处，分布在中国除东北以外的其他八大区域中，每一处都雇用了三至六位不等的工作人员。[15]1931 年，许冠群的销售网络还只包括一批人数不多的同乡，而且他们都集中在上海一处，但到了 1937 年，许冠群已在上海总部管理着一支规模庞大并接受过系统培训的销售队伍，除已经被日本人占据的东北以外，其成员分布在中国其他所有大区域。

争取顾客

在战前的年份里，许冠群不但使得新亚的销售网络变得更广阔、更先进，也更具有进取心，他还用同样的方法来发展公司的宣传刊物。20 世纪 20 年代后期，由于中国消费者觉得在生产现代药品的科学标准上，没有哪一家中国制药公司有能力同西方和日本公司相抗衡，许冠群曾一度对不能成功地宣传新亚药品感到绝望。正如他后来承认的那样，20 世纪 20 年代当他发现新亚生产的首批中国制造的药品卖不出去的时候，他采用了伪造药品来源地的方法，即在药品上加盖“日本制造”的字样。[16] 尽管如此，战前在广告宣传方面和在销售方面一样，他从进行尝试性和有限的试验开始，很快便采取了雄心勃勃的、大规模的行动。

许冠群的第一个促销工具是新亚的商标，它的设计表明许冠群开始并不情愿暴露公司的中国血统，而更愿意将它同日本和西方的医药科学联系在一起。新亚药厂的商标于 1928 年启用，外面是一个五角星，当中是一个十字。表面上，这两种元素只是代表“新亚”这一名称：星与“新”发音相近，而十字则以汉字“亚”的形式表现出来。但是，这第二种元素所代表的并不仅仅是公司名称的一部分。当时，“亚”这个字（日语中用的是同一个字），出现在日本公司的名称里要比在中国公司的名称里多得多。因此，乍一看这个商标，中国顾客很容易将新亚公司的产品误认作日本产品。在许冠群看来，新亚商标的最重要之处是最里面的十字形部分，它是用红色印刷的，看上去如同红十字会的标志，而实际上新亚同以欧洲做基地、为战争和其他灾难中的伤员提供医疗救护的国际红十字会没有任何关系。许冠群解释说，这个红十字“与医药卫生的含义，亦联系得起来”。[17]

直到 1931 年和 1932 年，许冠群才开始在广告中公开宣传新亚是一家中国公司。他之所以这么做，是受到了中国人为抗议 1931 年日本侵占中国东北和 1932 年日本轰炸上海而发起抵制日货运动的推动。运动期间，许冠群加入了中国国货产销合作协会，并像黄楚九和其他人已做过的那样，打出了购买国货的广告。[18] 抵制日货运动结束后，许冠群仍继续推行强劲的促销运动，从 1932 年一直到 1945 年战争结束都没有中断过。

20 世纪 30 年代，许冠群创办了医学和健康方面的出版物，用于促销其制药厂生产的药品，而当时西方的竞争对手还没有做这件事情。例如，20 世纪初以来，美国大型制药公司为其产品所刊登的广告都必须遵循美国医药学会和美国联邦政府的规定。一方面，这些美国大型公司必须遵守规则而对广告中关于药效的说明加以限制，并因此妨碍了其药品销售；另一方面，这些规则对销售专利药品的小型公司产生了毁灭性影响，这些公司不能从中得益。但不管怎么说，诸如《美国医学学会学报》之类的专业学术期刊以及诸如《科利尔周刊》《妇女家庭杂志》之类的大众杂志，都不归它们所有，也不是由它们发行的。这些期刊和杂志所表达的是为执业医师发声，并且带头在专利药品规则的制定以及防止药品销售的商业欺诈方面起到了重大作用。[19]

中国的情况却相反。许冠群不仅是一家大型制药公司的所有者，同时是几份在中国医药领域中最具影响力的出版物的所有者和发行商。1932 年，他创办了《新药医刊》，这是一份面向西医药从业者的中文专业杂志。许冠群利用这份期刊把新亚公司和曾留学国外而在中国最具盛名的医生联系起来，以提高销量。正如他后来回忆时所说，“聘任特约编辑，均为英、美、德、日各派医师，星牌药品的销路，也就不胫而走了。声势浩大，流传更广”。[20]

作为《新药医刊》的出版商，许冠群定下的目标是要让每位医生的办公室里都有一份该杂志。他将《新药医刊》的价格定得非常低，每期从 50 页至 70 页不等，其中还包括 10 到 20 页的彩色广告，按中国货币计算定价仅为每本 10 分钱，他还想办法给每位医生赠送一本。为了达到这一目标，许冠群向驻各地的销售人员下达了编纂一份通讯录的任务，其中要囊括国内所有西医药从业者的联系地址。靠着这份通讯录，许冠群向全国各地的医生免费派发期刊，每期数量超过 1.2 万份。但许冠群并不满足于此，他还出版了《新药医刊》的英文版，并按照与中文版相似的流程派送，从而使期刊发到更多医生的手中。他将英文版《新药医刊》定价每份 50 分，并指示销售人员尽力查找到能阅读英语的医生（尤其是在香港和东南亚英属殖民地的医生），并每期都向每位医生赠送。[21] 从那时起，许冠群一直把《新药医刊》作为广告载体，直至 1941 年。

1936 年，许冠群创办了一份新的中文刊物《健康家庭》以直接吸引消费者（而不是像出版《新药医刊》那样通过医生来间接吸引）。后来，他在回顾创办《健康家庭》的原因时，曾将办杂志的“表面目的”和“真实目的”作了区分，说过一段值得我们在这里整段引述的话：“号召贡献健康知识，研究家庭问题，指导青年修养，提倡社会服务，发行‘健康家庭季刊’……出版《健康家庭》的真正目的，当然是促销新亚的药品。通过出版这份刊物，我们能使品牌深入家庭生活、家喻户晓。这种做生意的方式，用老话来说，叫作‘无孔不入’。”[22]

当时，许冠群绝不是战前唯一通过发行大众杂志为其商品大做广告并出于商业目的而巧妙运用先进观念的中国企业家，但与其他人相比，他在吸引众多读者方面做得尤为成功。[23] 根据许冠群的说法，1936 年和 1937 年初出版的《健康家庭》的前三期，被“数万名读者抢购一空”；到了 1937 年 6 月，《健康家庭》在上海刊行的同时，还在上海以外经由 22 个销售代理商发行。许冠群将杂志推向广大读者后，仍希望读者群能够进一步扩大，但由于 1937 年夏日本全面侵华，他被迫在《健康家庭》第四期即将付梓前暂停发刊。[24]

一位战前“路路通”

上述有关许冠群在战前市场营销的叙述，显示出他充分利用了上海作为中国商业和流行文化中心的优势。可以想见的是，随着生意蒸蒸日上以及与商业竞争对手在全国市场上展开竞争，他被卷入政治斗争。在处理纠纷的过程中，他获得了成为政治“路路通”的一些最初经验。例如，1933 年，许冠群受到几家西方制药公司的控告，说新亚制药厂一直在进行非法药物吗啡的买卖。许冠群在对上海工部局禁毒部的回应中指出，新亚进口吗啡有国民政府颁发的官方许可证，是用来制造麻醉剂的。但是，他没让案子对簿公堂，而是通过贿赂工部局禁毒部督察长陆连奎而把案子给摆平了。陆连奎正是一个能为许冠群提供帮助的人。根据魏斐德（Frederic Wakeman）的研究，陆连奎是一个颇具影响力的警探，“他同青帮有联系……是一个能把事情办好的得力警察，需要时他会另辟蹊径，采取必要手段把事情摆平”。[25]

为了将来不再发生麻烦，许冠群在1933年想办法在纳税华人会公共卫生委员会中谋得了一个职位，这是一个专门负责在公共租界制定药品销售管理章程的机构。同年，许冠群成立了一个专事游说的机构——上海制药业同业公会，自任会长。但他的官方职位和正式游说绝不标志着他结束“路路通”的工作。[26]1935年，当德国拜耳制药公司控告新亚仿冒药品并侵犯注册商标时，许冠群没有通过游说或法律机构来处理这一问题。他再次发挥了“路路通”的本事，贿赂了时任国民政府实业部商标局长官黎勉亭，把案子了结了。[27]

1937年战争爆发后，许冠群依然靠着战前便有的“路路通”本领顺利行事。在外国侵略使得国家在政治上处于四分五裂的情况下，要整合遍布全国的生意在很大程度上对“路路通”提出了种种难题，但许冠群却表现出他在解决这些难题时的超乎寻常的能力。

战时联盟

1937年夏，日本发动了对中国的全面侵略，但战争并没有切断许冠群及其上海总部同长途营销网络之间的联系。许冠群于20世纪30年代便已将这一网络建立起来了。许冠群和上海大多数资本家一样，没有随着国民政府先由南京西迁到武汉（1937—1938），然后到重庆（1938—1945）。但此时，他也像其他几位中国资本家一样，将上海工厂的一小部分设备先搬迁到武汉，然后搬到重庆。1938年，他在重庆设立了一家分公司——新亚华西分公司。到了1940年，他又投资100万元在重庆开设了一家制药厂。[28]正如他后来回忆所说，搬迁设备和开设分公司主要是出于商业考虑，而非爱国目的。许冠群解释道："我厂在上海壮大起来，已有基础，还要保持实力，图谋发展，不可轻易动摇根本。但是不内迁，也说不过去。况且乘内迁机会，也可以发展西南各省广大市场的贸易，这机会也不可以轻易放过。"[29]即便在上海已被日本人占领的情况下，许冠群在战争期间仍继续以上海为基地对外扩展市场。

组建政治联盟

在战争过程中，许冠群与全中国几乎全部有政治权威团体的领导人培养了关系。在上海，他同青帮保持着密切联系，而在战前及战时的上海，青帮是在劳资关系和官商关系中都起着举足轻重作用的黑社会组织。1936年，许冠群将银行家顾克民吸纳进新亚董事会，而顾克民同青帮头子杜月笙交往甚密。1938年，在杜月笙从上海逃到香港后不久，许冠群便同顾克民结拜为兄弟。后来，当战争于1945年结束后，许冠群本人也从上海逃到了香港，他和他的合伙人将新亚留给顾克民照看，他们对顾克民的依赖程度可见一斑。[30]

许冠群同日据区之外的国民政府也保持着联系。他赢得国民政府在上海地下组织成员的支持，使新亚药品在国统区受到保护。特别是，他为国民党重要人物吴开先和吴绍澍领导的一个上海秘密情报组织提供资助。这两个人都是中央俱乐部组织（又称CC系）成员，这是国民党内的一个保守政治派系，在战前便已控制了国民党情报系统，从战前直至战后均对蒋介石颇具影响力。作为对许的回报，CC系为新亚重庆分公司及其长江上游销售网络提供保护。[31]

许冠群同几乎所有政治派别的头面人物都能谈得拢，并结成范围广泛得令人叹为观止的联盟，这种成功对他有着一箭双雕的意义：这不仅保护了他在上海和其他地区的销售网络，还为他开辟了资金渠道，使他能从上海内外各地融资。

调和达成金融协议

金融方面和政治方面一样，许冠群在战争期间也成功地和上海以外的竞争对手达成种种协议。在为新亚筹措资金时，他特别擅长从国民政府的一个派系——政学系的成员那里融资，同时又不触怒政学系的死对头、新亚的同盟者CC系。[32]与此同时，许冠群也没有让CC系对政学系的攻讦阻止他同在上海及重庆都开设了银行的政学系成员们达成一系列的金融协议。

战争爆发前，许冠群就已经通过政学系成员所拥有的几家上海银行发行新亚的股票及债券，但在1937年战争全面爆发后，其中几家银行随国民政府迁至重庆。1939年，许冠群依靠留在上海的银行发行了第一期和第二期的新亚战时股票。然后，当他于1940年宣布即将发行更多新亚股票时，他发现那些迁址重庆的银行家开始设法在上海重新开张。第一个采取行动的是中国银行总经理，也是政学系具有影响力的成员张嘉璈，他派遣一名代表到上海同银行家们进行谈判。结果，来自重庆和上海的银行家共同组建了一家投资公司——南洋企业公司。1940年，许冠群就是通过这家公司发行了新亚股票。[33]

20世纪40年代初，许冠群开始在上海设立自己的金融机构，机构与重庆有各种联系。1941年12月1日，许冠群和其他中国企业家在上海租界区共同成立了中国工业银行，旨在绕开国民政府限制存款人提款金额的规定。中国工业银行开业前，许冠群开设这家银行的计划遭到了重庆国民政府的抵制。杜月笙手下的人也付钱给许冠群的一个合伙人朱博泉，要他不要在这家筹建中的银行投资。与此同时，许冠群向重庆国民政府提出的银行注册申请，也如泥牛入海、杳无音信。然而许冠群还是赢得了朱博泉的资助开设银行，而且生意立刻火了起来。一年多以后，他新增一家投资公司——新亚建业公司，再次收到重庆方面的消息。这次是上海商业储蓄银行和中国植物油公司联系他，两家机构都为重庆国民政府的政学系成员所拥有。他们向许冠群表示有兴趣投资他的新公司，许冠群则投桃报李，把他们的代表和上海各银行的代表一起安排进入新投资公司的董事会。公司的初始投资额为 1000 万元。[34]

在所有这些事例中，政治上的敌对以及战争期间的分割都未能阻碍许冠群同上海以外的投资者之间的金融交易。在抗日战争的绝大部分时间里，许冠群都能够成功地扩展新亚的资金和销售。在 20 世纪 30 年代末 40 年代初，他的公司的资金和销售额均超过战前水平，并且在受到 1943 年至 1945 年恶性通货膨胀打击之前，一直没有低于这一水平（见表 5.1）。作为一名受过专业训练的会计师，许冠群从来不让资金闲置，所以战时他将资金投入新亚的运作中，以扩大公司规模并使之更加科学。

普及科学知识

许冠群在战争期间的政治及金融交易为其商业活动开辟了道路，但并不能保证其成功。的确，战争给消费者带来更多伤病，这在一定程度上使得他的药品自然而然卖得出去。事实上，由于战争期间对药品的巨大需求，上海几乎所有大型制药公司都在战时呈现出了快速成长的态势。[35] 然而，即便与这些制药公司相比较，新亚的发展速度仍旧非同寻常，它很快便成了一个庞然大物。为什么新亚能发展得如此之快、之大？这是因为战争期间许冠群将新亚药品同中国科学联系在一起，帮助新亚拓宽了市场。

将研究和发展制度化

许冠群通过引进一批特别杰出的中国研究人员，使新亚变得更为科学化和中国化。像20世纪30年代之前世界上几乎所有的制药公司一样，许氏的公司中既没有专门从事研究的全职研究人员，也没有真正意义上的实验室供研究人员做实验。[36]早在1935年，许冠群就在上海设立了麾下第一个规模不大的实验室，即新亚化学药物研究所，但一直到战争爆发后，他才建立了三个大型实验室，给新亚配备了主要研究设施。1937年，他建立了新亚卫生材料厂，并且在该厂建立了一个实验室来负责设计和制造外科手术器械、橡皮膏、纱布、绷带和医用棉。1938年，许冠群增设了新亚血清厂，并有一个实验室专门生产用于预防或治疗霍乱、伤寒、天花、白喉、狂犬病、痢疾、破伤风、脑膜炎、百日咳以及瘟疫的疫苗。1941年，许冠群在新亚生物研究所内设立了一个最先进的实验室，专门研制包括青霉素在内的抗生素。[37]

许冠群聘请了曾在日本、西方及中国国内接受教育的杰出中国科学家担任这些实验室的研究人员。20世纪30年代初，许冠群和曾留学日本的合伙人赵汝调，依靠日本技术顾问使新亚掌握了第一项科学工艺和专门技术。1935年，当他的第一个实验室建立时，他委任拥有东京大学药剂学博士学位的曾广方担任实验室主任。曾广方聘请日本技术人员，并在实验室里使用日本制造的设备。但在战争开始后，许冠群转而聘请留学西方而非日本的中国科学家担任高级研究人员。例如，他为新亚血清厂挑选的主管是在哈佛大学接受过教育的中国细菌学家、前国民政府中央卫生实验所所长程慕颐，担任副主管的是留学法国的吴利国。在新亚生物研究所，他聘请余贺——另一位同样在哈佛大学深造过的细菌学家，担任主任。

为协助这些主管的工作，许冠群还聘请了其他在不同研究所和国家接受过教育的、有经验的研究人员。他所聘请的在中国国内接受培训的研究人员，包括中央研究院前成员、中国顶尖大学的前教员以及新亚每年招募的国内大学毕业生。他招募的在海外接受培训的研究人员中，主要是从日本、美国、英国、德国和法国等国大学的医药科学领域获得了高级学位的中国人。正如许冠群自豪地回忆，战争结束时，新亚至少百分之十的员工是专家或在医药科学某一领域受过专业训练的技术人员。[38]

除了在实验室开发尖端药品之外，新亚研究人员也研制适用于大众消费的药品。这些药品中的一部分是为治疗特定人群的特殊病症而专门研制的，“当归儿”便是这些药中的一种。当归儿是一种中草药滋补品，专为年轻产妇研制，用于产后补血益气（药品名称的字面意思是“当归的子孙”，这是一个双关语，既是中医长期以来使用的一种植物根，也可以解释为年轻妇女婚后回娘家“归”省之意）。[39]相比之下，新亚其他一些药品面向更广泛的消费群体，宽泛地用于缓解各种症状。新亚最受欢迎的药品之一是“胚生蒙”（字面意义是胎盘，这个药品名字的罗马字母拼写形式是“Placemon”），用于治疗以下病症：

腰部疼痛、下肢无力、心律不齐及失眠、抑郁、阳痿不育、血细胞和精子数量偏低、动脉硬化、成人早衰及儿童发育迟缓等。这一长串的药效足以让胚生蒙成为能与黄楚九人丹相媲美的万能灵药。[40]

新亚的这些及其他药品，几乎全部是在战时新建厂生产的。正如表 5.2 所示，战前新亚在上海仅拥有一家制药厂，战时则新增了六家（三家在上海，另外三家分别设在重庆、北京和香港），雇用工人超过 1000 名。[41] 这些制药厂用于满足新亚在上海及各地不断增长的长途销售网络的需要。

传授科学知识以促销产品

为新亚实验室聘请受过科学培训的研究人员的同时，许冠群也对作为新亚药品销售代理人的药剂师和销售经理进行科学培训。1937 年至 1945 年，许冠群对同乡的依赖日趋减少（他的同乡们在回忆录中抱怨道，战争期间他们在新亚丧失了权威和影响力），开始根据教育资历而非同乡关系招聘员工。[42] 对于这些新招聘人员，许冠群让其中一部分人在公司的一所学校里接受药剂学方面的科学知识培训，同时让另外一部分人在公司的另一所学校内接受销售管理人员所应具有的科学管理培训。

1939 年 2 月，许冠群在上海开办了一所以他父亲许广澄的名字命名的广澄高级药学职业学校。这所学校完全由新亚公司自己运营，许冠群自任校董事会主席，他的合伙人赵汝调担任校长，并由他的长聘首席药剂师刘步青担任教务长。[43] 尽管许冠群希望这所学校能和新亚的研究实验室一样提高中国制药业的标准，但他投资这所学校并非完全出于利他。他没有要求这所学校的毕业生一定要在新亚就职，但他希望他们无论在哪里工作，都能推销新亚药品。许冠群曾吐露这样做的理念，“以资本主义经营的制药事业，攸关业务上的竞争，培养‘子弟兵’的思想，更属迫切。因此明知办学校是个亏本生意，年年要赔巨款，但是不得不办”。他就是这样热心地向学生们灌输忠诚观念，就像他对麾下的销售人员灌输这种观念一样，并把这些学生称为他的“子弟兵”，而他也用这同一个军事术语来描述他的销售团队。[44]

在回顾这段经历时，许冠群认为这所学校的毕业生达到了他的期望，看起来他们确实做到了这一点。毕竟，在许冠群的公司完成职业教育，他们对许深为感激，所以当他们分散到中国各地一流药房工作之后，都愿意宣传新亚的药品。

许冠群培训药剂师，是期望他们能顺便推销新亚的药品，与此同时，他也对中层经理人员进行培训，让他们专门负责药品的市场营销。早在1937年初，许冠群就在上海成立新亚员工培训中心，传授给员工“科学管理知识”。战争期间，他任命该培训中心的中国毕业生担任新亚精心构建的四层级国内和国际范围营销体系的管理人员。在体系顶端，许冠群在新亚上海总部执掌这个商业帝国，并将边界从战前拓展至整个中国（除东北外），以及七个东南亚国家。位于这一体系第二层级的是十个分公司（六个在国内，四个在东南亚），每个分公司负责一片营业区的销售，每片营业区通常都覆盖了中国二至五个省份或是东南亚的一个国家（见表 5.2）。该体系的第三层级是进一步在每片营业区内划分的亚区，每个亚区设有一个办事处，负责该亚区的销售。再往下的第四层级，每个亚区划分成范围更小的地区，每一个都设有代理处，负责当地的销售。[45]

许冠群从上海派遣“驻外代表”来管理该组织体系。他要求这些驻外代表负责为各层级招聘经销新亚药品的当地商人，但并没有把监管的任务完全交给他们。为了监管这些驻外代表和当地经销商，他定期从上海向各地派遣一批批的“访问员”。根据新亚董事会会议的机密记录，许冠群对待这些现场访问检查的态度是非常严肃的。[46] 例如，1943 年 2 月 27 日，他在谈到政策时说了下面这则暗含威慑的话：“每星期六，由推广处长将各访问员工作提出报告，以便总经理随时抽查。”[47]

战争期间，新亚的销售人员如战前一样继续推销新亚药品，但强度更高。新亚之所以能够做到这一点，是因为它不仅拥有为数众多的办事处、受过良好培训的业务人员，还拥有更多的宣传出版物。

在广告中运用科学知识

战争期间，许冠群除了为公司招聘专业人才——开发药品的研究人员以及营销药品的药剂师和销售代表，还招聘编辑、作家、艺术家，通过大众出版物宣传药品。就在许冠群建立供科学研究的新亚实验室、对药剂师和销售人员分别进行科学知识及科学管理的培训的同时，他也要求杂志的投稿者普及科学知识，并展示现代科学与中国传统文化的相容性。

1938年，许冠群开始通过创办《国药新声》来展现这种兼容性。《国药新声》是一份面向传统中医师的中文医学月刊，许冠群聘任在国内享有盛誉的丁福保担任杂志主编。丁福保曾在上海一边用传统中医行医治病，一边根据西方生物学方面的科学知识著书，对传统中医学提出批判。在丁福保的主持下，这份杂志完全采用中国传统的线装方法装订，每期印制2000至4000份，每份售价仅为3角。[48]

通过这份杂志，许冠群力图使中医师们相信，新亚的药品是根据同时适用于传统中医和现代西医的科学知识研制而成的。为了达到这一目标，许冠群必须克服中医师对于西药的偏见，自20世纪20年代以来，随着中医师同国内那些提倡单纯使用西医理论的医师之间的激烈争吵，这种偏见加深了。许冠群说服双方都购买新亚药品，而对这场争论置身事外。正如他后来回忆所说，“旧社会时代，西医师与中医师相互水火，相互指摘……我们药商目的是推销药品，不问中西医生，流派不同，都是我们推销的对象”。[49]

除了创办这份医学杂志，许冠群还继续发行战前已有的医学杂志、药品目录及大众杂志《健康家庭》。其中，《健康家庭》是他最有效的广告工具。[50]战争期间，他将战前一直都是季刊的《健康家庭》改为月刊，并且亲自制定该杂志的编辑原则，以达到通过普及科学知识来提高销量的目的。

《健康家庭》刊名的含义，即许冠群创办该杂志的出发点，并且出于他自己的目的，重新定义了这一刊名。“健康”一词，最初是战前中国知识分子从日语中借用的，他们曾用“健康家庭”这个短语来说明传统中国价值观与现代西方价值观在根本上是不能相容的。[51] 这些知识分子认为，中国传统大家庭是“不健康”的，因为它基于过时且令人压抑的种种儒家孝道观念。所以，他们建议废除中国式的传统大家庭，而赞成建立在他们看来“健康”的西式核心家庭。[52]

战争期间，许冠群在反对中国知识分子这种用法的同时，提出了他自己关于“健康”的定义。他在 1940 年 11 月号的《健康家庭》首页指出：“‘健康’两字是广义的，健是‘健全’，康是‘康乐’，‘健康家庭’的意义，是家庭中的各个分子的体格、思想、心理、生活各方面，都能达到健全康乐的境地。”[53] 他通过将健康与快乐而非与解放令人压抑的大家庭联系在一起，驳斥了战前中国现代知识分子对儒家孝道的批判，将健康当作一种完全可以同中国传统价值观相兼容的现代科学观念。

整个战争期间，许冠群始终坚持赋予“健康家庭”以新含义的种种努力。在 1944 年 5 月号的《健康家庭》上，他撰文抨击了中国现代知识分子关于传统孝道与现代健康家庭不相容的主张，指出：“有一般所谓新人物，因为要显示他们主张的新颖，推翻所谓孝道。”他认为这些新人物错了，因为孝道“乃中国的重要传统”，应当被保存精义并按照合乎时代要求的方式加以调整。许冠群承认“‘养儿防老’的旧思想”和“四代五代同堂的大家庭”都是传统带来的负担，但只要中国的父母们达到“优生”“科学地抚养子女”以及“合理地教育子女”，则这些渊源自有的问题都可以自我解决并自行消失。他坚持认为，即便在未来的完全现代化的世界中，中国人仍应继续重视孝道，“否则，人民将没有任何道德标准可遵循”。[54]

许冠群并没有就事论事地阐述他对健康家庭的新定义，而是以这个新定义为基础，在战时中国展开普及《健康家庭》和新亚药品的宣传活动。在社论中，他批评《健康家庭》的作者们把科学与日常生活中所体现出来的传统中国价值相分离。他曾于 1940 年抱怨道，他的《健康家庭》太像一本“专门研究学术讨论问题的刊物”了，他认为这个刊物应当是“一本供给一般家庭阅读的刊物”。故而，他力主一扫往日“文字严肃，取材沉闷”之风气，主张“文字力求其生动活泼，取材力求其新颖有趣”。他号召人们向《健康家庭》投稿，介绍家庭、儿童和两性的问题，以期“建设健康家庭”，切于诸位读者的家庭实用。[55]

许冠群制定的编辑原则是，要求作者们应当将科学知识同家庭生活相结合，从而达到在广大读者群中普及科学知识的目的。他坚持的这点在 1940 年公布的杂志的头两条编辑方针中清楚地表现出来：“一、我们希望利用本刊灌输一些最新的切实的科学知识、教育资料与保健常识；二、我们希望利用本刊供给一些成功的优良的休暇读物、妇女读物与儿童读物。”[56] 这两条编辑方针表明了许冠群向大众普及科学知识的决心。在战争期间，这两条方针得到了充分的贯彻执行。

1937年至1945年，《健康家庭》的众多投稿者撰写了大量有关普及科学知识及说明现代科学知识同中国传统家庭观念相容的文章。几乎每一期的《健康家庭》中，作者都呼吁父母亲（尤其是母亲）应当科学育儿、灌输传统孝道以及通过将科学知识应用于家庭经济来富有成效地达到这些目的。在《科学与家庭》一文中，新亚公司的药理学家曾广方敦促《健康家庭》的读者们建设“科学化之家庭”，即通过以科学（即西方之“物质文明”）为手段来保存中国传统家庭的价值（即中国之“精神文明”）。[57]

普及这些观念的人包括非小说家和小说家。非小说家对容易理解的科学指南作了通俗易懂的说明和解释。小说家则包括了鸳鸯蝴蝶派这类在中国流传久远的大众文学流派成员在内。一直以来，鸳鸯蝴蝶派被认为是拒绝变化、从不革新的，用文学批评家林培瑞的话来说，就是坚持“西方因素进入中国之前的标准，仍保持着传统文学风格”。但是，一些鸳鸯蝴蝶派的作家实际上比人们所想象的更具有适应性，他们在《健康家庭》上发表文章也相当符合许冠群所制定的编辑原则。[58]例如，鸳鸯蝴蝶派最著名的作家之一陈蝶仙（天虚我生），曾向《健康家庭》投寄一篇文章，主张通过进行科学的“家庭实验”来达到实用目的，比如从桦树中提取苏打、精炼食盐、从烧焦或变质的米饭中提取营养等。[59]

当这些作家用白话文向家庭普及科学知识时，商业艺术家用视觉表现做着同样的事。新亚广告部在战争期间聘请了十多位画家，其中包括早在1927年就成立了中国第一个漫画家组织的漫画先驱丁悚（1891—1972）。[60]他们通过设计恰到好处的杂志封面，强化了《健康家庭》的编辑原则。例如，丁悚曾设计一幅祖父母（身着中国传统长袍）、父母和子女（身着西式服装）在同一屋檐下和谐生活的漫画。漫画中，他们坐在厚沙发上听收音机、看报纸，享受着现代生活的乐趣。战争期间的每一期《健康家庭》，都有新亚漫画家制作的整版或半版广告画及四分之一版的漫画。广告画突出新亚产品的科学性，漫画则彰显科学医药的优势，同时列举“迷信疗法”和“不科学药品”的缺陷。因此，即使忽略《健康家庭》的文字而只看其图画，任何一个翻开这份杂志的人都能从中理解许冠群所要表达的意思。

战争期间，许冠群在这些作家、商业漫画家以及其他向新亚宣传出版物投稿的中国知识分子身上，做了大量投资。例如，1940年，他用于广告的资金达到50万元，占当时新亚公司总资本的16.6%。许用这笔钱来制作广告，并通过不同媒介组织展出和表演：海报、陈列橱窗、霓虹灯招牌、影院植入商业广告、流动图书馆、赴各地巡回比赛的篮球队、武术表演家、口琴演奏家，以及包括“闪电战”在内的电台广播节目（所谓的“闪电战”，即新亚每次独家赞助一家电台24小时，此期间专门宣传新亚）[61]。

通过这些媒介，许冠群将新亚的医学科学知识同中国的大众文化联系在一起。同时，他还通过另外一种媒介——免费诊疗所，把新亚的医疗科学又同战时情况具体结合。1939年至1945年，许冠群在上海建立了10家这样的免费诊疗所，全都以新亚来命名（即新亚第一免费诊疗所、新亚第二免费诊疗所，依此类推）。此外，他还在扬州、福州以及其他城镇开设了多家这样的诊疗所。在每一家诊疗所的标牌上，新亚都通过在汉字“亚”的内部显现出一个红十字，将新亚同红十字会、公共健康联系在一起；同时，新亚也把自己的名字和商标用粗体进行印刷，让人一看便知正是新亚为中国人在战争期间求生存的奋斗中作出科学贡献。[62]

展示药品的科学性

许冠群利用上述方式宣传其药品的科学性，使新亚在战时的中国和东南亚大获成功。那么，许冠群的营销策略与他的中国先辈们有什么区别？如果把许冠群所采用的将新亚药品当作科学的药品来推广的营销策略，同黄楚九所采用的将艾罗补脑汁作为西药来推广的营销策略加以比较，两者既有连续性，又有非连续性。许与黄的不同之处在于他对广告宣传的重视程度。黄楚九用含混或不甚明确的语言宣传，因为艾罗补脑汁并不来自西方或产于任何西方药理学，只是外观上（即包装及广告风格上）是“西方的”。相反，许氏药品在成分上科学，它们由新亚先进的实验室研制出来并经过了专业研究人员的检测。黄氏和许氏药品的有效性都难以评估，因为这些企业家（以及本书中所述及的其他企业家）对药品配方都守口如瓶；但我们几乎可以得出结论，按照当时的标准，许冠群投资研发所生产的药品是科学的，至少比黄楚九生产的任何一种药品都更具科学性。

然而，过分强调许冠群和黄楚九的药品营销策略的差异是不对的。和黄楚九一样，许冠群也利用印刷媒体去宣传药品。然而与黄楚九相比，他创办的医学期刊、药品目录以及大众健康杂志，更充分地利用了这些印刷媒介。而当时西方制药公司囿于利益冲突法规的限制，禁止持有出版物。同黄楚九一样，许冠群没有让法律禁令或道德顾虑阻碍其为药品大做宣传。他虽然没有声称其药品包治百病（黄楚九如此声称），但其实相差无几。不仅如此，当许在中国制造的药品上加盖“日本制造”的标签，以及在商标上印一个红十字以使其药品同源于西方的国际红十字会及现代医学联系在一起时，他事实上一直在有意误导消费者。

更巧妙的是，还和黄楚九一样，许冠群采用西方意象来促销他的产品之前，先对其进行了改造，使其看起来不那么“外国”，更为中国消费者所熟悉。正如同黄楚九致力于将“西方的”医学观念与中国传统的阴阳理论貌似有机协调起来一样，许冠群也致力于将“科学的”价值观念同中国传统家庭的孝道观念相协调融合。这样看来，许冠群不同于黄楚九之处，仅在于他在宣传药品的成分时更实事求是一些。但在将药品同西方联系在一起，以及在对西方医学进行富有想象力的重新解释，以使其看上去同中国的传统思想相兼容等方面，许冠群同黄楚九是非常相似的。[63]

穿越敌线

这一章基于许冠群超乎寻常或许也是独一无二的回忆录写成。同时，由于缺乏可资比较的历史记录，要把其他中国“路路通”的生涯也记述得像许冠群这般细致，恐怕很困难。尽管如此，许冠群的个案仍然具有启发意义，因为它对战时上海的科学和文化资源都被抽空以及长途贸易机会也被切断的大而化之的断言提出了疑问。

正如先前所述，詹姆士·里尔登·安德森已经观察到，战前同科学家一道从事研究和开发的中国企业家，在战争期间都逃离了上海和其他沿海城市。在关于中国化学史的综合研究中，里尔登·安德森发现，战前仅有一小部分中国企业家“认识到了研究、实业发展和工业增长之间的联系”；而他的结论则是“中国学术界与工业界的研究人员在经验及训练方面所存在的分离情况一直持续到 1949 年”。[64]

如果是这样，许冠群就是认识到研究、实业发展与工业增长之间联系的少数几个中国人之一，而他在战争期间克服学术界与工业界研究人员之间的隔阂，成效卓著。他开设实验室，配备科研人员，将他们的研发成果应用于药品生产。另外，他还创办了一所医药学校，希望培养的药剂师将来在药房里多开新亚的药品。从许冠群在 1937 年至 1945 年对医药研究人员和药剂师的招聘和留用可以看出，他在战争期间所聘请的医药研究人员和药剂师超过了战前时期。他的记录则证明，上海在战时并没有失去所有的科学精英而到了人才枯竭的地步。

许冠群的记载显示，中国研究人员在战时上海并没有断档，它同样表明这座城市当时还有着新闻记者、作家和漫画家。洪长泰曾在考察了战争期间离开上海的新闻记者、作家和漫画家的作品之后，推论说上海因为他们的离开而失去了在中国文化生产和传播中的中心地位。他认为，“在 1930 年代，上海……已经几乎完全垄断了整个国家的学术和出版，其程度甚至比巴黎在法国的作用还要大得多……它成了现代大众文化的先导者”。他也承认，当 1945 年战争结束时，“绝大多数书店和报纸重返沿海城市（尤其是上海）”。但他又总结说，1937 年至 1945 年，战争“导致了中国文化的都市和精英特征的迅速衰退……中国文化的‘乡村化’开始了……抗日战争……创造了一种使中国的关注点转移到农村的新的政治文化”。[65]

如果我们这里所述及的有关许冠群战时出版的情况表明了一点问题的话，那么，洪长泰关于以上海为中心的都市文化衰退、乡村化的出现以及中国关注点转移到农村去的结论就是存疑的。许冠群在以上海为基地出版的医学期刊、药品目录和健康杂志上刊印了知名新闻记者、作家及漫画家的作品，而且在战争期间，他不仅继续出版这些刊物，还将这些出版刊物的销售范围由上海扩展到了整个中国乃至东南亚。

仅仅根据许冠群这一个特定人物所经办的商业活动、科学研究及出版物，就否定安德森和洪长泰以充分文献资料为依据而得出的结论，显然是草率的。但是，鉴于新的研究表明上海在战争期间仍是一个占有支配地位的商业中心，关于上海当时仍有可能是一个有影响的科技文化中心这一点，是值得进一步研究的。根据易劳逸的研究，战争期间上海“是国民党统治区商业货物的主要供应者”；当时在国民党统治区内，“有数百万人从事着贸易活动，而诸如钨、牙膏、羊毛、热水瓶、汽车轮胎和鸦片之类的各式各样的商品，从国统区的一端跨运到另一端”。[66] 易劳逸关于上海同战时中国其他地区之间存在着长途贸易的论断，在布莱恩·马丁（Brian G. Martin）、罗特曼（Allison Rottmann）和魏斐德等人近期发表的论文中，以更为精细的研究和更加详尽的资料得到了进一步的提炼。[67] 他们的发现和我自己的发现表明，尽管上海在 1937 年至 1941 年处于日军部分占领之下而成为一个“孤岛”，以及在 1942 年至 1945 年又处于日军的完全占领之下，但因此便认为上海在商业上毫无生气并与外界隔绝则是错误的；同样，认为上海在战争年代里在科技和文化方面都停滞不前或与世隔绝的看法也是不正确的。

就此而论，抗日战争期间，上海并不是唯一一个继续作为活跃的敌后商品营销中心的城市。一部分中国企业家在中国的其他城市建立了长途贸易的总部，还有一部分企业家则在东南亚城市设立了基地。就在东南亚活动的中国企业家而言，在战争期间从事药品销售活动最为广泛的是万金油的生产者胡文虎。

第六章

跨越国界

胡文虎在日本占领期间……可以自由地刊登广告。战争结束后，他又为自己买通了一条道路，摇身一变，开始为国民政府摇旗呐喊。……他的连锁报业也表达出了强烈的左翼倾向……

——新加坡总督富兰克林·詹逊

致英国殖民地事务大臣克里奇·琼斯（1949年9月22日）

在这份绝密备忘录中，富兰克林·詹逊总督向伦敦的上级阐明了禁止海外华商胡文虎（Aw Boon-haw，1882—1954）进入英国殖民地新加坡的理由。詹逊向媒体宣称，他之所以严禁胡文虎入境，纯粹是因为胡文虎旗下报纸发表了亲共言论，但在这份秘密备忘录中，正如他所言，他透露了自己的“真实理由”。1949年，他禁止胡文虎再次进入新加坡（自20世纪20年代起，胡文虎就在新加坡置办了房产并经营生意），是因为他无法容忍胡文虎逍遥法外。[1]

再往前推四分之一世纪，在1908年，即胡文虎的父亲去世的那一年，胡文虎和他的兄弟仅仅继承了位于缅甸仰光的一个家族运作式的传统小中药铺永安堂，其销售也只是局限于本地市场而已。胡文虎的父亲是从中国东南部的福建省永定县移居至仰光的，但他却从未进入过国际市场，而且他经营的药铺与那个时候亚洲地区数以千计的小中药铺毫无二致。

那么，在1908年时还只是一个26岁毫不起眼的毛头小伙的胡文虎，到底是如何在20世纪三四十年代成为国家政要的座上宾的呢？如果像詹逊那样认为胡文虎是靠“买”而接近了权力阶层的话，未免把问题过分简单化了。也许通过追寻胡氏商业帝国的崛起之路，可以比较全面地理解胡文虎是如何能够把当时的东亚国家的军政首脑都拉拢过来的。

骑虎而下

1909年，离在仰光继承父业还不到一年，胡文虎把他母亲从父亲那里继承过来的2000块钱作为盘缠，去英属香港、中国、日本和泰国转了一圈，并在传媒和市场营销方面有了一些发现，后来的事实证明这些发现对他在政治上和商业上最终获得成功至关重要。他本来打算与他父亲的药材供应商续签协议，但是一路下来，他注意到了西方和西式药房，目睹了西方企业是如何通过吸引眼球的包装、海报和其他视觉媒介来招揽东亚消费者并打破文化樊篱的。尤其令胡文虎感到神往的是一家在日本经营的德资药房，他驻足于此，流连忘返，仔细地观察那里的日本顾客，思考为什么人们愿意多花钱购买西药而不是传统中药。在回家的路上，他就吩咐弟弟（与胡文虎不同的是，他弟弟在仰光上过英国学校并学过英语）把他从国外带来的药品商标翻译过来。[2] 以此为起点，他开始了视觉广告的实验，打头阵的就是注定要成为著名品牌的虎标万金油（Tiger Balm）。

设计虎标万金油商标

谁也说不清虎标万金油的配方是不是像胡文虎自己所说的那样是由他发明的，或是像他的家里人所说的那样是由他的父亲发明的，但有一点是肯定的，即胡文虎自己设计了“虎商标”。[3] 英文“Tiger Balm”在中文里被称作“万金油”，从 1909 年开始，胡文虎把虎商标印在了上面，从那以后，胡文虎和他的生意继承人把相同的商标印在了他们的药膏、药丸、药粉和补药的外包装上。[4]

在胡文虎的整个职业生涯中，他一直说他之所以选择虎作为商标，是因为“虎”这个字出现在他自己的名字里（他的名字“文虎”意为“教化之老虎”）。作为从中国迁徙至缅甸的移民，胡文虎的父母用在中国民间风俗中有重要象征意义的动物给自己的三个儿子取了名字。他们的大儿子叫胡文龙，意为“教化之龙”，但不幸于 18 岁时就去世了。他们的小儿子叫胡文豹（1885—1944），意为“教化之豹”。不过，胡文虎的父母并非简单地根据中国生肖来给胡文虎取名，因为在他出生的那一年即1882年并不是虎年。也许并不完全是巧合，胡文虎的父亲胡子钦经营着一家中药铺，而传统中药的成分中包含一些真正或传说中的动物身体的一部分，而他用了这些动物名字给儿子取名。

胡文虎为什么选择了虎作为自己的商标？这也许并不是基于他在学校里学到的任何东西，更不是由于什么系统的市场调研，因为他只接受过非常基础的正规教育，而且没有学过英文，中文也只读过一点点。正如他的家人所回忆的那样，胡文虎坦白地承认他是一个“淘气的孩子，不喜欢去学校念书”，无论是在缅甸还是在中国东南部福建省永定县的老家，都是一样的。在回到仰光他父亲的药铺打杂之前，十几岁的胡文虎曾经被送回福建老家读过几年书。[5]

然而，缺乏正规教育并没有使得胡文虎失去敏锐的眼光，也没有剥夺他在形象设计方面的惊人能力。据他女儿所说，虎标万金油的第一张海报是胡文虎自己设计的，此后他所有的海报上都有那只作为商标的腾跃的猛虎。甚至在远处，人们也可以看到这只动物张着大口凌空向前、虎爪前伸、虎尾横扫、耳朵向后的轮廓，从而清晰地辨认出这是一只猛虎。[6]此外，胡文虎的腾跃猛虎还蕴含着吸引其他文化群体的潜力，因为它是纯粹的视觉图案（只有商标上有文字，虎身上没有文字）。胡文虎通过招募一批亚洲顶级的商业艺术家为其画虎，用于跨越国界的销售宣传，从而将虎图的这种潜力大大挖掘出来。

招募艺术家

胡文虎所招募的最具贯通中西、跨越文化能力的商业画家，或许是香港的关蕙农（1880—1956）。关蕙农的先人也是艺贯中西、游走于不同文化之间的艺术家，其中最著名的是他的曾祖父关作霖。关作霖师从以澳门为依托的英国艺术家乔治·钱纳利（George Chinnery），并于19世纪中叶用“蓝阁”（又译啉呱）的名字在伦敦、纽约、波士顿展出了自己的西式画作。关蕙农的父亲和祖父也都是有名的艺术家，并把关蕙农教育成为一名西洋画家。[7]

1912年，时年32岁的关蕙农从香港来到上海，成为岭南画派的一员。画派的创始人是高奇峰和高剑父两兄弟，他们和关蕙农一样都是广东人，曾在日本学习绘画。他俩都以画虎著称，尤其受到人们注意的是高奇峰的画作《啸虎》。关蕙农加入后不久，三人就以上海为依托，合作出版了一份中文杂志《真相画报》（*The True Record*），这是岭南画派最重要的出版物。为了推销这份杂志，他们在杂志封面和内页的显眼之处都画上了虎。[8]

关蕙农向高氏兄弟学习如何画虎，但他画虎却有着与高氏兄弟迥异的目的。高氏兄弟是政治革命家，他们同留学日本的中国留学生一道，参与了推翻清王朝和建立中华民国的重大事件，他们所画的咆哮猛虎乃是中国民族主义的象征。用郭适（Ralph C. Croizier）的话来说，高氏兄弟所画之虎传达的是一种

"关于中国需要大胆和勇猛的情感诉求，甚至也是一种寓言式的信息"。[9]1913 年，关蕙农决定离开高氏兄弟。到此，他和高氏兄弟共事了一年，他们的合作关系随着杂志停刊而结束。[10]回到香港后，关蕙农开始为胡文虎画虎。

在为虎标万金油设计海报时，关蕙农采用了高氏兄弟的作画技巧。像高氏兄弟一样，关蕙农用留底纹和投影的手法来增加画的深度。他也和他们一样，赋予了画中主题以现代观感。在这张海报中，关蕙农画了一位年轻貌美的中国女子，坐在西式画架边，像一名商业画家那样手持西式画笔，身体略转，手臂搭在椅子上，摆出一副西洋姿势，使她看上去就像能和观画者直接眉目传情一样。关蕙农在刻画这些特征的时候，都模仿了高氏兄弟的笔法，将画的主题同西式的现代性结合起来。

然而，与高氏兄弟相比，关蕙农又有着一种非常不同的格调。在他的笔下，这位年轻女子身穿有着精致花边衣领的丝质服装，左手腕上佩戴着手表（正好位于海报的正中央），显得非常时髦，这和当时最现代的商品联系在了一起。在关蕙农的这张画中，他丝毫不差地复制了胡文虎的腾跃猛虎，但这只是一个商业符号，而没有政治上的象征意义。而且，如果说关蕙农把这只老虎同什么观念结合在一起的话，那充其量不过是贪婪与美貌，而绝不是大胆与勇猛。关蕙农并不想激发起观众的民族主义情绪，他在画的顶部用了英语、泰语、汉字和罗马拼音来书写万金油公司的名字，以此来表达他对亚洲跨国主义和跨文化主义的青睐。

1913 年回到香港以后，关蕙农开始向国外发行他的商业艺术品。他开了自己的公司——亚洲石印局。不久以后，他的业务范围又从大本营香港开始向外扩展，在英属殖民地新加坡以及中国的广州和上海设立了分公司。同时，他也在增加人手，到 20 世纪 30 年代的鼎盛期，他平均每四到五天就可以生产出一张新的月份牌广告画。结果，关蕙农成为香港有名的“月份牌王”。[11]

除了委用像关蕙农这样的商业艺术家，胡文虎还发起了一系列活动，以发现消费者眼中的虎到底是什么样子的。比如，在 20 世纪 20 年代，他公开向全社会的消费者征集有关虎的画作，不管是业余爱好者，还是专业画家，都可以自由投稿。对获得桂冠者，胡文虎将给予 1000 新加坡元的奖励，并保证所画之虎可以刊登在虎牌药品的彩印年历上，作为赠品向商界和消费者广为散发。在画作提交进来后，胡文虎挑选出了一幅美女伴猛虎的画作为胜者，并且像他所承诺的那样，把这张画印在了虎标万金油的年历上。[12]

国际市场上的跨文化之虎

靠着手中虎的形象，胡文虎亲手将他的产品和广告从缅甸推向了国际市场。在他最初还是一名走南闯北的小商人时，他已经开始意识到海报和广告牌在社会上的名声并不太好，被看成恶俗碍眼、大煞风景的东西。但是，胡文虎并没有因噎废食，为了避开批评者，他在夜里没人看见的时候偷偷地张贴广告。[13] 当他的生意渐渐做大之后，他和他的业务团队占据了越来越多的地盘，并且利用广告打破了文化的樊篱，进入东南亚各殖民地国家和城市的市场之中。

无论在哪里销售产品，胡文虎总是把虎牌商标用中文印在商品上。在中国，他只使用中文做广告，但在国外，他绝不把生意的范围局限在只能阅读中文的消费者群体内。相反，他不仅使用汉语，而且使用市场所在地的当地语言（如在泰国就用泰语）把商品名印在海报和广告牌上。在殖民地，胡文虎在语言的使用上走得更远，包括了宗主国的语言和殖民地本地方言。例如，在英属缅甸，他使用缅甸语和英语印刷广告；在英属马来亚，他就使用马来语和英语；在荷属东印度群岛，他则使用印度尼西亚语和荷兰语。[14] 胡文虎试图依托多语种的广告去克服语言障碍。

胡文虎使用多语种广告的做法是不同寻常的，但是更令人惊叹的是他在使用这些语言之时的惜墨如金。他在户外广告上所使用的任何一种语言，一般来说都少于商品名字本身，而且这些广告上的文字在宣传画的对比之下不免黯然失色，特别是当画上画的是那些猛虎的时候，文字更是不值一提了。胡文虎对视觉形象的强调，要远胜过他对文字的重视，这一点从大尺寸的户外广告中可以明显地看出来。除了张贴海报和竖立广告牌，他还建造塔、亭阁以及拱门（以中国牌坊为模型），并且他还用虎的画像和虎形滴水嘴来装饰办公楼，并且在楼上布满色彩艳丽的虎的雕塑和横幅。[15]

胡文虎在广告中，将声音和图像相结合。他组建了游行乐队上街宣传，乐队成员演奏西洋乐器，并打着“虎标万金油”的横幅。他还组织了身着老虎服装的游行队伍，一边吟唱一边放鞭炮，以吸引人群。他还在德国定制了一批虎式汽车，车身布满黑色和橘黄色相间的条纹，车盖饰品采用虎头形状，汽车喇叭摁起来像怒吼的老虎。这些装备过的汽车引领着促销大篷车，浩浩荡荡地在城市和边远的乡镇为万金油做宣传。他们摁着喇叭吸引众人，尾随其后的一批载重量为3吨的虎式卡车沿途免费发放虎标万金油和其他虎牌药的样品。[16]

也许在胡文虎所有的广告介质中持久力最长的还是他的万金油花园，即“虎别墅”或“虎豹别墅”。从一开始，他就设想把这些花园作为促销的手段来增加药品的销售额，因此他在香港和新加坡认真地选址。[17]1931年，他招募了一名来自中国东南部汕头的石匠郭云仕来设计他的花园，而且他本人在香港和新加坡都亲自监工施造。[18]所以，早在20世纪30年代，胡文虎就已经把游客们吸引到了他的娱乐公园中来了，比沃特·迪士尼在美国修建迪士尼乐园要早20年。到1954年他去世为止，胡文虎总共在亚洲修建了26座花园城堡。[19]

在虎别墅内部，胡文虎建造了自己的家，而且他把虎与自己的个人生活紧密联系在了一起，把自己和家人打扮成了活广告。他身穿一件口袋上绣有虎的夹克，身揣一块表面上印着一只虎的怀表，并且用虎字来给他的儿子们取乳名：大虎、二虎、三虎、四虎。[20]

胡文虎对视觉媒体的关注表明，他试图突破文化与国别方面的市场壁垒。他最初被视觉媒体所吸引，或许可以追溯到他所受教育有限，以及他偏爱视觉表达而非文字。不过，在 1909 年的东南亚和东亚之行后，他似乎已将视觉媒体当作一种克服语言障碍的策略来接纳，而不仅仅是出于个人喜好。随后他开始运用多种媒介使用这一战略策略，以便跨越国家的地理界线，包括宣传自己的商标、招募商业画家、制作和投放户外广告等。胡文虎的视觉导向战略是用于打破语言障碍的，他使用多语种的户外广告也是为了同样的目的，两者如出一辙。对胡文虎而言，所有这些技术手段都应该用来吸引华人消费者和非华人消费者，不管他们能读懂何种语言。

虎标万金油的多元文化消费者

因为没有虎标万金油消费者的翔实数据，所以不可能按照国籍或民族来量化他们的市场份额。但是逸闻趣事却显示，具有不同种族背景的消费者不仅购买了胡文虎的商品，而且还接受并再诠释了他的广告。

研究海外华人历史的专家潘翎（Lynn Pan）称，海外华人将万金油认定为中药，并在中国流行文化的语境中对其进行评价。用潘翎的话说，万金油不过是薄荷醇、樟脑、丁香油、薄荷油、肉桂油和玉树油的混合物，再用蜡和凡士林调和而成；它顶多算是“一种有效的外用擦剂”，但人们普遍认为，这种药膏被许多人视作包治百病的灵丹妙药，蕴含着老虎身上一些传说中的特质，里面含有老虎身体的某个或多个部位，经研磨后与其他配料混合在一起。如果潘翎的说法正确，那么海外华人消费者就是自己深深迷恋上了虎标万金油不能自拔，而非胡文虎的广告宣传迫使他们就范，因为胡文虎并没有承认（或否认）虎标万金油含有虎骨。

与海外华人形成对照的是，泰国消费者认为万金油是东南亚的产品，并给它取了一个泰语昵称："药芒"（芒的药）。在泰语方言中，"芒"是对任何缅甸男子带有幽默且略带嘲讽的种族蔑称，所以这样一来，这个绰号就把"虎标万金油"同缅甸而非中国等同起来（实际上，万金油正是源自胡家在仰光的店铺）。据东南亚问题专家罗伯特·韦辛（Robert Wessing）称，其他非华裔的东南亚消费者也因自身将老虎与治愈力量相联系的观念而被万金油所吸引。韦辛查阅了大量关于不同族裔背景的东南亚人在护身符、药品和春药中使用老虎身体部位的民族志文献后提出，"老虎作为治愈疾病力量的象征，或许可以解释万金油在此地流行的原因"。[21]

总的来说，胡文虎卖给海外华人的虎标万金油要比卖给东南亚其他消费者的多，因为在20世纪二三十年代，华人在绝大多数东南亚城镇中，是人口最多的少数民族。[22]但其他族裔群体的成员也购买胡文虎的产品，对他的广告有所回应，并赋予其自身的含义。换句话说，胡文虎使其广告具有多种解读的可能性，面向各种不同的群体，让老虎这一形象成为一个变动的符号，以便使之更容易地跨越语言障碍，在不同的地方文化中呈现出不同的含义。

在20世纪第一个十年中，胡文虎在仰光这个位居有着多种语言和多元文化的东南亚中心地带推销虎标万金油，是有充分的理由通过视觉媒介做广告来吸引具有不同语言和文化背景的消费者的。但是在20世纪20年代，他把目光投向了中国市场，并且把总部从仰光搬到了新加坡（其四分之三的人口都是华裔）。[23] 在拓展和重新定位自己生意的过程中，胡文虎继续通过视觉媒介来制造跨文化的吸引力。但是，他也开始向单语种的印刷媒体投资，这种媒体就是中文报纸。

冉冉升起之星

1929年至1938年，胡文虎在东南亚和中国一共创办了11份中文报纸，并且这些报纸都以惊人的速度发行开来。他用“星”作为其几乎所有报纸名的首字，并且这些“星”报都崛起成为各自所在报业市场的领头羊。例如，1938年，于1929年在新加坡创刊的《星洲日报》成为东南亚销量最大的中文报纸；1931年创办于中国东南沿海城市汕头的《星华日报》，所拥有的订阅量比汕头其他六家报纸的总和还多；1935年创刊于厦门的《星光日报》，发行范围覆盖了中国东南部的许多城市，销量比福建其他报纸的总和都多。胡文虎为什么要大力投资报业？

他又是怎样把它们卖得很火的呢？其实，早在20世纪20年代初期的一次报纸广告战之后，胡文虎就决定成为一名报纸出版商并且大规模地发行他的报纸。

虎佛广告战

在同海外华人韦少伯竞争亚洲药品市场的战役中，胡文虎发现了报纸作为广告媒介的价值，这时他还没有前往新加坡创办他的第一份报纸。韦少伯是广东人，他的基地在越南港口西贡，1905年时他就以笑佛为商标，生产出了一种名为“二天油”的药品，比胡文虎的类似产品“虎标万金油”的问世要早四年。1905年至1920年，韦少伯用多种语言做广告，把商品销售到了东南亚多个殖民地国家。但是他的销售市场对胡文虎来说是补充而不是竞争，因为他的市场集中在法属殖民地，即越南、柬埔寨和老挝；而胡文虎则倾注在英属殖民地，即缅甸、马来亚、新加坡以及荷属东印度群岛。所以，在1920年之前，他们的生意基本上是井水不犯河水。[24]

然而，到了1920年，胡、韦两人在中国南部沿海的港口报纸上展开了直接的广告战，而且他们之间最初的小摩擦很快升级为所谓的“虎佛广告战”。韦少伯先发制人，在东南亚以外的英属香港、葡属澳门以及广州的报纸上为他的佛牌药品发起了一场咄咄逼人的广告宣传运动。胡文虎将之视为挑战，于是迅速出手，在同样的报纸上与其针锋相对地大做他的虎牌药品的广告。于是，韦少伯开始在更多的报纸上投放广告，最终冲出东南亚和中国南部，一直贯穿整个中国，甚至一路远至中国东北的沈阳。当然，不管韦少伯在哪里的报纸上做广告，胡文虎都直接跟进，并且要比他做得更大。[25]

到了1925年，两家之间的广告战烽烟四起，达到了白热化的程度，以致政府不得不介入其中进行干预。曾出任孙中山的参军的吴铁城，以一名广州国民政府领导人的身份，要求胡文虎和韦少伯在1925年3月孙中山先生去世的哀悼期内停止广告战。吴铁城抱怨说此时再进行广告战委实不合时宜，因为胡、韦两家精心设计的报纸广告会淹没报纸上有关悼念孙中山先生的报道。吴铁城不仅批评胡文虎和韦少伯，同时也指责报纸出版商贪婪地寻求广告收入，眼里只有钱，没有对孙中山先生的尊敬。[26]

胡文虎和韦少伯仅同意短暂停火，他们之间的广告战不久又在中国烽烟重燃，一直持续到20世纪20年代末30年代初。[27]但是到了1925年，胡文虎也像政治领袖吴铁城那样直言不讳地批评报纸广告高额的费用。那一年，单上海一个地方，他就支付了超过100万元的账单，愤怒不能自已的他当时就发誓要通过自己办报来削减广告费用。因为那时他正把总部迁往新加坡，所以他就干脆在新加坡申请了执照开始办报。[28]

办报新加坡：若为知名度，利润诚可抛

胡文虎的第一份报纸为后来他其余的报纸做了榜样。1929年，他在新加坡开始印刷发行这份被他命名为《星洲日报》的

报纸（报纸名的罗马拼音是Sin Chew Jit Poh）。因为胡文虎不计成本地推销这份报纸，结果它一进入新加坡市场就一鸣惊人。从一开始，胡文虎就得面对与许多其他中文报纸的可怕竞争（包括资历最老的、创刊于1881年的《叻报》）。他的对手中最强大的，就是城市里的另外一份中文商业报纸《南洋商报》（报纸名的罗马拼音是Nanyang Siang Pau）。《南洋商报》是由新加坡最杰出的华商之一、橡胶大王陈嘉庚于1923年创办的，后来似乎成了胡文虎办报的模板。正如陈嘉庚在他的《南洋商报》上刊登“钟”牌橡胶鞋和轮胎一样，胡文虎也在《星洲日报》上刊载他的虎牌药品。[29]

在《星洲日报》的首次发行中，胡文虎就动用了自己“商战军火库”里的重量级武器——低价销售。鉴于竞争对手们把报纸定价为每份十分（新加坡货币），胡文虎就把报摊上的《星洲日报》定为每份八分。这相对较低的定价让《星洲日报》陷入了财政赤字之中，但是成功地让它在第一年内就广为发行开来。到1929年底，胡文虎总共承担了3万新加坡元的亏损，但是占领了超过三分之一的市场份额。它的发行量是7000份，而新加坡其他华文报纸的发行量加在一起才1.3万份。[30]

尽管《星洲日报》在第一年就遭到了亏损，但为了增加它的知名度，胡文虎继续不计成本地推动这份报纸的发展。到了第二年即1930年，胡文虎把报纸从16版扩到20版，并给学校和其他民间组织打五折，给订阅六个月及以上的个人打二折。在同一年，他出版了《星洲日报一周年纪念刊》，这是在新加坡出版的第一份中文年刊，胡文虎把年刊免费赠送给《星洲日报》的固定读者。这明显是在模仿《伦敦每日邮报》流行的英文年刊。胡文虎的年刊以东南亚为主题，包括 700 页的文章、照片和图片。[31]

到了 1932 年，即《星洲日报》创刊第四年的时候，胡文虎通过推广周末增刊和晨报这种此前在新加坡从未出现过的形式来刺激更多的消费者订阅。他的周末增刊有四版，涉及商业、体育、妇女、艺术等内容，此外还有专门报道国际新闻和地方问题的版块。[32] 增刊发放给《星洲日报》的订阅者时不需要额外收费。而且通过在中午之前发行新的晨报，胡文虎就抢了发新闻的先机，因为新加坡其他的报纸当时只有晚报，而且是在晚上 6 点以后发行。不过，胡文虎只是暂时用晨报取代了晚报，不久以后，他又恢复了晚报，并且订阅者只要付一份钱就可以既看晨报又看晚报，这大大增加了《星洲日报》的吸引力。[33]

通过这些技术手段，胡文虎稳步提升了《星洲日报》的知名度。到了 1933 年，《星洲日报》的发行量达到了 1 万份，而到 1937 年，最多达到 8 万份，这使其成为东南亚销售业绩最好的中文报纸。[34]

在新加坡以外推广星系报纸

在把旗下的报业帝国扩展到新加坡以外后，胡文虎继续坚持发行量高于利润的原则。他还招募并培训了一批人去其他的东南亚城市和中国城市创办类似《星洲日报》的报纸。在创办报纸的时候，他并没有聘用在新闻业有工作经验的人。相反，他依靠那些他的社会关系网内的成员办事，包括通过家庭纽带、同乡关系以及客家人身份等同他紧密相连的华人。

就胡文虎表现出来的这些偏爱而言，他同其他的包括药品制造商在内的中国商人和工业家很像，都会让自己的家里人作为继承者。而且像他们一样，胡文虎有多种理由相信自己的同乡：他们说同样的方言；他们认识彼此的家人，了解彼此的家族谱系；即使他们客居他乡或漂泊海外（像胡文虎那样），他们还是打算落叶归根（也是像胡文虎所做的那样）。[35] 因此，他们为了维护自己家族在家乡的名声而彼此信任。

具体就胡文虎本人的情形来说，他喜欢结交和信任同乡的这种倾向，其实是和他家乡的情形密不可分并因之加强的。其实，来自他家乡的每个人都是客家人，这是中国汉族的一支，虽然迁徙到此已超过几个世纪，但仍然保留自己的语言和风俗习惯，他们在中国以及东南亚的许多地方同当地人发生冲突，尤其是在 19 世纪和 20 世纪初期。[36] 也许是因为这种双重结合——家乡纽带与客家身份，胡文虎无论生意大小，都会把他的社会关系网当作人事保障。他的这种工作实践引起了多名中国评论家的注意，并且在 20 世纪 30 年代，一名为胡文虎在新加坡和槟榔屿的报纸工作的中国记者用第一手材料这样写道：

胡氏在用人方面也常常优先考虑客属同乡。[生产虎标万金油的]永安堂和星系报用了很多的客人……各地的永安堂和星系报的经理，除了他的子侄外，基本上都是福建客人。1938年我到新加坡，那时当地《星洲日报》的负责人是胡昌耀，胡文虎办公的秘书是胡沾钦，总会计是罗经畲，文书是黄经锄，他们都是永定人。当地制药厂和报社，其职工也很多是客家人，尤其是药厂，在里面永定客话基本可以通行。1939年我在槟城，当时该地永安堂自经理以下，如胡让芳等全部是客人。《星槟日报》……编辑部成员和经理部职工数十人，其中福建和广东两省的客家人几占半数。所以，当时槟城有人这么说："胡文虎的药行和报馆就是客人的世界。"[37]

回过头来看的话，胡文虎对"客人的世界"即"客家人的世界"的依赖，以及喜欢优先考虑家里人和同乡人而不是教育程度和经验多少，这些看上去似乎限制了他的生意规模，但实际上并没有妨碍他把报纸产业链延伸到新加坡以外。

在新加坡以外的地方办报，胡文虎非常倚重自己的近亲，尤其是他的儿子们。但是，他却把大部分的报业重任交给了他的一个远亲胡资周。胡文虎和胡资周之间的关系，展示了星系报业的管理者们是如何紧紧绑在一起的。像胡文虎手下的许多高级管理者一样，胡资周与胡文虎同姓，都是来自福建省永定县中川村的客家人。[38]胡资周在永定城待到1928年，那年他23岁，参加了闽西起义，起义失败之后，他仓皇逃离，最终来到仰光投靠了胡文虎。尽管两人素昧平生，胡文虎还是让胡资周在自己家里避难，而且很快他们就变得非常亲密。[39]

胡文虎是完全信任胡资周的，他先是让胡资周在新加坡的《星洲日报》担任管理者以为磨砺，不久即委派他前往中国，以新加坡星系报业为模板，创办新的报纸分支机构。[40]1931年，胡资周在中国东南沿海港口城市汕头创办了胡文虎在中国的第一家报纸《星华日报》（报纸名的罗马拼音是Sin Hwa Jit Pao），并担任社长。他任命他的高中同学罗铁贤为总编辑，罗铁贤也是客家人，同样来自永定县。他们招来的工作人员大部分也是来自永定县的客家人。人员一旦确定下来，胡资周就购买了最新的印刷设备，并像胡文虎在新加坡所做的那样在汕头努力展开工作，提高报纸的发行量。到了1937年，《星华日报》拥有了1.2万名订阅者，比汕头其他六家报纸的总和还多。[41]

1935年，胡文虎把胡资周和罗铁贤从汕头调往福建厦门办报，在那里他们依然招募来自永定的客家人，并且不惜代价地将新创的报纸打造成当红报纸。他们把报纸命名为《星光日报》（报纸名的罗马拼音是Sin Kwong Jit Pao），报社就设在胡资周费资10万元购买的厦门最高的一幢五层大厦里。随后，他再次斥资20万元购置了新式的德国造印刷机，每小时可以印刷4000份报纸。从1935年9月1日开始，胡资周在每周工作日发行《星光日报》的晨刊，每期12版。根据胡文虎先前在新加坡办报的经验，胡资周办了容量为两版的周末增刊，无偿发放给

《星光日报》的固定读者，并且增发了《星星晚报》，订阅者只需用一份价钱就可以既读晨刊又阅晚报。

像新加坡、汕头一样，在厦门，胡文虎的报纸很快走红并成为当地读者的最爱。胡文虎的印刷厂用自己的卡车不仅把报纸分发到厦门，还运往福州、泉州及邻近城镇，使《星光日报》的销量高达10万份，创下了福建省在20世纪30年代最大的报纸发行量的纪录。[42]

胡文虎通过亏本经营占据了中国和东南亚的报业市场。1938年，胡文虎毫无遗憾地说道："文虎历年所创办之各种报章，每岁支出甚巨。"而事实也证明了他所言非虚。[43] 当时，他在东南亚和中国的7座城市共有11份报纸，次年亏损高达25万新加坡元。最后，胡文虎只好从"虎标万金油"和其他虎牌药品的销售利润中固定地抽取一部分来填补这些亏损。[44]

不过，胡文虎并没有眼睁睁地看着亏损这样接踵而至。恰恰相反，他是在积极地推行一种市场战略，而报纸的亏本是这一战略的重要组成部分。有一次，他在新加坡为郁达夫这位中国文坛巨子，也是他礼聘的作家举办了一场欢迎晚宴，在宴会上，他向郁达夫解释了他的这一战略。胡文虎坦承他作为报业商人的目的既不是表现单纯地爱国，也不是要完全地从药商的角色中脱离出来。胡文虎说："星系报目前最高旨趣是为国家服务、为抗战努力……请诸位恕我说话粗鲁。客家俗话有言道：'裁缝师傅不偷布，他的老婆莫穿裤。'作为虎标行家永安堂的主人之一和兄弟有限公司的总经理，我不想隐瞒，办报纸的另一个目的，那就是给虎标诸药做广告宣传，打开销路，借此扩大永安堂的事业及其影响。”[45] 这句客家俗话的言外之意就是，胡文虎把自己报纸上的版面卖给其他企业做广告，甚至是药品公司，只要他们的产品不直接与他自己的产品产生竞争即可，然后他才在剩余的版面上给自己的产品打广告。但是他所谓的“剩余”不应掩盖这一事实，即他在报纸上为自己的产品安排了最大的广告空间，用超过一半的广告版面来宣传自己的产品，并且在有新闻报道的地方，只有胡文虎的虎牌产品的广告，其他产品的广告则无缘享受这些黄金空间。[46] 胡文虎把报纸和这些广告结合在一起，占据了中国以及海外华人的医药市场。

跨国报纸和网络

既然胡文虎的报纸只用中文出版，他也就不能再像使用视觉图像为主的和多语种的户外广告那样利用报纸在东南亚大张旗鼓地推销虎标万金油和其他药品了。但是，如果说胡文虎没能使他的报纸跨越文化的樊篱，却使它们跨过了国家的界线。他设想了一个计划，要在东南亚和中国的所有主要城市一起设立报馆和万金油企业办事处，以期互相巩固、共同发展。1937 年抗日战争全面爆发之前，他这一计划的实施已有了相当进展。[47]

在东南亚华人聚居的城市，胡文虎建立了虎标万金油的分支办事处，并相应地部署了报纸机构从战略上支持这些办事处。1925 年，胡文虎把总部迁到了新加坡，并于 1929 年在新加坡创办了三份报纸。20 世纪 30 年代，当胡文虎在东南亚的爪哇和苏门答腊这样的岛国增设药品生意的分部后，他就把自己在新加坡办的报纸引入，为其产品大做广告。与此相仿，在东南亚的内陆国家，像英属缅甸和马来亚，胡文虎也把新加坡的报纸引入当地。1939 年，他在马来亚北部的槟榔屿办了另外一份中文报纸。简言之，除了未能染指自己竞争对手韦少伯所在的法属印度支那，其他东南亚的岛国和大陆国家的主要市场都已被胡文虎的报纸所占据（见表 6.1）。

在中国内地和香港，胡文虎也把报社与他的药业生意的分支办事处放在了一起。1929 年，胡文虎在香港设立了一个办事处，负责华南的生意，并在接下来的十年内在此地区办了两份报纸，即 1934 年在广州创办的《星粤日报》和 1938 年在香港创办的《星岛日报》。1931 年，他在汕头创办了《星华日报》，三年后他又在那里设立了药业办事处。1935 年，他在厦门办了《星光日报》，同年，他在福州建立了办事处。也是在 1935 年，他又在长江上游地区的重庆建立了办事处，并在两年之内在当地出版了《星渝日报》。他只是没有在中国最大的几个大都市（上海、天津、汉口）把办报同开办事处结合起来，因为这些大城市中已经有了太多的报纸。

表 6.1　胡文虎在东南亚的药业和报业办事处（截至 1937 年）

地点	销售区域	建立年份	年均药品销售的毛收入
新加坡	总部	1925	
《星洲日报》（60000—80000 份发行量）		1929	
《星中日报》		1935	
雅加达	爪哇和南苏门答腊	1933	超过 100 万基尔德
槟榔屿	北马来亚	1934	几百万新加坡元
《星槟日报》		1939	
棉兰	苏门答腊的北部和西部	1935	几十万基尔德
泗水	东爪哇	1937	几十万基尔德

资料来源：李逢蕊、王东:《胡文虎评传》，第 34—36 页；老牌记者:《胡文虎发达趣史》，第 48，53 页。

表 6.2　胡文虎在中国的主要药业和报业办事处（截至 1937 年）

地点	销售区域	建立年份	年均药品销售的毛收入
上海	长江下游	1929	500 万元
香港	华南	1929	100 万港币
《星粤日报》（广州）		1934	
汕头	华南和中国其他区域	1934	2000 万元
《星华日报》（12000 份的订阅量）	东南部	1931	
汉口	长江中游	1934	100 万元

续表

地点	销售区域	建立年份	年均药品销售的毛收入
天津	华北、东北和西北	1934	100 万元
福州	中国东南部	1935	几十万元
《星光日报》(厦门)(10000 份的订阅量)		1935	
重庆	长江上游	1935	几十万元
《星渝日报》		1937	

资料来源：李逢蕊、王东:《胡文虎评传》，第 34—36 页；陈丹心、李逢蕊:《胡文虎风云录》，第 17 页；胡知非、陈丹心:《胡文虎大事记》，第 14 页；李逢蕊:《胡文虎在抗日战争时期》，第 3 页；老牌记者:《胡文虎发达趣史》，第 48，53 页。

生意遍及亚洲

正如上述两表中的数据所显示的那样，到 1937 年的时候，胡文虎已经大规模进行国际贸易了。以东南亚新加坡为基地，他的药品在中国的南部和东南部以及东南亚的殖民地国家的销售额达到了最高。在中国的长江上、中、下游地区和华北，胡文虎同样战果非凡。

1937 年抗日战争全面爆发后，胡文虎的生意仍旧日益兴隆。他不仅把销售网络从东南亚向西延伸到了印度，而且在中国的所有地方，包括日本占领区、蒋介石军队的控制区，甚至是在中日军队的对峙地区，他的商品都被当成货币的替代物而大受欢迎。根据胡文虎的侄子（战时他在陪都重庆担任分支办事处经理）的说法，在 1937 年至 1945 年，胡文虎获取的药品年销售额加起来超过 20 亿元。[48]

战争时期，胡文虎也在发行报纸。尽管他的一些报纸因为日军的相继侵略和占领而被迫停刊（汕头和厦门于 1937—1945 年停刊；香港、新加坡、槟榔屿于 1941—1945 年停刊），但是他仍继续在重庆办《星渝日报》，在香港又创办了一家新报纸《香岛日报》（报纸名的罗马拼音是Heung Tao Jit Pao），而且这两份报纸的出版都贯穿了整个太平洋战争时期。[49]

因此，胡文虎创办的商业帝国不仅是跨国的（范围遍及整个中国和东南亚），而且是跨文化的（除了华人，还包括亚洲的其他消费者群体）。他的商业帝国是建立在文化媒介和商业网络之上的，而不是依靠政府机构和军事力量，但这个帝国是非常坚固的，为他同中国和日本的政客打交道奠定了坚实的基础。

从政治中得益

在 20 世纪三四十年代，胡文虎多次同那些彼此之间冲突不断甚至是战争连绵的政治和军事首领打交道。但是，他几乎每次都能与他们成功地会谈，并从他们那里获得自己想要的东西。当然，胡文虎并不是通过挑战他们的政治和军事权威而获得这些东西的，而是通过精明地把同他们达成的协定转化为自身的商业优势来取得的。

庆贺蔡廷锴将军

在同中国的政治和军事领袖打交道的时候，胡文虎采取了两步走的策略。首先，他通过捐赠来讨好他们，然后，再大肆宣传这个捐赠活动，将之转变成政治广告来为自己牟利。[50]这种方法最早用于十九路军司令官蔡廷锴将军身上。

自从1931年日本占领中国东北以来，蔡廷锴因领导中国军队在1932年1月到3月之间抵抗日本对上海的进攻而名声大噪。日军的这次入侵被称为“一·二八事变”，起因是日本人想扼杀中国人对日本占领东北的反抗活动，于是对上海的非军事目标进行了轰炸，并派遣海军陆战队入侵上海。在上海保卫战中，蔡廷锴和十九路军将士们奋起抵抗并坚守了33天。对于十九路军的这种英勇气概，包括胡文虎的报纸在内的中国和东南亚的各大中文报纸都予以高度赞赏并大加宣传。历史学家易劳逸这样评述道:“上海事变之后，十九路军成为民族英雄……军队领袖的名字——蔡廷锴和蒋光鼐——回荡在中华大地。他们一夜之间变成了无人不知的传奇式人物。”[51]和中国一样，东南亚的华人对这次抗日之举也欢呼雀跃，并联合抵制日本。

当蔡将军和十九路军在1932年的“一·二八事变”中吸引举国关注之时，胡文虎不失时机地向十九路军捐赠了大量的物资，总共捐献了3万元和一批药品。[52]作为回报，他得到了蔡将军的一段简短的致谢文，全文如下:“本军在沪抗日，胡君援助最力，急难同仇，令人感奋。”为了把他同蔡将军的这种往来转变为宣传品来获得商业利益，胡文虎就在报纸上公布了蔡将军的这段谢文，并起了个大标题——《全国同胞敬仰之民族英雄蔡廷锴将军对虎标药之赞美》。[53]

因此，通过利用蔡廷锴将军的名人身份，胡文虎在中国当时最具新闻价值的人身上获得了资本。与此同时，其他企业家同样在利用蔡将军的声名为自己牟利，他们把他的名字印在香烟的商标上以及用他的名字为其他商品做广告。但是，没有任何人敢像胡文虎这样大胆地借蔡廷锴将军之口行自己打广告之实。[54]

非常典型的是，胡文虎在“一·二八事变”之后继续加以宣传以巩固效果。在1933年蔡廷锴和十九路军调往福建之后，胡文虎以《新福建》为标题出版了《星洲日报》的年刊，并献给十九路军的将士们，感谢他们在福建省建立政府和进行改革所做出的艰辛的努力，而许多海外华人（包括胡文虎自己）都是从福建省移民至东南亚的。[55]

援助国民政府

在同国民政府打交道的过程中，胡文虎按照同样的模式先对政治领袖进行捐赠，然后再把它们转化为自己的利益。1930年，胡文虎前往南京同政府首脑会面。当蒋介石请胡文虎援建南京中央医院时，胡文虎当场表态愿意负担所有的37.5万元费用。

早在现场准备妥当的胡文虎的新闻记者们，当即挥毫写下了有关会谈的情形，在报道中大肆颂扬了胡文虎的慷慨大方。随后，胡文虎获得了更高的社会声誉，他花了2.5万元在中央医院门前为自己竖立了一座铜像。而且为了表彰他的慈善之举，国民政府奖励了他一个用玉石打造的荣誉证书。[56]

1935年，胡文虎再次向国民政府提供慈善捐助。为了备战1936年的奥运会，国民政府在上海举行了“第六届全国运动会”，胡文虎以此次运动会赞助人的身份发表了讲话。在媒体面前，胡文虎宣布他已经许诺今后十年将拿出350万元在中国援建1000所小学。

像他处理早期的许诺那样，胡文虎同样轻车熟路地利用这一次的承诺获得了公众的赞誉。就他要援建的这1000所小学而言，胡文虎作了具体要求，即每一所小学都得命名为“胡文虎小学”。此外，每所学校的图书馆、实验室、大礼堂和体育馆都必须以他和他兄弟的名字命名（比如“虎豹图书馆”），而且题写名字的牌子必须挂在显要的位置。不久，他开始和各省政府官员商谈，他承诺给他的家乡福建省援建100所小学，其他南方省份每省50所，北方省份每省10所。从1935年到1937年，胡文虎开始兑现诺言，花了150万元建造了200所小学。

1937年，胡文虎的计划因日本人的入侵而被迫停止，他召开了新闻发布会，宣布他将在战后建造剩下的小学。与此同时，他从援建小学的基金中拿出剩余的200万元购买了国民政府的战争债券，以此援助中国的抗日战争。[57]像在中国一样，他在东南亚也建造了学校、医院、孤儿院、托儿所、寺庙和其他慈善机构，当然，每一家机构都以他的名字命名（其中包含“虎”字）。[58] 为了奖励胡文虎在英属殖民地所作的贡献，英王乔治六世在 1938 年特赐他大英帝国文官勋爵。[59]

1941 年 2 月，胡文虎飞到了位于中国西南的战时陪都重庆。在重庆，胡文虎接受了任命，成为国民政府“国民参政会”的委员。他一到重庆就发表声明，他会从国民政府手里购买价值 50 万元的战时债券，并向政府用以救治伤兵和战争难民的救济基金捐款 200 万元。

胡文虎再次利用这次机会去获取社会名声。在飞往重庆的路上，他在仰光停留了一次，告诉那里的新闻记者说这次是代表所有的海外华人参加国民参政会。国民参政会为期 10 天，胡文虎只参加了第一天的议程后就离开了重庆。第二天，他把他和蒋介石的合影刊登在他报纸的头版上。按照这种方式，胡文虎还出版发行了一本小册子，公开了他的重庆之行。[60]

胡文虎有效地同强势政府周旋

根据一些政治史家的评论，胡文虎在上述所有的案例中都是在同具有强大政治统摄力的政府周旋。1910 年（胡此时刚刚起步），西方在东南亚的殖民政府已经十分有力了，用卡尔·拓基（Carl A. Trocki）的话说，就是“他们把海外华人整合到了资本主义世界体系当中”。[61] 按照一些历史学家的观点，早在 1927 年，国民政府就开始强行攫取中国资本家的财富，并且到了 20 世纪三四十年代，又加大了对民族企业的控制力度，开始强制推行广泛的国家资本主义。[62] 在抗战期间，日军掌控了中国和其势力所及之地的所有企业。[63] 到了 20 世纪 50 年代早期，中华人民共和国又果断地对中国几乎所有的资本家进行改造，尤其是在 1952 年的“五反运动”之后。[64]

如果说在亚洲的西方政府、中国政府以及日本政府都对中国企业进行了干预并将权威强加于中国资本家头上，那么，该如何解释胡文虎成功地避开了官方的干扰甚至利用他同政府的关系为自己牟利呢？胡文虎的这个案例告诉我们，政治史家也许低估了中国企业家同政府打交道的能力。胡文虎的经历虽不能成为推翻他们观点的基础，也不能因此得出企业单方面地裹挟了政府的政治和军事决断。但是，它的确表明了政府和企业的交流是一个互相影响的过程。胡文虎同官方进行有效的合作，以及他成功地把他的慈善捐赠、有影响力的媒体和社会关系网络转化成为资本为自己的生意牟利，都表明正如这些政府影响他一样，他也同样在影响这些政府。

在试图理解政府和企业的行为互动过程时，采纳政治学家约瑟夫·奈（Joseph S. Nye）对“硬实力”和“软实力”的区分对我们是有帮助的。“硬实力”指的是政治权威和军事力量，“软实力”指的是商业企业和文化媒体。胡文虎缺少硬实力，但他建立了一个软实力的兵工厂，并且像软实力的拥有者通常所做的那样，通过它去“让别人也想得到你所想得到的”。[65]

利用亚洲优势

在评价胡文虎对媒体的利用时，我们不能忽视胡文虎对即时性的重视。他对日报的重点投资体现了他意识到即时地把最新的信息尽可能广泛地传递给消费者的重要性。他一方面聘用像关蕙农这样的商业画家来确保其广告的时尚性，另一方面又依靠胡资周这样的分支机构管理者进行即时的调整，以适应不断变化的当地市场环境。也许，虎标万金油市场销售的即时调整可以帮助我们解释，为什么有着不同民族背景的消费者会迅速将其商品本土化。在这一方面，中国人和东南亚人都一样。

包括胡文虎、关蕙农、胡资周以及其他中国和东南亚的消费者在内的所有这些历史人物，都足以被视为消费文化的推动力量，尽管他们不同于西方企业同其消费者之间的互动关系，也就是我们在研究中习惯上认定的那些消费文化的推动力量。作为一名华侨企业家，胡文虎很像西方的企业家，因为他就像迪士尼经营娱乐产业和雷·克罗克（Ray Kroc）开麦当劳餐厅一样，是通过市场来建立起自己的企业的。然而，与迪士尼和克罗克相比，胡文虎并不是很依赖公司层级体制来管理市场营销，他更加偏爱通过建立在家庭、同乡和客家族裔基础之上的社会关系网络去进行管理。关蕙农作为一名中国的商业画家，为胡文虎提供广告的方式同西方的广告经纪人提供给西方企业的一样，但是中国艺术家的背景和所受的教育，又使得他有能力在阳春白雪和下里巴人之间游刃有余，而此时没有一名在亚洲的西方艺术家可以与之媲美。与此类似，胡资周作为一名中国企业分公司的经理人，就像此时的西方经理人为约翰·洛克菲勒的美孚石油公司和詹姆斯·杜克的英美烟草公司所做的那样，承担起了促进本地销售的重任。但是，他对中文的通晓和他个人的交际又使得他能够掌控媒体（包括中文报纸）并适应地方差异（包括政治角逐），而这一点在当时没有任何西方人能够做到。

出于同样的原因，亚洲消费者将亚洲制造的虎标万金油加以本地化的时候，同其他非西方消费者对西方制造的药品加以本地化的过程几乎如出一辙，但是亚洲消费者做得更快。尽管处于非西方文化环境中的消费者足足花了一代人的时间才开始接受西方制造的商品实则源于非西方的事实，中国和东南亚地区的亚洲消费者却完全不用花费这么长的时间，他们不费吹灰之力地宣称虎标万金油就是他们自己国家生产的。[66]

这些亚洲人物完全可以名垂消费文化的历史。如果仅仅是为了历史的全面性而把他们包括进去，那我们就很难说得通。最近，研究中国艺术史的历史学家柯律格（Craig Clunas）批评消费文化史的研究带有西方中心的倾向，并指出这种倾向对非西方史家的危害和对西方史家的一样大。用他的话来说就是，没有什么比研究中国的历史学家（或者是研究印度、墨西哥、瑞典、摩洛哥以及土耳其的历史学家，总之都是处于“文化和消费”范围之外的研究者）陷入“我也是”，甚至更糟糕的“我先有”的轮回中，更乏味更徒然的了。[67]我们在此描绘的亚洲消费文化的推动力量，或许可以被视为纯粹是西方消费文化的推动力量在亚洲的对应物（即柯律格所说的“我也是”），或被视作纯粹是西方消费文化推动力量的先行者（即“我先有”）。但是，他们还有更深一层的意义，因为他们为我们提供了一个再次思考为什么消费文化会席卷全球这一问题的基础。

图 6.1 《啸虎》作于 1908 年，系高奇峰的画作，关蕙农成为商业画家之前曾和他合作。

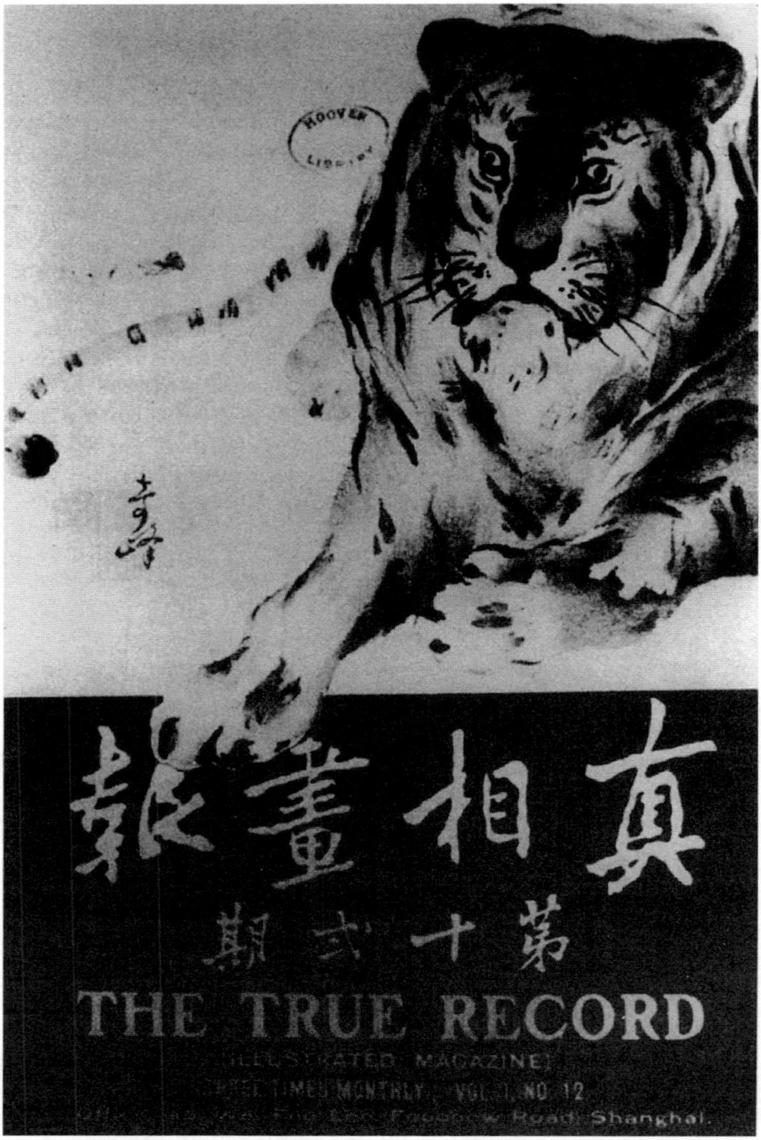

图 6.2 《真相画报》封面上的老虎画。这份杂志是由关蕙农和高奇峰以及他们的同行为了支持 1911 年辛亥革命而创办的。

第七章

消费文化的推动力量

在不到十年的时间里，即从1980年代中期到1990年代中期，数以百万计的中国人得以使用新的交流方式，接触到了新的社会话语词汇，并通过新的商业化门店体验到新鲜的休闲娱乐方式。将这一现象称为“消费革命”，似乎并不为过。

——戴慧思

《中国城市的消费革命》（2000年）

何为消费文化的推动力量？谁又扮演了消费文化推动力量的角色？正如我在第一章中指出的，这个问题已经引发了一场激烈的争论，并导致了两个不同的答案。争论的一方认为，西方跨国大公司是主要的甚至是唯一的消费文化推动者。根据这一方的说法，像麦当劳快餐店和迪士尼乐园之类的西方公司已经通过大众营销在世界范围内传播了消费文化，并重新塑造了个体消费者的意识。争论的另一方则坚持认为，地方文化中的个体消费者是消费文化的主要推动力量。根据这一看法，不管西方大公司是在哪里通过大众营销引介消费文化的，个体消费者都通过地方化进程对之实行了改造。最终，上述两种路径指向了两种截然不同的观点——一个是文化上变得更加同一化的世界，一个是文化上变得更为多元化的世界。

鉴于这里涉及的问题如此重要，反思一下本书对“关于消费文化推动力量的争论”之主题所能作的贡献，就显得颇为必要。我认为，本书最重要的贡献是：通过聚焦中国历史，发现了一些原先被忽视的消费文化的推动力量。这最后一章的目的，就在于将中国的这些推动力量与其他时空条件下的推动力量加以比较——包括自上而下运作的机构、自下而上参与的消费者，以及在这两者之间发挥调和作用的中介人，以评估中国这些推动力量的重要性。在比较的视野中，就有可能去探索，引言中戴慧思（Deborah Davis）所描述的那场发生于社会主义中国的“消费革命”，是否因这些中国的推动力量，而在前社会主义时代的中国便已经发生了。[1]

自上而下的机构

自上而下路径的支持者们几乎完全只将注意力集中于西方跨国企业，以此作为有能力传播消费文化之机构的例证。一般来讲，这种解释的支持者关注公司的结构特征，并通过使用一种颇具影响力的世界资本主义体系之模型的修正版，来跟踪考察消费文化的传播过程。[2]他们声称，正如同资本主义起源于西方，并通过一种商业和管理上的层级结构，由西方这一资本主义制度的核心、向外并向下传播到非西方世界的边缘地区一样，消费文化的传播也经历了同样的过程。在这场辩论中，从传播角度来解释消费文化的人认为，正是西方跨国公司单方面地将消费文化强加给世界各地的消费者。

本书从第一章至第六章的讨论，对该关于“西方跨国公司是自上而下地将消费文化强加于消费者的唯一机构”的假设提出了疑问。施坚雅、罗威廉和滨下武志已对19世纪从事长途贸易的同乡会、行会和朝贡贸易体系下的非正式组织等中国机构作过描述。本书的发现则表明，20世纪初期，中国企业在突破并扩展长途贸易的边界、引介消费文化等方面，都获得了超越其前辈的成就。施坚雅所得出的结论认为，19世纪的中国贸易在某种程度上仍然局限于中国半封闭的大区域之内，而我在本书中则阐明，中国企业在20世纪初就已经轻易跨越了大区域的界限。罗威廉曾描述19世纪中国的行会如何在遍及全国的陆地市场进行贸易，本书则清楚地表明，中国企业在20世纪初不仅覆盖了这一陆地市场，而且还超出陆地，攫取了海外的国际市场。滨下武志把中国沿海与海外贸易的活力及其控制归因于已终结于1911年的朝贡贸易体系，本书所叙述的各种企业则在整个20世纪上半期一路拓展，并经营了沿海与海外的医药贸易。

中国医药企业处于这些商品销售的前沿，引介了新的文化形式和新的产品。正如杉原薰（Kaoru Sugihara）所指出的那样，早在19世纪，亚洲的一些商人就已经在与西方对手的竞争中发掘文化优势了。用他的话来说，他们自创了一条独一无二的亚洲“商品链”，并做了一个“关于地方消费者的口味和习惯以及确定合理的价格区间的深入调研”。[3]20世纪早期，中国的诸多医药企业也发掘了这样的文化优势，并且随后进一步利用了连锁店、联号店、建筑设计、海报、广告板、报纸、杂志和其他印刷媒体等西方的组织及文化样式。通过采取这些形式为自身需求服务，中国的医药企业在整个中国和东南亚地区消费文化的传播中超越了西方跨国企业。

即便是在战时，中国的医药企业（尤其是第五、第六章所描述的那些企业）仍然继续跨越大区域和国家的边界，从事运营，并稳步拓展了业务范围。他们并不排斥政治领袖，也没在似乎国家政府已不再起作用的前提下行事（而自上而下路径的拥护者常常宣称，西方的跨国公司就能这样做）。尽管他们并未拥有政治权威或军事力量，但是他们却与政治领导人直接打交道。而且，他们利用现金支付、慈善捐助、宣传活动和商业网络等手段去争取政治领导人的支持，从而在战前、战争期间和战后都能穿越敌对界线和国界线销售药品。

如果我们考虑把这些中国企业的业务范围和适应力当作消费文化的推动力量，我们就必须对构成那老一套的西方中心式自上而下路径之基础的时空体系加以修正。从空间上说，一种全球性的自上而下路径需要承认：种种机构已经在世界上不止一个区域的“中心”制造了消费文化，并将其从不止一个“顶端”、通过层级结构、由上而下地加以传播。这些顶端不仅来自西方的纽约或伦敦，还包括亚洲的新加坡、香港、天津，尤其是上海。

从时间上说，自上而下的路径除了考虑西方历史，还需把在东亚和西方历史上发生的事件都考虑在内。关注的重心基本集中在当代问题并以西方为导向的评论家们，把全球化的开始时间定到“冷战”结束之时，他们将其定在1989年，即柏林墙倒掉的那一年。其他人则采纳了一种更为长远的看法，并认可了可能有过两个全球化时代的出现：一是从1989年开始至今仍在持续之中的全球化时代；一是始于1870年、随着“一战”在欧洲爆发而结束于1914年的全球化时代。特别需要指出的是，研究西方跨国公司历史的主要专家们都赞成将1914年视为这些公司走向同国际市场一体化的转折点。

阿尔弗雷德·钱德勒（Alfred D. Chandler）在他的关于1880年至1945年美国、英国和德国的企业历史的权威研究中，以时间为序汇编了标志着企业史上的断裂的一系列事件。他写道：“在1914年之后的几十年里，通过扩展新市场去追求成长并从中获得长期利润的动力，由于世界史上的一系列灾难性事件而备受阻碍。极具破坏性的‘一战’、接踵而至的20世纪20年代的持续危机、20世纪30年代的‘大萧条’、1939—1945年规模更大的全球性战争，以及这之后必须进行的大规模的重建，所有这一切都使得因企业成长而必然导致的国际及产业间不断增长的竞争向后推延了。”[4]钱德勒在这部资料翔实的力作中，以丰富的个案展现了这些“灾难性事件”已阻碍了西方企业开拓新市场并将其整合，但他将这些事件定位为“世界史”事件，则未免有过分夸大它们的全球性影响之虞。和西方企业同行一样，20世纪初期的华人在东亚所有的企业也一再地、甚至是不间断地受到种种政治和军事事件（尽管是不同的事变）的影响。

正如我在第一章中所谈到的，一些中国历史学家的结论是，国民政府在这些事件中——尤其是在北伐和抗日战争期间——曾利用各种机会试图从中国资本家身上榨取财富，并使之服从于国家资本主义。但是，这一结论在中国医药企业的历史发展中似乎并未得到充分的证实。在战前和战时的中国和东南亚地区，中华药商一次次地躲避或克服了来自国民政府和日本占领当局对企业的种种干预，甚至还能够从中获利。

在某种程度上，这一结论和柯伟林及柯博文关于抗日战争期间政企关系的研究结论似乎矛盾，其实是可以调和的。因为我的解释是以轻工业为基础（20世纪上半期，这是当时中国所有工业部门中占比最大的部分），所以它并未对柯伟林关于国民政府在战时和战后控制了重工业的观点提出挑战。[5]同样，由于我的结论建立在对那些与日本占领当局打交道有充分准备的中国企业家的不同个案研究之上，因此，我所涉及的企业家群体同柯博文所述的企业家群体不同。但是，柯博文和柯伟林都认为，中国或外国政府在抗日战争时期严格限制，甚至完全封闭了中国企业的市场营销，在这一点上我的解释确实和他们不同。

在从19世纪后期到20世纪中期的这段时间里，本书所描述的华人企业几乎持续不间断地运用自己的网络从事贸易，并实现市场整合。由于这些企业远离西方的政治和军事事件，也未受到发生于东亚和东南亚的政治和军事事件的阻挠，所以它们稳定发展的势头几乎一直保持到了 20 世纪 50 年代。但即便是在那时，这些企业的长途贸易也并未被永久地切断。正如马克·赛尔登（Mark Selden）在对当代东亚政治经济的研究中指出的那样，从 20 世纪 70 年代晚期开始，“非正式网络……特别是那些以中国为中心，包括海外华人在内，通过具有内聚力的区域经济发展的方式而表现出来的跨越边界的非正式网络，使人联想到这和亚洲历史上的朝贡贸易体系及与之相关的商业网络有异曲同工之处”。[6]

所以，尽管 20 世纪上半期的西方跨国公司由于受到各种西方事件影响，在市场的扩大和整合上显然遇到阻碍，但对中国企业却不能笼统地这么说。中国企业并没有因为军事冲突和政治干涉，而在药品和其他消费产品的市场扩大及整合上遇到类似的阻碍，除了一个例外：自 20 世纪 50 年代中期至 20 世纪 70 年代后期，中国和美国所实行的贸易政策。

从总体上看，上述观察绝非对资本主义机构自上而下地形成消费文化之理念的简单驳斥。相反，这里的要旨是要对只着眼于西方公司，而忽视或简化看待处于“边缘”地区的非西方公司的自上而下路径进行质疑。中国企业值得引起重视，这是因为，它们同样采用资本主义的机构形式，但在自上而下地传播消费文化时，采取了某种程度上有别于西方公司的方式。和西方企业家一样，中国企业家的经营实践亦因人而异，这在本书所描述的不同中国企业家的组织创新上清楚地表现出来：乐达仁引介的连锁店，黄楚九创建的广告部，项松茂招募当地联号店实行分销代理，许冠群创建的研发实验室，胡文虎开办的用于广告宣传的报纸。但是，与在中国的西方企业家相比，中国企业家们作为整体来说倾向于更依赖以家族纽带、同乡关系和客家人抱团观念等为基础的社会网络，在创业初期尤其如此。如果把所有中国企业都说成从来只是持续通过社会网络、传播消费文化，那未免显得过分简单化了（同样，把所有西方企业说成从来只是持续通过公司非私人化的层级向下传播消费文化，那也是把问题简单化了）。我在第五章揭示出，中国企业选择性地采用了西式公司的层级形式（就好像西方公司也会利用中国社会网络的影响力一样）。[7]但不可否认的是，本书所述及的所有中国企业家在这种或那种情况下，都曾利用社会网络作为销售的主要手段。事实上，如果不将他们社会网络的显著特征考虑在内，那么分析他们公司的组织形式是做不到的。

正如中国企业在中国和东南亚，以不同于西方公司的方式自上而下地传播消费文化一样，世界其他各地的企业也可能通过自己的独特方式自上而下地传播消费文化。尽管历史学家对世界其他地方消费文化传播的观察还只是刚刚起步，但他们的初步研究已表明，欧美之外的东京、大阪、墨西哥城、布宜诺斯艾利斯、伊斯坦布尔和其他城市的地方企业，已经在各自的区域内拓展了（它们自己版本的）消费文化的边界。[8]只有对位于上述和其他地区中心的企业有更多的了解，我们才有可能在与西方跨国企业的比较中，衡量它们作为消费文化推动力量的世界性影响。但有一点似乎已经明确，即任何关于这一主题的研究都应当注意到彼得·卡赞斯坦（Peter J. Katzenstein）和白石隆（Takashi Shiraishi）关于亚洲地区和当代世界的广义概括："区域化和全球化在这里表现为紧密联系在一起的进程，不能孤立地予以分析。"[9]

自下而上的消费者

一般来说，主张自下而上解释的学者集中关注的是处于某一有限地区的群体，他们访谈了单个城市、镇落或村庄的当地居民。他们通过这样的田野调查发现，消费者并非被动地接受或不加鉴别地全盘吸收西方跨国公司所传播的理念、意象、形式和话语。通过将消费文化定义为"表述方式和手法"，这些学者的结论是：消费者主动地重新诠释并选择性地吸收了西方的理念、意象、形式和话语——其中扬弃都有，也有新的创造和综合。正如人类学家詹姆斯·华生指出的那样，外国企业的地方化进程需要时间，通常需要大约一代人的时间。伴随着西方产品——如麦当劳的汉堡包——长大的第一代当地消费者，还能够认识到它源于外国，但是"当最初曾在麦当劳用餐那一代人的孩子也来到这里时，麦当劳就不再被看作一家外国企业了"。[10]

在我们从事历史研究时，不可能获得像人类学家所拥有的丰富的亲历人物方面的资料数据，这使得历史学家真希望能获得采访已经作古人物的机会。尽管如此，在无法对过去做现场采访、民意测验、问卷调查和其他类似考察的情况下，本书的证据提供了一个基础，以便在比自下而上路径支持者的一般做法更长的时段以及更广阔的空间内对这些证据予以测试，从而重估自下而上的地方化进程及其与同质化之间的关系。

如果从时间上来评估，本书的事例表明，中国消费者对中国制造商品的本土化，比对外国制造的商品接受得要快。我们在第三章看到，他们用了不止一代人的时间才实现对外国企业产品“仁丹”的本土化。他们把仁丹商标图案里的日本男人图像上的胡子拿来，变成中国男人胡须的时尚模式（即所谓的时髦的“仁丹胡子”，此词至今仍在中文中存在），以此开始了“仁丹”的本土化进程。然而，这一本土化进程至少在半个世纪的时间内都未能最终完成，这是因为中国的民族主义者将“仁丹”视为日本帝国主义的象征，并将其作为在20世纪前40年抵制日货运动的靶子，这样他们也一再提醒国人“仁丹”乃是洋货。

相比之下，消费者似乎很快便将中国制造的商品本土化了。这方面最恰当的一个事例，或许莫过于中国和东南亚的消费者都宣称万金油是自家产品。中国人相信万金油源自中医，并就此认定其成分中包含老虎身体的一部分，尽管万金油在销售中并未承认（或者否认）这一点。与此同时，泰国消费者却认为万金油是东南亚的药品，并给它起了个泰国昵称（这个昵称在万金油广告中并没有出现过），表明该药品起源于缅甸。这些事例表明，中国和东南亚的消费者都毫不犹豫地将中国制造的商品本土化了，也表明发生在中国和东南亚的本土化进程并非只是当前的全球化时代所独有的。它的发生，比 1989 年柏林墙倒塌这一全球化的开端要早得多；也比麦当劳 1975 年在香港、1984 年在台北、1990 年在深圳开设第一批连锁店要早得多；同样说来，也比中国于 20 世纪 50 年代第一次发动以改变中国消费者态度为目标的官方运动要早得多。[11]

在强调消费者将消费产品本土化的行为有长远历史的同时，认识到消费者有文化同质化的悠久历史也同样重要。20 世纪上半期，当中国企业积极通过大众营销给消费者留下其药品“不是中国的就是西方的”这样一种印象时，消费者把自己在医药选择的多元性同质化为中西药二元论了吗？他们是否能清楚地分辨出中药和西药？对于这些问题，本书所包括的直接证据很少，但是提供了社会环境方面的证据，这些证据表明，消费者辨别中西药的敏锐度，很可能因他们在中国和东南亚的城市层级中的生活和工作环境不同而异。

在 20 世纪上半期的上海这座处于中国城市等级之顶峰的城市，消费者通常都学会了区分中药和西药。中国、西方和日本的规模最大的公司都倾向于将总部设在上海，这并非巧合，因为上海是连接中国其他任何城市的最大的都市商业枢纽。同样不足为奇的是，本书描述的所有企业都在上海建立或尽可能建立总部，或者在这里建立了比一般规模更大的分公司。这些企业在上海密集地大做广告，并通过自己旗下遍布上海的分店大规模地销售商品和进行宣传。20世纪初期，在这种密集而广泛的广告运动的席卷之下，上海中心城区乃至整个城市的消费者可能已经学会了如何辨别中药和西药。

在位于中国城市第二层级、也就是居于各个大区域中心的城市，消费者并不像上海的消费者那样，如此受消费文化推动力量的影响，但两者的差异也仅仅是程度大小而已。在中国所有的九大区域、东南亚大陆及岛屿，华人企业家建立了中西药都卖的全资分店。正如他们在上海建立最高的和最引人注目的建筑物一样，这些企业家在次大陆的城市也如法炮制，这些城市包括位于华北大区域的大连、天津和西安；位于长江中游和上游大区域的汉口和重庆；位于华南大区域的厦门、汕头、广州和昆明；位于东南亚的新加坡、雅加达、仰光、曼谷和槟榔屿。和上海的消费者一样，其他中心城市的消费者也受到广告的连续冲击。也许这些中心城市的建筑不如上海的高大，广告也不如上海的规模大，但这些城市的大楼亦是直插云天，广告宣传也囊括了各类可视媒体——报纸、海报、广告牌、墙壁宣传画、塔、门、宣传队和精心装饰的轿车和卡车等。此外，大楼的地理位置也和各城市的人口密度密切相关，主要建在繁忙的路口和其他的交通要塞。由于能够广泛接触并受到消费文化的影响，在20世纪上半期，中国中心城市的消费者可能和上海的消费者一样，也能很容易地区分中西药了。

中国较小市镇的消费者很少看到医药企业的高楼大厦，也很少被卷进这些企业的广告战。但是必须注意到，无孔不入的消费文化也照样触及了这些较小地方的消费者。中资企业和位于中心城市外、散布于众多小市镇里的当地商店进行合资，这些联号店集中分布在中国人口密集的大区域，管理权归当地店主所有，这些店主可能已经或者也可能没有按照上海总部设想的方式推广公司的商品和广告。无论如何，在整个20世纪上半期，小市镇的消费者，特别是那些位于人口稠密的长江中下游和华北地区的小市镇的消费者，对药品的产品包装和广告宣传已经耳熟能详，这使得他们可以明显地区分中西药。

在所有的中国人群体中，居住在乡村和集镇的那些人接触消费文化的渠道最少，也绝少有机会去观察中西药的差别。中资连锁药房和其他任何大规模的企业，都不在中国的集镇或乡村开分店或联号店。尽管是这样，即便是农民也没有完全与消费文化隔离开。正如我在第四章中所提到的，1992年，一个美术评论家和她的研究团队在农民家里发现了挂在墙上的数百张1949年以前的月份牌广告画。40多年间，这些农村的消费者仍旧保留着前社会主义时代的广告画，在20世纪上半期，恐怕很多其他的农民也十有八九经常在定期的农村集市上见到过类似的广告。

这些事例表明，中国人有很多机会根据其在中国城市层级中的不同位置，将其对消费产品的认识本土化和同质化。因为我们缺乏相关的史料，所以很难说消费者究竟使用了什么术语和意象去利用这些机会。但是我们似可肯定，中国消费者只是对“中”药和“西”药做了一个非常大致的区分。在他们的概念中，“中国”的药包括了传统中药和新式“老字号”药，而“西方”的药则包括了中国制造的“新药”和西方制造的药。

利用这种区别中西药的独特方法，中国消费者对中西药差异的认识，或许可以用林培瑞在对19世纪晚期至20世纪早期上海的大众文学的研究一书中的简要总结来表述。他阐述说：“困境的两端……遍及现代都市生活：是要变得摩登、洋气、时尚和积极进取一些呢，还是要老套、纯粹中国式、简朴和缄默一些？这种笼统的差异在上海可以追溯至19世纪晚期，或许用中文的‘土’（土地——当地的、本土的）和‘洋’（海洋——越洋而来的、外国的）来诠释这一差别再恰当不过了。”[12]用此种“土”“洋”二分法来看，如果说在上海的中国人从19世纪晚期就已开始严格区分“土”和“洋”，那么可以毫不夸张地说，在20世纪上半期，全国各地的中国消费者已开始以不同的精确度去辨别“土”药（包括传统中药和“老字号”中药）和“洋”药（包括西方制的药和中国制的药）了。

两者之间的中介人

在关于消费文化推动力量的争论中，主张自上而下路径和自下而上路径的人虽然各持己见，但通常都是站在同一个出发点上，即西方公司跨越了国家和文化的界限，并接触到了本土文化的消费者。争论双方或者关注自上而下运作的西方公司，或者看到自下而上参与的当地消费者，但对在两者之间发生作用的中间人却极少关注。然而，不管观察的角度是自上而下还是自下而上，本书描述的中介人在消费文化传播的转达方面确实扮演了关键的角色。他们既（在自上而下的解释所最为关注的过程中）“传播”了商品，又（在自下而上的解释所呈现出来的过程中）重新诠释了商品的“表现手法”。

或许那些主张自上而下路径的人，很少提及在消费文化的传播中作为转达者的中介人，因为他们认为只有知识精英——尤其是参与到政治活动中的知识精英——才能借鉴西方的理念、意象、形式和话语。正如我在第一章中所提到的，许多研究中国思想史的史学家，或明或暗地做了这一假设，但本书对这一假设提出了疑问。固然，就直接借鉴西方外来的理念、意象、形式和话语方面而言，知识精英外的中国企业家们并非文化变革的先锋。但是，就他们从其他中国人身上快速捕捉“西方的”理念、意象、形式和话语，并竭尽全力地将其普及到中国的所有城市层级中而言，这些企业家却当仁不让地充当了中国文化变革的推手。

在每一企业的最高管理层，中国企业家在知识精英和非精英群体之间发挥了举足轻重的作用。尽管他们大都缺乏正规的教育，但是他们却能招聘受过很高教育的精英艺术家，为其绘制用于月份牌海报、广告牌、墙画、杂志封面和卡通上的图像。

此外，他们还委托精英建筑师为他们设计公司大楼和娱乐园，并雇用资深科学家在实验室里研发产品。在所有这些事件中，中国企业家接触到了中国知识精英所理解的“西方的”理念、形式、符号和话语。而且，他们自由地添加中国的理念、形式、符号和话语——甚至当这些中国元素和“西方的”看似矛盾时也在所不惧，以此来创造新的包括“中国的”（如第二章中的“老字号店铺”）和“西方的”（如第三章至第六章中的药房和广告）在内的混合表现形式，从这层意义上说，这些中国企业家实现了本土化。

如果说支持自上而下路径的人考虑到了非西方企业家作为中介人的作用，那么对隐藏在消费文化背后的机构动力的解释就将更加复杂。虽然中国企业家从未受雇于外资企业，但他们有能力将西式的消费文化本土化，所以就不能假定西方的企业已经通过没有中间转达层面的渠道，去直接接触置身于消费文化之中的每一位消费者。在评价自上而下的“散播”的动力时，有必要考察从西方大企业一路下延至地方社会的这一链条上的多个环节。仅仅考虑西方企业对地方消费者的直接影响，或者即便是考虑西方企业与非西方的当地雇员间的直接互动，都是不够的。除了关注西方人和非西方人之间的关系，我们还需密切关注地方社会中非西方的人们之间的关系。至少，研究者需要分析西方企业的非西方竞争者，以及这些竞争者作为中介人与非西方的知识精英之间的关系；而且如果有可能进一步向下考察联结着更多非西方人层面的市场链，就更可取了。

与自上而下路径的支持者相比，主张自下而上路径的学者强调消费文化传播中作为参与者的非精英群体的重要性，但是他们对非精英群体的研究通常局限于个体消费者。结果，他们和自上而下路径的学者一样，忽略了属于非精英群体的中介人。但是，为了了解消费者对什么有反应，关注这些经纪人及其在市场等级的每一层对实现消费文化本土化的作用，是十分重要的。

在本书所描绘的掌控各家企业发展的最高管理层的下面，还有另一批消费文化的推动力量：分公司的经理人。这些分公司的经理在公司总部和位于中国各大区域的中心城市的地方分公司之间，承担起了转达的任务。比起他们的上级，这些分公司的经理一般接触过西方的更少，而且当他们把药店和产品打扮成“西方”样子的时候，他们将中国和东南亚的各大区域和本地区在当地语言、建筑风格、视觉文化和政治态度等方面的差异一概考虑在内。为了迎合当地口味，他们因地制宜地修改了总公司对“西式”分店和“西式”广告形象的设计蓝图，在这一意义上，他们做到了将总部“西式”药店的表现形式地方化。

就在中国的分公司经理在中心城市把总部最高管理层的“西方”表现形式地方化时，联号经营的中国药店店主也在更小的市镇里，把分公司经理打造的“西方”表现形式进一步地方化。中国某家企业的广告一旦到了联号经营的合作商手里，这家联号的合作商并非必须依从公司的意愿去使用它；相反，他们会按照自己的意图改用广告，而其他独立的店主和小商贩可能也在更小规模的生意中同样对海报和广告传单进行修改。尽管这些联号经营的合作商与其他独立的店铺和小商贩的生意，并不归生产商品和广告的中国制作者所有，但是他们在不同于且超出了这些中国公司旗下店铺的掌控之外的环境中，利用这些中国企业的“西方”表现方式，推行了地方化。

不管观察角度是自上而下还是自下而上，这些形形色色的中国中介人，充当了把消费文化深深植入中国这一链条的纽带。总体而言，这些中介人表明，在20世纪早期的中国，非精英群体的中介人翻译了不同文化之间的术语和习惯用语。而且，他们还代表了一类人——地方社会中的非精英的文化中介人，正是这批人对消费文化起了举足轻重的推动作用，然而他们也恰恰是在这场自上而下与自下而上之争中，几乎彻底被忽略了的一个群体。[13]

消费革命的推动力量

本书指出了历史上为数众多的消费文化推动力量——自上而下参与的公司、自下而上参加的消费者，以及调和于两者之间的中介人——所有这些都推进了消费文化的传播，他们的作用范围和活力也引发了这样一个问题，即他们是否在促成一场消费革命。消费革命的概念是最近才被社会学家戴慧思应用于中国的。戴慧思在其编著的《中国城市的消费革命》的前言中使用了这一概念。该书记载了她和其他几名社会科学家于20世纪80年代中期至90年代中期在中国的实地考察报告。在书中，他们广泛研究了中国当代的种种发展，但是却没将自20世纪80年代以来的消费革命置于中国历史的背景之中去加以考察。结果，其研究就给人留下了这样一种印象，即中国消费革命的推动力量应该被严格地理解为一种当代现象，而且他们对最近这段时期的关注和探讨，挑战着历史学家去采取更长远的观点，去鉴别消费革命的早期阶段，并思考这些早期阶段和当前乃至未来之间可能存在的关系。

根据戴慧思评估消费革命的标准，有理由认为在20世纪上半期中国已经发生了一场消费革命。在20世纪20年代中期到30年代中期的这段时间里（这里选取的是一个与戴慧思研究的时间段长度相当的时间单元），可以断言在中国，“数百万人获得了更先进的沟通方式，接触到了新的社会话语词汇，通过新的商业门店体验了新颖的休闲娱乐形式”。在本书中，我已经探讨了一些先进的沟通方式（尤其是印刷媒介）、新的社会话语词汇（特别是通过广告画）和新的商业门店（比如遍布全国的连锁店和当地拥有的联号经营店）的产生。另外，在最近的研究中，其他研究者也发掘出一些证据，支持中国在20世纪早期就经历了一场消费革命这一结论。[14]尽管参与这场消费革命的消费者的准确数目无法确知，但20世纪20年代中期至30年代中期的中国有5亿到5.5亿人，这样就很容易推知，当时有数千万的中国人接触到了消费文化，他们或者是浏览商店橱窗的顾客，或者是偶尔购买商品的顾客，或者是经常光顾的老顾客。[15]

中国当前消费革命的历史有其1949年之前的渊源，并理应在发生于“二战”以前的世界消费文化的历史上占据一席之地。换句话说，中国消费文化的开端需要追溯到1949年之前，而世界性的消费文化也须向外突破原有的界限，将中国历史囊括在内。[16]

如果说1949年前后的中国消费革命有着某种联系，那么这种联系又是什么呢？卢汉龙是在论文集《中国城市的消费革命》中对1979年之前的中国进行讨论的唯一作者，他将中央计划制定者视为当时塑造消费者观念的关键性推动力量。结果，中国的消费文化变得“大众化”了，以至于“广大人民”遵照单一形式的消费，吃同样的食物，穿同样的衣服，使用同样的交通方式，用同样的方式来庆祝同一个节日。[17]

卢汉龙的解释提出了一个理解过去和现在之间的关系的重要问题。一方面，他对1979年之前作为“大众化”的新型推动力量的中央计划者的描述，暗示着中国在1949年以前没有大众消费文化。另一方面，他使用“正常的”一词来描述遭到中央计划者抑制的消费过程和市场机制，又意味着与当时的中国相比，1949年之前的消费文化与当代中国的消费文化更为相似。这两个有着潜在矛盾的观点，反过来又引出这样一个问题：按照今天中国对大众文化的标准衡量的话，如果1949年前的中国存在“正常的”消费过程和市场机制，难道就没有什么与其相关的被“大众化”了的东西吗？

该问题又使我们重新面对如何定义大众文化的难题。在第一章中，我批评了李欧梵和黎安友将历史上并不真实的大众文化的概念适用于20世纪早期的中国，并直言1949年之前的中国没有“真正的大众受众”。麦克·卡曼（Michael Kammen）在其对美国文化史的综合研究中所提出来的三重系列编年分类的概念，或许可对李欧梵和黎安友有关中国文化史的断言作出些微补充。

除了传统的对流行文化和大众文化的区分（正如李欧梵和黎安友所做的那样），卡曼又提出了第三类文化：原大众文化。这一文化类别似乎很适合用来描述20世纪早期的中国文化，之所以这样说，至少有两点原因。第一，它描述了一种流行文化和大众文化在其中有所“交叠”的文化。正如卡曼强调的，“‘交叠’一词（而不是‘过渡’）是特意选用的，因为不可否认，同时出现的因素太多了”。[18] 如我所说，类似的“交叠”在20世纪早期的中国消费文化中也是非常普遍的，也通过（重新改造过的）中国“老字号店铺”和（中国人所有和管理的）“西式”药房的共存而彰显出来。

第二，原大众文化似乎是一个恰如其分的概念，因为它描述了一种与大众文化存在有机关系的文化。卡曼注意到大量来自美国的流行文化并未直接转变为美国大众文化的例子，他还阐述了原大众文化是怎样直接植入美国大众文化中的。他总结道，“[在美国]大众文化在20世纪早期时便开始生根，但直到

‘二战’结束以后花朵才怒放开来”。[19]

在中国，消费文化的中国推动力量和同时期美国的消费文化推动力量一样，也在20世纪早期为大众文化打下根基。整个20世纪上半期，中国企业家和企业在从女性服饰到装饰艺术风格的建筑等各个方面，紧跟美国、欧洲和日本的文化潮流。到了20世纪40年代晚期，它们似乎稳当地促成了一场更高水平的消费革命，这从其对科学的有效运用以及开拓报业帝国和游乐场的计划中就可体现出来。到那时为止，这些消费文化自上而下的推动力量，早已和自下而上的消费者以及中介人步调一致地推动了一场消费革命，并催生了大众文化的萌芽。

如果承认在20世纪上半期，消费革命的中国推动力量已在大众文化中生根，并帮助造就了中国的原大众文化，那么我们就更容易解释本书所描述的中资医药企业为何会从20世纪80年代开始又作为中国消费革命的推动力量重新出现了。在经过了一个时代的断裂之后，它们现在东山再起，继续使用其在20世纪早期就已采用的名称，通过商业途径来销售其药品。新一代的中国企业家掌管了这些企业，并且这些新经营者也通过委托授权以及出版这些企业的历史来表示他们并未忘本。[20]

20世纪80年代开始，运营医药企业的中国企业家们热切希望实现一些与其前辈在20世纪上半期就已经设立了的相同目标。广告方面，正如社会学家戈尔·恒德逊（Gail Henderson）最近对当代医药企业的中国经理们采访后所指出的那样，“黄［楚九］的方法在今天正在被复制”。[21] 同样，她发现这些企业家和其前辈一样，正在竭力将生意拓展到全国市场。当她和新亚制药厂现在的一位中国经理谈话时，这位经理告诉她，他希望把企业的销售网络扩展至“全国，只是达到这一目标有着很多不同的方式”。[22]

尽管现代的中国企业家与其历史上的先行者似乎在使用广告媒体以及获取全国市场方面有很多共同的目标，但是他们为实现这些目标已开始形成不同的策略。根据恒德逊的研究，销售西药的企业家已不再像黄楚九和其他 1949 年前的中国广告人那样用传统医学术语做广告了。或许这些企业家认为，在文化同质化的影响下，中国消费者已经可以清楚地辨明哪个是中药、哪个是西药。在寻求占领全国市场时，今天的中国企业家获取的市场，还不及 1949 年前的前辈们所达到的广度。恒德逊观察后认为，如果他们想要克服今日中国新形式的地方保护主义，他们需要“再造”之前已描述过的连锁店、联号经营店和其他零售商等方式来建立医药营销的体系。[23]

这些当代中国企业家已开始复制 1949 年前中国企业的做法，并且最终会再造产品营销体系的迹象，并不能让人认为他们在 1979 年只是简单地重拾祖辈事业，就好像中间什么都不曾发生过。不可否认，在某种程度上，中国政府在 1949 年至 1979 年间使得中国的消费文化“大众化”了（就像卢汉龙所阐述的）。或许甚至可以认为，人类学家阎云翔最近指出，中国政府自 1979 年开始通过一种“新型的文化全球化”来“管理”中国的消费文化。[24]

然而，即使消费文化对于当代中国而言看起来像是新的，其首要的直接推动力量与1949年前的推动力量相比，仍有着惊人的相似之处。沧海桑田之后，跨国公司、中国知识精英和中国政府，再次成为中国消费文化的主要推动力量，而中资企业也正再次推动着消费文化前行。[25] 作为消费文化推动力量之一的中国企业家，会不会和1949年前医药行业的前辈们那样，巧妙周旋于上述其他的消费文化的推动力量之间呢？对他们而言，能否作为商品销售者去超越跨国对手呢？能否作为广告的设计者去招募中国的知识分子为其服务呢？能否将与中国政府的合作转化为自己的商业优势呢？这些问题都是从中国历史中得来的，但它们给中国企业家们拟定了一个或许应在21世纪好好遵循的议程。

注 释

第一章

1 Thomas L. Friedman, *The Lexus and the Olive Tree*, pp.291-297; James L. Watson, "Introduction: Transnationalism, Localization, and Fast Foods in East Asia", *Golden Arches East*, pp.35-38。有关西方大公司的批判性评论，参见：H. I. Schiller, *Communication and Cultural Domination*; C. J. Hamelink, *Cultural Autonomy in Global Communications*; Richard J. Barnet and John Cavanagh, *Global Dreams: Imperial Corporations and the New World Order*等著作。更多的例子，参见：John Tomlinson, *Cultural Imperialism: A Critical Introduction*。其他支持自上而下研究思路的学者，受到了20世纪30年代和40年代有较大影响力的法兰克福学派的启发。有关该学派两位领军人物合著的关于"文化产业"的经典著作，参见：Theodor Adorno and Max Horkheimer, *Dialectic of Enlightenment*。在支持自下而上研究思路的人类学家著作中，可参见：Jean Comaroff and John L. Comaroff, Introduction to *Modernity and Its Malcontents*; Arjun Appadurai, *Modernity at Large: Cultural Dimensions of Globalization*; Ulf Hannerz, *Transnational Connections: Culture, People, Places*。

2 James L. Watson, "China's Big Mac Attack" *Foreign Affairs*, vol 79 (3), 2000, pp.121-122.

3 对消费文化的这些定义，参见：Lisa Tiersten, "Redefining Consumer Culture", *Radical History Review*, vol.57, 1993年, pp.116-159, esp. pp.137-138。

4 Sherman Cochran, *Big Business in China*, chap.2; Sherman Cochran, *Encountering Chinese Networks*, chaps.2 and 3.

5 关于美国历史上专利药品公司作为消费文化的早期广告刊登者与促销者的相关讨论，参见：James Harvey Young, *The Toadstool Millionaires: A Social History of Patent Medicines in America before Federal Regulation*。关于英国的情况，参见：T. A. B. Corley, "Interactions between the British and American Patent Medicine Industries, 1708-1914", *Business and Economic History*, 2nd Series, vol.16, 1987, pp.115-116。关于加拿大的情况，参见：Lori Loeb, "George Fulford and Victorian Patent Medicines"。

关于日本的情况，参见：山本武利:《广告的社会史》，第60—61页;《从仁丹到JINTAN》，第26—45页。

6 上海社会科学院经济研究所:《上海近代西药行业史》，第23—27页，第322—338页；Scientific Terminology Association，comp.，*A Dictionary of Anatomical Terms Approved by the Ministry of Education*; E. L. Saenz，“Squibb in Foreign Lands”，*Squibb Sales Bulletin*，vol. 18（47），1941，p.452.；Mira Wilkins，*The Emergence of Multinational Enterprise*，pp.208-209; T. A. B. Corley，“Interactions between the British and American Patent Medicine Industries，1708—1914”，p.126；汪渡云:《宝威药行始末》，第251—269页；Lori Loeb，“George Fulford and Victorian Patent Medicines”，p.135。在西方公司中，拜耳似乎是20世纪初期在中国经营最广泛的公司。但比起医药产品来，它更注重出口染料。参见：L. F. Haber，*The Chemical Industry*，*1900—1930*，pp.331-333; John Joseph Beer，*The Emergence of the German Dye Industry*，pp.94-96。一些西方公司直到现在还保存着包含原始资料的历史档案。至今最丰富或最易接触到的有关在华西医的历史档案资料是德国莱沃库森的拜耳档案馆。我还参考了位于伦敦的威康基金会（Wellcome Foundation）、位于美国新泽西怀特豪斯站（Whitehouse Station）的默克档案馆（The Merck Archives），以及位于新泽西普林斯顿的施贵宝档案馆（Squibb Archives）的资料。

7 非直接机制和推动力量对中国消费文化的影响是一项值得单独加以研究的课题，这特别体现在当前历史学和人类学中有关人体卫生的出版物中。这一领域最好的例子就是罗芙芸（Ruth Rogaski）的著作*Hygienic Modernity*，该书有对该课题研究的最新评论。

8 G. William Skinner，“Regional Urbanization in Nineteenth-Century China.”

9 William G. Skinner，“Mobility Strategies in Late Imperial China”，*Regional Analysis*，p.361.

10 William T. Rowe，*Hankow*，pp.60-62.

11 Takeshi Hamashita，“The Intra-Regional System in East Asia in Modern Time”，*Network Power*：*Japan and Asia*，pp.120，128，135.

12 Takeshi Hamashita，“Tribute and Treaties”，Giovanni Arrighi，Takeshi Hamashita，Mark Selden ed.，*The Resurgence of East Asia*，Routledge，2003，p.20.

13 Carolyn Cartier，“Origins and Evolution of a Geographical Idea”，*Modern China*，vol. 28（1），2002，pp.123，127.

14 同上，第117—118页。

15 在施坚雅最新出版的书中，他开始关注“作为机制和推动力量的人”在消费文化中所起作用及其影响。例如，他在关于1895—1995年中国城市史的宏大总结中，强调了中国“城市体系”的连续性（这与他早期论著中的观点是一致的），但他同时又将“城市本身”同这些体系相区别，并指出人的活动导致了城市内部的“剧烈的变迁”。参见他的论文“Chinese Cities：The Difference a Century Makes”。

16 Lloyd E. Eastman, *The Abortive Revolution*, pp. 226-239; Parks M. Coble Jr., *Chinese Capitalists in Japan's New Order*; Marie-Claire Bergère, *The Golden Age of the Chinese Bourgeoisie, 1911—1937*, p.274.

17 William C. Kirby, "Continuity and Change in Modern China", *Australian Journal of Chinese Affairs*, *vol 24* (Jul., 1990), p.128.

18 William C. Kirby, "The Chinese War Economy", *China's Bitter Victory*, p.204.

19 Park M. Coble Jr., *Chinese Capitalists in Japan's New Order*, pp.188-189.

20 Carl A. Trocki, *Opium and Empire*, pp.30, 34.

21 关于汉族与非汉民族的关系，参见：Evelyn Sakakida Rawski, "Presidential Address: Reenvisioning the Qing"; Ho Ping-ti（何炳棣）, "In Defense of Sinicization"。

22 有关知识分子的传记，参见：Maurice J. Meisner, *Li Ta-chao and the Origins of Chinese Marxism*; Jerome Grieder, *Hu Shih and the Chinese Renaissance*; Guy Alitto, *The Last Confucian*。对知识分子集体性的描述，参见：Jonathan D. Spence, *The Gate of Heavenly Peace*; Vera Schwarcz, *The Chinese Enlightenment*; Chang Hao, *Chinese Intellectuals in Crisis*; Arif Dirlik, *The Origins of Chinese Communism*。关于文化研究，参见：Tani E. Barlow, "Theorizing Woman"。

23 Tani E. Barlow, "Theorizing Woman", p.262.

24 Paul A. Cohen, *Between Tradition and Modernity*, p.242.

25 Leo Ou-fan Lee and Andrew J. Nathan, "The Beginnings of Mass Culture: Journalism and Fiction in the Late Ching and Beyond", David Johnson, Andrew J. Nathan and Evelyn S. Rawski ed., *Popular Culture in Late Imperial China*, University of California Press, 1985, pp.360, 375.

26 Nathan Sivin, *Traditional Medicine in Contemporary China*, p.195.

第二章

1 John Cameron, "Some Sidelights on Pharmacy in Peking, China", *American Journal of Pharmacy*, 1925（10）, pp.665-666.

2 John Cameron and K. K. Chen, "The Old and the New in Pharmacy in China", *Pharmaceutical Journal and Pharmacist*, 1925（6）, p.636.

3 在同仁堂成为中国最大的传统药房之时，其他的大药房也纷纷涌现，包括苏州的雷允上、杭州的胡庆余堂、武汉的叶开泰和广州的陈李济。有关这些药房和其他大型中药房的情形，参见：陈新谦、张天禄:《中国近代药学史》；谢牧、吴永良:《中国的老字号》。

4 中国同仁堂集团公司北京同仁堂史编委会编:《北京同仁堂史》，第1—5页。

5 资料显示，乐家在使用同仁堂作为药房名称之前，曾将其作为一客栈的名称。参见：张炳鑫:《同仁堂乐家老铺》，载《驰名京华的老字号》，第4页。

6 中国民主建国会北京市委员会、北京市工商业联合会文史工作委员会：《同仁堂》，载第 29—39 页；中国同仁堂集团公司北京同仁堂史编委会编：《北京同仁堂史》，第 1—5 页；Chang Te-chang，*The Economic Role of the Imperial Household in the Ching Dynasty*，pp. 251-259; Susan Naquin，*Peking*：*Temples and City Life*，*1400-1900*，pp.331-337。

7 谢牧、吴永良：《中国的老字号》，第 1 册，第 52 页；王英奎：《趣谈天津商标》，载《天津文史资料选辑》，第 67 辑第 3 期（1995 年），第 133 页。

8 中国同仁堂集团公司北京同仁堂史编委会编：《北京同仁堂史》，第 1—2，5 页；李春生：《清代宫廷档案与北京同仁堂的历史》，见《清代宫廷医话》，第 40 页。

9 刘永成、赫治清：《万全堂的由来与发展》，载《中国社会经济史研究》，1983 年第 1 期，第 2 页。关于大栅栏，参见：Susan Naquin，*Peking*，pp.623-632。关于清朝商人在北京选址设店的基本原则，参见：G. William Skinner，"Introduction：Urban Social Structure in Ching China"，*The City in Late Imperial China*，p.533。

10 中国同仁堂集团公司北京同仁堂史编委会编：《北京同仁堂史》，第 5—6 页。

11 谢牧、吴永良：《中国的老字号》，第 1 册，第 51—57 页。

12 中国同仁堂集团公司北京同仁堂史编委会编：《北京同仁堂史》，第 3，149 页；张炳鑫：《同仁堂乐家老铺》，见《驰名京华的老字号》，第 4 页。有关绍兴人主导清代基层官僚机构方面，参见：James H. Cole，*Shaohsing*：*Competition and Cooperation in Nineteenth-Century China*，chap.6。

13 中国同仁堂集团公司北京同仁堂史编委会编：《北京同仁堂史》，第 14—16 页；郑天挺：《郑天挺教授序》，载《慈禧光绪医方选议》，第 10 页。太医院自六朝以来就一直为皇帝服务，到了清代划归 1661 年设立的内务府管辖。清代太医院里医务人员的等级制度为：官职正五品的院使一人，御医十三人；八品或九品的吏目二十六人；从九品医士二十人，医生三十人，另有制药人员若干。参见：哈毅：《清代太医院》，载《燕都》第 3 辑（1986 年），第 40 页。

14 中国同仁堂集团公司北京同仁堂史编委会编：《北京同仁堂史》，第 19—23 页。

15 同上。除特别说明外，本书中所采纳的货币单位是中国的"元"，是一种银圆。在 19 世纪晚期和 20 世纪初期，每 1 元的价值在 20 到 50 美分之间波动，直到 20 世纪 40 年代因战时通货膨胀而急剧贬值。另一种货币单位是"两"，本书将其换算为一盎司白银，而精确地来说，一两重 37 克。

16 Gary G. Hamilton，Lai Chi-kong，"Consumerism without Capitalism"，*The Social Economy of Consumption*，p.259.

17 张炳鑫：《同仁堂乐家老铺》，第 4 页。

18 中国同仁堂集团公司北京同仁堂史编委会编：《北京同仁堂史》，第 12—13，19—23，24，28—30 页。

19 同上，第 32—33 页；袁树德：《北京同仁堂三百年沧桑》，载《春秋》第 35 辑（1985 年），第 59—63 页。关于清代的捐纳功名，参见：Chang

Chung-li（张 仲 礼），*The Chinese Gentry*，pp.5-6，11-13，19-20，103-111，139-140; Ho Ping-ti（何 炳 棣），*The Ladder of Success in Imperial China*，pp.30-34，46-50，104。

20 William P. Alford，*To Steal a Book Is an Elegant Offense*，pp.16-17.

21 中国同仁堂集团公司北京同仁堂史编委会编:《北京同仁堂史》，第 8—10 页。在这里作者使用了韩书瑞的术语。正如她所指出的那样，当时管理北京五城的市政官员“被称为‘五城御史’，但最好是把他们理解成警司”。在这个案例中，扮演警察角色的是钦命巡视中城察院。

22 中国同仁堂集团公司北京同仁堂史编委会编:《北京同仁堂史》，第 8—10 页。

23 从理论上讲，这些考取举人以上功名的会试和殿试每三年举行一次，但实际上，在清朝每四年举行三次，有时一年中会试和殿试并举。参见：Susan Naquin，*Peking*，pp.415-416。

24 有关这些精英，参见：Kia-ngau Chang，*The Inflationary Spiral*; Ho Ping-ti，*The Ladder of Success in Imperial China;* John Meskill，*A Conferral of the Degree of Chin-Shih;* Benjamin A. Elman，*A Cultural History of Civil Examinations in Late Imperial China*。

25 中国同仁堂集团公司北京同仁堂史编委会编:《北京同仁堂史》，第 3—4 页；谢牧、吴永良:《中国的老字号》，第 1 册，第 52 页。

26 中国同仁堂集团公司北京同仁堂史编委会编:《北京同仁堂史》，第 33—34 页；今堀诚二:《北平市民的自治构成》，第 88—94 页；Susan Naquin，*Peking*，pp. 660-662。关于当时汉口和天津的消防队，参见：William T. Rowe，*Hankow*，pp.317-321; Kwan Man Bun，*The Salt Merchants of Tianjin*，pp.94-95。

27 中国同仁堂集团公司北京同仁堂史编委会编:《北京同仁堂史》，第 30—35 页。

28 中国同仁堂集团公司北京同仁堂史编委会编:《北京同仁堂史》，第 36—40 页。

29 同上，第 19—23，150 页。

30 同上，第 40—41 页；乐松生:《北京同仁堂的回顾与展望》，载《文史资料选集》，第 11 辑，第 141 页。在 20 世纪 30 年代早期，当中国货币放弃银本位时，乐氏家族的联合管理处开始以现金方式对每家分店每年支付 1.4 万元，而不再使用白银。在其他方面，家族 1907 年的规则基本保持不变，一直到 1956 年为止。

31 中国同仁堂集团公司北京同仁堂史编委会编:《北京同仁堂史》，第 40—41 页；乐松生:《北京同仁堂的回顾与展望》，第 132 页；王子然:《信誉卓著的乐仁堂中药店》，第 118—119 页。

32 白丁:《同仁堂老店新开》，见《成都风物》第 2 卷，第 106 页。

33 中国同仁堂集团公司北京同仁堂史编委会编:《北京同仁堂史》，第 156 页。

34 安冠英:《同仁堂传人乐松生》，载《北京文史资料》，第 55 辑（1997 年），第 154 页。

35 作者在美国新泽西州对乐笃週之子Roger Yeu的采访记，1999年6月28日。

36 王子然:《信誉卓著的乐仁堂中药店》，第120—121页。

37 20世纪初，在北京城以外的不隶属于乐氏家族的中国企业家中，至少在四个地方使用“同仁堂”作为店名经营其药铺：长江中游江西省的樟树（1910年建立）、华北山东省的莒县（1924年建立）、长江下游安徽省的蚌埠（1944年建立）以及上文提到的成都。参见：张芝裕:《同仁堂药铺始末》，载《蚌埠工商史料》，第9辑（1987年），第202页；传安英:《回忆同仁堂国药店》，载《江西定南文史资料》，第1辑（1988年12月），第72—73页；王晋元:《“同仁”药房始末》，载《沂县文史资料》，第4辑（1987年），第201—207页。

38 池泽汇、娄学熙、陈问咸:《北平市工商业概况》，第387—392页；沈鸿娴:《浅谈同仁堂的丸散膏丹》，见《耆年话沧桑》，第128页。

39 中国同仁堂集团公司北京同仁堂史编委会编:《北京同仁堂史》，第40—41页；乐松生:《北京同仁堂的回顾与展望》，第132页；王子然:《信誉卓著的乐仁堂中药店》，第118—119页。

40 乐松生:《北京同仁堂的回顾与展望》，第143—144页；安冠英:《发展中的北京同仁堂》，见《中华百年老药铺》，第563—582页。

41 张蔚涵:《我所知道的天津达仁堂》，载《天津文史资料选辑》第34辑（1986年），第143—144页。

42 同上；何贝:《天津达仁堂》，见《津门老字号》，第261—262页。

43 中国同仁堂集团公司北京同仁堂史编委会编:《北京同仁堂史》，第51页；乐松生:《北京同仁堂的回顾与展望》，第143页；王子然:《信誉卓著的乐仁堂中药店》，第120页；鞠承茂:《乐仁堂的经商之道》，载《石家庄文史资料》第2辑（1984年），第111页；对Roger Yeu的采访记。

44 中国同仁堂集团公司北京同仁堂史编委会编:《北京同仁堂史》，第51页；乐松生:《北京同仁堂的回顾与展望》，第143—145页；吴洪、吴庭恺:《遐迩闻名的达仁堂药店》，载《武汉文史资料》第4辑（1989年），第67页。关于在欧洲连锁店的发展，参见：Alfred D. Chandler Jr.，*Scale and Scope*，pp.255-257，420。

45 乐松生:《北京同仁堂的回顾与展望》，第144—145页；刘兆琪:《达仁堂》，见《中国老字号》，第239—241页。

46 作者在天津对纪实华的访谈，1999年1月14日；作者在天津对沈文秀的访谈，1999年1月16日。纪、沈两人在很长时间内都供职于达仁堂。

47 吴洪、吴庭恺:《遐迩闻名的达仁堂药店》，第67页；张蔚涵:《我所知道的天津达仁堂》，第143—144页；白丁:《同仁堂老店新开》，第106页；安冠英:《发展中的北京同仁堂》，第563—582页。

48 周简段:《京华感旧录》，第7页。

49 John Cameron，“Some Sidelights on Pharmacy in Peking，China”，*American Journal of Pharmacy*，1925（10），p.668.

50 吴洪、吴庭恺:《遐迩闻名的达仁堂药店》，第67页。

51 同上。

52 John Cameron, *Some Sidelights on Pharmacy in Peking, China*, p.665.
53 吴洪、吴庭恺:《遐迩闻名的达仁堂药店》，第 67 页。
54 乐松生:《北京同仁堂的回顾与展望》，第 144—145 页；张蔚涵:《我所知道的天津达仁堂》，第 143—147 页。乐达仁总管整个药房，并将天津总部的管理分为如下部门——总管理处、公事房、药房、总分店和畜养生产药品所用动物的鹿囿，派家族成员管理每一部门。即使当企业发展壮大并在全国范围内销售商品时，他仍继续在天津生产全部的药品。
55 吴洪、吴庭恺:《遐迩闻名的达仁堂药店》，第 68—69 页；张蔚涵:《我所知道的天津达仁堂》，第 144、147 页。乐达仁在晚年制订了建立新培训中心"新学书院"的计划，以便为当时英属香港和东南亚的城市培养后备雇员。他从员工中精心选拔学员并设计包括英语在内的课程。但乐达仁于 1934 年逝世，其培养员工和发展达仁堂药业到东南亚的计划，也因 1937 年日军发动全面侵华战争而未能实现。参见：乐松生:《北京同仁堂的回顾与展望》，第 144—145 页。
56 张蔚涵:《我所知道的天津达仁堂》，第 144，146—147 页。
57 吴洪、吴庭恺:《遐迩闻名的达仁堂药店》，第 68—69 页。
58 K. K. Chen, *Chinese Drug Stores*, p.104; John Cameron, *Some Sidelights on Pharmacy in Peking, China*, pp. 667-668; John Cameron and K. K. Chen, *The Old and New in Pharmacy in China*, pp.633-634.
59 关于同仁堂和达仁堂在当时天津发行的报纸上所做的广告，参见《北洋画报》(1931 年 2 月 26、28 日);《大公报》(1933 年 12 月 5 日)。中法大药房、新亚药业公司和万金油（都是西式药房）在同一家报纸上采用图画及现代书法做广告，可参见《大公报》(1932 年 11 月 20 日、1933 年 1 月 4 日；1934 年 4 月 26 日、7 月 25 日；1936 年 1 月 9 日、2 月 15 日、3 月 25 日和 11 月 23 日；1937 年 1 月 22 日)。
60 作者对乐达仁之子乐钊（John Yueh）的电话访谈，2000 年 8 月 9 日；Roger Yeu给作者的来信，2000 年 9 月 24 日；John Cameron, *Some Sidelights on Pharmacy in Peking, China*, p.665。
61 Susan Mann Jones, "Trade, Transport, and Taxes", *Select Papers from the Center for Far Eastern Studies*, vol.4, pp.126, 130。在华北地区，最大的医药盛会一年在北京西南约 125 英里属当时还是安国县的祁州镇举办两次，每次时间约持续三个月（即从农历三月到五月和九月到十一月）；在华南地区，最大的医药盛会在江西省樟树举行。两地在举办该类盛会方面有着悠久的历史，并且直到现在还在继续举办。参见：陈新谦、张天禄:《中国近代药学史》，第 6 章；刘华圃、许子素:《祁州庙会，药材市场概述》；余悦、吴丽跃编:《江西民俗文化叙论》，第 5 章；邱国珍编:《樟树药俗》，第 2—3 章。
62 张蔚涵:《我所知道的天津达仁堂》，第 143 页。
63 同上，第 147—148 页；季世华:《天津达仁堂七十五年》，载《天津河北文史》第 2 辑（1998 年），第 100—101 页。
64 张蔚涵:《我所知道的天津达仁堂》，第 148 页。关于孙思邈，参见：

Nathan Sivin, *Chinese Alchemy*, pp. 81-144。在天津，人们曾每年都要举行活动纪念孙思邈的诞辰。天津每一社区都建有药王庙，并在其生日这天举办活动以纪念药王。参见：Ruth Rogaski, *Hygienic Modernity*, pp. 67-69。

65 中国同仁堂集团公司北京同仁堂史编委会编:《北京同仁堂史》，第 51 页；乐松生:《北京同仁堂的回顾与展望》，第 143 页；王子然:《信誉卓著的乐仁堂中药店》，第 120 页；鞠承茂:《乐仁堂的经商之道》，第 111 页；作者对乐钊的采访。

66 中国同仁堂集团公司北京同仁堂史编委会编:《北京同仁堂史》，第 51—52 页；安冠英:《对资改造中的代表人物乐松生》，第 23 页。

67 韩文蔚、李岫:《同仁堂》，见《中国老字号》，第 249 页；石川:《同仁堂的巨变》，载《广角镜角刊》第 12 辑第 12 期（1999 年），第 94—96 页；克木:《香港可望成为同仁堂海外基地》，载《广角镜角刊》第 12 辑第 12 期（1999 年），第 97 页。

68 拜耳医药公司计划与达仁堂合作在中国建立一家大型的新式医药加工工厂。两家公司进行了会谈，但谈判因对合资项目的名称和地点不能取得一致而很快破裂。乐达仁倾向于给它取名为“达仁堂”，并把工厂就建立在位于天津的公司总部附近，但是拜耳希望新公司取名为拜耳，把它建在天津西南约 250 英里的海滨城市青岛，青岛早在 19 世纪就已处于德国控制之下。参见：乐松生:《北京同仁堂的回顾与展望》，第 144—145 页；安冠英:《同仁堂传人乐松生》，第 133 页。

69 老舍:《老字号》，见《老舍文集》，第 8 卷，第 326 页。

第三章

1 鲁迅:《鲁迅在中华艺术大学讲演记录》，见《学习鲁迅的美术思想》，第 2—3 页。在中国知识分子中，鲁迅或许可被认为是批评中国商业艺术家的领军人物，但他绝不是唯一的一个批评者。其他例子参见：Ellen Johnston Laing, *Selling Happiness*, pp.37-39。

2 Roland Marchand, *Advertising the American Dream*, xvii.

3 上海社会科学院经济研究所:《上海近代西药行业史》，第 236 页。

4 龚济民:《黄楚九传》，第二部分，载《传记文学》第 60 辑第 3 期（1992 年），第 75—77 页；孔令仁等编:《中国近代企业的开拓者》，第 2 册，第 427—428 页。

5 关于私塾，参见：Evelyn Sakakida Rawski, *Education and Popular Literacy in Ching China*, pp.162-167。

6 龚济民:《黄楚九传》，第一部分，载《传记文学》第 60 辑第 2 期（1992 年），第 53—56 页，以及第二部分，第 72—74 页；关之常:《黄楚九》，载《传记文学》，第 47 辑第 3 期（1985 年），第 138 页；上海社会科学院经济研究所:《上海近代西药行业史》，第 231—232 页；上海社会科学院经济研究所:《龙腾虎跃八十年：上海中华制药厂厂史》，第 2 页。19 世纪晚期，很多从黄楚九的家乡余姚移民到上海的人都成了金融家。根据一些推测，他们在上海当地的银行在20世纪早期十分强大。参见：James H. Cole，*Shaohsing*，pp.79-80。

7　上海社会科学院经济研究所:《龙腾虎跃八十年：上海中华制药厂厂史》，第2页。

8　关之常:《黄楚九》，第138页；孔令仁等编:《中国近代企业的开拓者》，第2册，第427—428页；龚济民:《黄楚九传》，第二部分，第74—75页。

9　龚济民:《黄楚九传》，第二部分，第72—73页。

10　Manfred Porkert，*The Theoretical Foundation of Chinese Medicine*，pp.107，161.

11　龚济民:《黄楚九传》，第二部分，第75页。

12　龚济民:《黄楚九传》，第二部分，第75页；关之常:《黄楚九》，第139页；孔令仁等编:《中国近代企业的开拓者》，第2册，第428页。

13　龚济民:《黄楚九传》，第二部分，第75页；关之常:《黄楚九》，第138—139页。

14　关之常:《黄楚九》，第139页。

15　另外的“一个半”是施德之和吴鉴光。前者是中欧混合血统、做赝品买卖的，后者是个算命的。参见：平襟亚:《漫谈黄楚九及其“事业”》，载《文史资料选辑》(1963年)，第146—147页。

16　上海社会科学院经济研究所:《上海近代西药行业史》，第36—37，41，233—235页；龚济民:《黄楚九传》，第二部分，第73—75页；上海公共租界工部局档案（Shanghai Municipal Police Files），“File on the Affairs of the Late Huang Cho Chiu”，D-1949（1931）。

17　上海社会科学院经济研究所:《上海近代西药行业史》，第93页；龚济民:《黄楚九传》，第三部分，载《传记文学》第60辑第4期（1992年），第94页。

18　Ralph C. Crozier，*Traditional Medicine in Modern China*；赵洪钧:《近代中西医论争史》；Xu Xiaoqun，*Chinese Professionals and the Republican State*，chap7。

19　Thomas Sammons，*Proprietary Medicine and Ointment Trade in China*，p.4.

20　“Jintan”，*China Medical Journal*，*1916*（*2*）：p.150.

21　《慈药院纪念帖》；伊藤良一郎:《追思森下博翁》，载《经济人》第7辑第1期（1953年），第68—70页。

22　《从仁丹到JINTAN》，第34页。

23　《慈药院纪念帖》；上海社会科学院经济研究所:《龙腾虎跃八十年：上海中华制药厂厂史》，第1—2，5页；上海社会科学院经济研究所:《上海近代西药行业史》，第56—57页。

24　Thomas Sammons，*Proprietary Medicine and Ointment Trade in China*，p.4.

25　Hirschmeier and Yui，*The Development of Japanese Business*，*1600—1973*，p.181.

26　J. W. Sanger，*Advertising Methods in Japan*，*China*，*and the Philippines*，p.67.

27 《慈药院纪念帖》。

28 林语堂:《京华烟云》，第 576 页；吴组缃:《樊家铺》，第 404 页。

29 上海社会科学院经济研究所:《上海近代西药行业史》，第 121，234 页；关之常:《黄楚九》，第 139 页；龚济民:《黄楚九传》，第三部分，第 93 页。

30 《申报》，1911 年 7 月 26 日。

31 上海社会科学院经济研究所:《龙腾虎跃八十年：上海中华制药厂厂史》，第 3 页。

32 Karl Gerth，*China Made*，chap.3; C. F. Remer，*A Study of Chinese Boycotts with Special Reference to Their Economic Effectiveness*，p.47；菊池贵晴:《中国民族运动的基本构造》，第 164—165 页；Joseph T. Chen，*The May Fourth Movement in Shanghai*，p.93.

33 《申报》，1915 年 5 月 18 日、5 月 23 日、8 月 30 日。

34 《国货调查录》。

35 关于这一形象的视觉表现，参见 13 世纪的画作《龙虎图》，作者系南宋画家陈荣，该画现藏于美国波士顿艺术博物馆。

36 张燕凤:《老月份牌》，第 2 卷，第 47 页;《申报》，1915 年 8 月 30 日。

37 关之常:《黄楚九》，第 139 页；龚济民:《黄楚九传》，第三部分，第 94 页；上海社会科学院经济研究所:《上海近代西药行业史》，第 234 页。

38 龚济民:《黄楚九传》，第三部分，第 93—94 页；上海社会科学院经济研究所:《上海近代西药行业史》，第 235 页；上海社会科学院经济研究所:《龙腾虎跃八十年：上海中华制药厂厂史》，第 4，6—7 页。

39 关之常:《黄楚九》，第 139 页；上海社会科学院经济研究所:《上海近代西药行业史》，第 234—235 页；上海社会科学院经济研究所:《龙腾虎跃八十年：上海中华制药厂厂史》，第 6 页。

40 上海社会科学院经济研究所:《龙腾虎跃八十年：上海中华制药厂厂史》，第 7—8，11 页；上海社会科学院经济研究所:《上海近代西药行业史》，第 131，235，315 页；龚济民:《黄楚九传》，第三部分，第 93 页。

41 C. F. Remer，*A Study of Chinese Boycotts with Special Reference to Their Economic Effectiveness*，p.245.

42 Hou Chi-ming，*Foreign Investment and Economic Development in China，1840—1937*，pp.151-155.

43 关于国货运动的持续，参见：Karl Gerth，*China Made*，chap.4。1936 年，在华代理商推销“仁丹”时将之称为“东洋货”的例子，参见：Sherman Cochran，Andrew Hsieh，Janis Cochran，*One Day in China：May 21，1936*，pp.244-245。

44 张燕凤:《老月份牌》，第 1 卷，第 29 页。

45 张燕凤:《老月份牌》，第 1 卷，第 88 页。

46 同上。在对郑曼陀的描述中，梁庄爱伦（Ellen Johnston Laing）这样形容他的技巧：“郑运用了擦笔淡彩的技巧，即使用碳将人物形体中某些部分变暗，做法是柔和地将碳擦在纸上，然后小心地用水溶性颜料涂抹，这样一来，碳所塑造的阴影效果就可以显示出肉体和纹理的清晰质感，营造出一种较强的现实感。”参见：Ellen Johnston Laing，*Selling Happiness*，p.116。

47 Ellen Johnston Laing，*Selling Happiness*，chap.6.

48 Mayching Margaret Kao，*China's Response to the West in Art*：*1898-1937*，pp.77，110-111.

49 E. Perry Link Jr.，*Mandarin Ducks and Butterflies*。一个极为罕见的例外是1911年5月上海《申报》上出现的一则为日本药品做广告的裸女画，参见Ellen Johnston Laing，*Selling Happiness*，p.118。

50 步及:《解放前的“月份牌”年画史料》，载《美术研究》1959年第2期，第51页；Ellen Johnston Laing，“Chinese Palace-Style Poetry and the Depiction of A Palace Beauty”，*Art Bulletin*，1990（2），p.291；张慕寒：《从美人画看女性美》，见《历代美人画选》，第24页。

51 黄的广告部经理是周明刚，他最好的写手是徐卓呆，其人因“滑稽小说”而名盛一时。关于徐卓呆，参见林培瑞:《上揭书》，第158页。

52 上海社会科学院经济研究所:《上海近代西药行业史》，第113—114页；龚济民:《黄楚九传》，第三部分，第96页；步及:《解放前的“月份牌”年画史料》，第52—53页。

53 丁浩:《记老上海广告画家群》，见《老上海广告》，第13—17页。

54 张燕凤:《老月份牌》，第2卷，第29，33，89，90页；步及:《解放前的“月份牌”年画史料》，第53页；吴昊等编:《都会摩登——月份牌，1910s—1930s》，第5，161—164页。

55 张燕凤:《老月份牌》，第1卷，第28，33，60，84页；第2卷，第18，121页。

56 同上，第1卷，第77—78页；步及:《解放前的“月份牌”年画史料》，第55页。

57 张燕凤:《老月份牌》，第1卷，第33页；第2卷，第22—24页。

58 同上，第1卷，第21，29，60页；第2卷，第14，86，121页。关于在20世纪20年代晚期和30年代中国月份牌画中“酥胸半露”这一主题的流行，参见：Ellen Johnston Laing，*Selling Happiness*，pp.216-217。

59 张燕凤:《老月份牌》，第1卷，第10，11，88，95，96，106，117—121页； 第2卷， 第38，106页；Sherman Cochran，“Transnational Origins of Advertising in Early Twentieth Century China”，*Inventing Nanjing Road*：*Commercial Culture in Shanghai*，*1900-1945*，pp.40-45。

60 张燕凤:《老月份牌》，第1卷，第65，70—71，77—78，85—86，90页；步及:《解放前的“月份牌”年画史料》，第53，55页。关于英美烟草公司在华的广告，参见：Sherman Cochran，“Transnational Origins of Advertising in Early Twentieth Century China”，*Inventing Nanjing Road*：*Commercial Culture in Shanghai*，*1900-1945*;Ellen Johnston Laing，*Selling Happiness*。

61 Mark Elvin，“Tales of *Shen* and *Xin*”，*Zone*，vol.4（2），1989，pp.267-268，275，292，312.

62 Marsha Weidner，“Women in the History of Chinese Painting”，*Views from*

Jade Terrace, p.23; John Hay, "The Body Invisible in Chinese Art?", *Body*, *Subject*, *and Power in China*, p.43.

63 James Cahill, "The Three Zhangs, Yangzhou Beauties, and the Manchu Court", *Orientations* , 1996（1）, p.61;James Cahill, "Where Did the Nymph Hang ?", *Kaikodo Journal*, 1998（7）, pp.9-10.

64 在这一点上，梁庄爱伦批驳了步及在《解放前的"月份牌"年画史料》第51页中所提出的观点。

65 Ellen Johnston Laing, *Selling Happiness*, pp.118-119.

66 Mark Elvin, "Tales of *Shen* and *Xin*", p.268.

67 Leo Ou-fan Lee and Andrew J. Nathan, *The Beginnings of Mass Culture*, pp.368-370；陈新谦、张天禄:《中国近代药学史》，第31，39页；上海社会科学院经济研究所:《上海近代西药行业史》，第66—67，79页。

68 越洪钧:《近代中西医论争史》，第12—13页；上海社会科学院经济研究所:《上海近代西药行业史》，第114页；龚济民:《黄楚九传》，第三部分，第97页。

69 上海社会科学院经济研究所:《上海近代西药行业史》，第237页；关之常:《黄楚九》，第139页；龚济民:《黄楚九传》，第三部分，第96页；第四部分，载《传记文学》第60辑第5期（1992年），第105，107页。

70 上海社会科学院经济研究所:《上海近代西药行业史》，第109，114—115，235—236页；赵洪钧:《近代中西医论争史》，第23页。

71 上海社会科学院经济研究所:《上海近代西药行业史》，第80，95，108，114，240页；陈新谦、张天禄:《中国近代药学史》，第37页。

72 关于新旧药店广告策略的对比，参见黄克武:《从〈申报〉医药广告看民初上海的医疗文化与社会生活，1912—1926》。

73 Simon Yang and L. K. Tao, *A Study of the Standard of Living of Working Families in Shanghai*, pp.67-78.

74 Jonathan D. Spence, *The Search for Modern China*, pp.377-378.

75 Michel de Certeau, *The Practice of Everyday Life*, xi-xii, chap.12.

第四章

1 C. A. Bacon, "Pharmacy in Shanghai", *Chinese Economic Journal*（Aug., 1929）, p.658。五洲大药房还有一英文名字"The International Dispensary, Ltd."，但作者在本书的英文版中使用了由其中文名称直译成的英文名，因为它用中文发布了绝大多数广告，其目标也主要是使用汉语而非英语的顾客。

2 干谷编:《上海百年名厂老店》，第138—139页；上海社会科学院经济研究所:《上海近代西药行业史》，第260页。

3 G. William Skinner, "Mobility Strategies in Late Imperial China."

4 沈祖炜:《项松茂：第一个抗日殉难的企业家》，见《国难中的中国企业家》，第1页；上海社会科学院经济研究所:《上海近代西药行业史》，第60页；干谷编:《上海百年名厂老店》，第138—139页；孙德祥:《项松茂》，见《民国人物传》，第 4 卷，第 172 页。

5 沈祖炜：《项松茂：第一个抗日殉难的企业家》，第 2 页；上海社会科学院经济研究所：《上海近代西药行业史》，第 262 页。

6 上海社会科学院经济研究所：《上海近代西药行业史》，第 258，260—261 页；谈玉林：《五洲药房八十年来话沧桑》，载《长宁文史资料》第 5 辑（1989 年），第 16—17 页。

7 Daniel H. Kulp，*Country Life in South China*，p.265.

8 张燕凤：《老月份牌：广告画》，第 1 卷，第 3，104 页。

9 《五洲大药房三十周年纪念刊》，第 203 页。

10 干谷编：《上海百年名厂老店》，第 138—139 页。有关五洲的非医药产品，最有名的是固本肥皂。参见：项泽楠：《五洲固本肥皂和祥茂肥皂的竞销经过》以及《五洲皂厂与英商的竞争以及与日帝的斗争》。

11 上海社会科学院经济研究所：《上海近代西药行业史》，第 266 页。

12 谈玉林：《五洲药房八十年来话沧桑》，第 16 页。

13 Yoshinobu Shiba，"Ningpo and Its Hinterland"，见 *The City in Late Imperial China*，第 437 页；William T. Rowe，*Hankow*，p.231；Leung Yuen Sang，"Regional Rivalry in Mid-Nineteenth-Century Shanghai"，载 *Ching-shih wen-ti*，第 8 辑，第 29—50 页；Susan Mann Jones，"The Ningpo Pang and Financial Power at Shanghai"，见 *The Chinese City between Two Worlds*，第 73—96 页。

14 张仲礼编：《近代上海城市研究》，第 740—741 页；Sherman Cochran，*Encountering Chinese Networks*，chaps. 2 and 7。

15 上海社会科学院经济研究所：《上海近代西药行业史》，第 109—111，267—268 页。

16 《五洲大药房三十周年纪念刊》，第 113—125 页；上海社会科学院经济研究所：《上海近代西药行业史》，第 273 页。

17 《五洲大药房三十周年纪念刊》，第 113—115 页。

18 Michael Tsin，"Canton Remapped"，*Remaking the Chinese City*，pp.27-28；Wang Liping，"Tourism and Spatial Change in Hangzhou，1911—1927"，*Remaking the Chinese City*，p.113.

19 Marie-Claire Bergère，*The Golden Age of the Chinese Bourgeoisie*，*1911—1937*，pp.114—117.

20 Hanchao Lu（卢汉超），"Away from Nanking Road"，载 *Journal of Asian Studies* 第 54 辑第 1 期（1995 年），第 93—123 页。又参见：Emily Honig，*Sisters and Strangers*，pp.184—185。

21 G. L. Wilson，"Architecture，Interior Decoration，and Building in Shanghai Twenty Years Ago and Today"，*China Journal*，vol.12（5），1930，p.248.

22 Richard W. Longstreth，*The Buildings of Main Street*，p.45，p.82.

23 《五洲大药房三十周年纪念刊》，第 122 页。

24 同上，第 121—122，124 页。

25 同上，第 124 页。

26 上海社会科学院经济研究所：《上海近代西药行业史》，第 102 页。

27 孙德祥:《项松茂》，第178页；项泽楠、谈玉林:《爱国实业家项松茂遇难经过》，第314—315页；汪仁泽:《抗日殉身的爱国企业家项松茂》，载《浙江文史资料选辑》，第39辑，第190—191页；庄欣儒:《日军枪口下的巨商父子》，载《上海滩》第8辑，第15页；沈祖炜:《项松茂：第一个抗日殉难的企业家》，第113页。1995年5月，在纪念太平洋战争对日胜利50周年的庆祝会上，项松茂于1932年在保卫上海中所起的作用在上海一档叫作《泣血年流》的电视和电台节目中得到介绍和宣传。

28 Arnold Wright, *Twentieth Century Impressions of Hongkong, Shanghai, and Other Treaty Ports of China*, pp. 628-630;Joseph W. Feldwick, eds., *Present Day Impressions of the Far East and Prominent and Progressive Chinese at Home and Abroad*, pp. 243-245, 261, 349-357.

29 《五洲大药房三十周年纪念刊》，第107页；"Engineering and Industrial Notes"，载*China Journal*第12辑第5期（1930年），第101页。

30 《五洲大药房三十周年纪念刊》，第182页。

31 同上，第108页。

32 剪报，1936年9月9日和10月9日，载刘大钧文件。

33 《五洲大药房三十周年纪念刊》，第201页；剪报，1936年10月9日，载刘大钧文件。可参见：张包镐、范能船:《上海旅游文化》，第16章。

34 《五洲大药房三十周年纪念刊》，第103，105页。

35 同上，第183—185，191—194页；剪报，1936年10月18日，载刘大钧文件。

36 Joseph W. Feldwick, eds., *Present Day Impressions of the Far East and Prominent and Progressive Chinese at Home and Abroad.*

37 《五洲大药房三十周年纪念刊》，第105页。

38 同上，第119，121，123页；参见表4.1。

39 五洲大药房文件，文件编号Q38—37—29，"董事会议纪要，1940—1941年"。

40 Choi Chi-Cheung, "Competition among Brothers"，见*Chinese Business Enterprise in Asia*，第96—114页。

41 张燕凤:《老月份牌：广告画》，第2卷，第205页。

42 胡骥如、李宝琛:《普育书局与五洲大药房》，载《徐州文史资料》第7辑，1986年，第90—95页。

43 同上。

44 五洲大药房文件，文件编号Q38—37—29，"董事会议纪要，1940年8月4日、8月8日、10月30日，1941年2月19日"。

第五章

1 张仲礼编:《近代上海城市研究》，第148—152，1130—1159页；Lee and Nathan, *The Beginnings of Mass Culture*, pp. 368-375;G. William Skinner, *Regional Urbanization in Nineteenth-Century China*, p.1724n。

2 James Reardon-Anderson, *The Study of Change*, pp.100-101, 151, 170,

294-295; Hung Chang-tai, *War and Popular Culture*, pp.281-282, 285.

3 许冠群:《新亚药厂三十年来的回顾》, 1964年。手稿藏于上海新亚药业有限公司。

4 同上，第131—133页。

5 许冠群:《新亚药厂三十年来的回顾》，第62—66页；上海社会科学院经济研究所:《上海近代西药行业史》，第276，278页；陈礼正、袁恩桢编:《新亚的历程——上海新亚制药厂的过去、现在和将来》，第2页。

6 许冠群:《新亚药厂三十年来的回顾》，第1—2页；上海社会科学院经济研究所:《上海近代西药行业史》，第274页。

7 祁和鸣:《许冠群与新亚药厂》，载《武进文史资料》第7辑（1986年），第51，70页。

8 许冠群:《新亚药厂三十年来的回顾》，第79页。

9 关于此时在华的西方、日本和中国企业采用的经营实践之比较，参见：Sherman Cochran, *Encountering Chinese Networks*, chap.1。

10 许冠群:《新亚药厂三十年来的回顾》，第32，38—40，72—76页；上海社会科学院经济研究所:《上海近代西药行业史》，第278页；陈礼正、袁恩桢编:《新亚的历程——上海新亚制药厂的过去、现在和将来》，第5页。关于武田药品工业株式会社，参见：W. Mark Fruin, *The Japanese Enterprise System*, pp.103-104。

11 祁和鸣:《许冠群与新亚药厂》，第51，70页。

12 许冠群:《新亚药厂三十年来的回顾》，第79页；上海社会科学院经济研究所:《上海近代西药行业史》，第285页；陈礼正、袁恩桢编:《新亚的历程——上海新亚制药厂的过去、现在和将来》，第19页。

13 许冠群:《新亚药厂三十年来的回顾》，第65—66页；上海社会科学院经济研究所:《上海近代西药行业史》，第285页。

14 许冠群:《新亚药厂三十年来的回顾》，第56—60，62，64，126页；上海社会科学院经济研究所:《上海近代西药行业史》，第282页；陈礼正、袁恩桢编:《新亚的历程——上海新亚制药厂的过去、现在和将来》，第19—20页。

15 上海社会科学院经济研究所:《上海近代西药行业史》，第278页；许冠群:《新亚药厂三十年来的回顾》，第62—66页；陈礼正、袁恩桢编:《新亚的历程——上海新亚制药厂的过去、现在和将来》，第30—32页；祁和鸣:《许冠群与新亚药厂》，第50—51页；陈礼正、袁恩桢编:《新亚的历程——上海新亚制药厂的过去、现在和将来》，第136—139页。

16 许冠群:《新亚药厂三十年来的回顾》，第8页；上海社会科学院经济研究所:《上海近代西药行业史》，第276页。

17 许冠群:《新亚药厂三十年来的回顾》，第3—4页。

18 同上，第8，65页；干谷编:《上海百年名厂老店》，第31页。

19 Paul Starr, *The Social Transformation of American Medicine*, pp.127-134。在20世纪初期的中国，西药从业者虽然提出了在美国大力规范专利药品广告之后所模仿出来的方案，但他们并非试图去改变大型制药公司对医学期刊和健康杂志的所有权和控制权。中国最早规范药品广告的共同努力始于 1909 年。 参 见Sherman Cochran，*Marketing Medicine and Advertising Dreams in China*，*1900-1950*，pp.84-85。

20 许冠群:《新亚药厂三十年来的回顾》，第 57—58 页；上海社会科学院经济研究所:《上海近代西药行业史》，第 282 页；陈礼正、袁恩桢编:《新亚的历程——上海新亚制药厂的过去、现在和将来》，第 13 页。1932 年，许冠群招募了三位著名的医师担任《新药医刊》的首批编辑，即赵燏黄、徐乃礼和顾毓琦。1936 年，他又为新亚理事会增加两名当时中国医学界最著名的人士：伍连德和颜福庆（许冠群:《新亚药厂三十年来的回顾》，第 31—32 页）。

21 祁和民:《许冠群与新亚药厂》，第 52—53 页。

22 许冠群:《新亚药厂三十年来的回顾》，第 59 页。

23 关于其他例子，参见：Carlton Benson，*Consumers Are Also Soldiers*;Susan L. Glosser，*The Business of Family*，pp.80-116。

24 许冠群:《我们的愿望与努力——写在本刊革新号之前》；陈礼正、袁恩桢编:《新亚的历程——上海新亚制药厂的过去、现在和将来》，第 256—258 页。

25 许冠群:《新亚药厂三十年来的回顾》，第 22—23 页；Frederic Wakeman，*Policing Shanghai*，*1927—1937*，p.288。

26 许冠群:《新亚药厂三十年来的回顾》，第 22—23，25 页；上海社会科学院经济研究所:《上海近代西药行业史》，第 301—303，319—320 页；陈礼正、袁恩桢编:《新亚的历程——上海新亚制药厂的过去、现在和将来》，第 5 页。

27 许冠群:《新亚药厂三十年来的回顾》，第 32，35—36 页。

28 许冠群:《新亚药厂三十年来的回顾》，第 42—43 页；上海社会科学院经济研究所:《上海近代西药行业史》，第 279—280 页。关于战时上海少数资本家迁往内地的考察，参见：Parks M. Coble，*Chinese Capitalists in Japan's New Order*，chap.1。

29 许冠群:《新亚药厂三十年来的回顾》，第 42 页。

30 同上，第 34，148，155 页；上海社会科学院经济研究所:《上海近代西药行业史》，第 279，288 页。关于杜月笙，参见：Brian G. Martin，*Resistance and Cooperation*。

31 许冠群:《新亚药厂三十年来的回顾》，第 68—69 页。关于战时上海的吴开先和吴绍澍，参见：Brian G. Martin，*Resistance and Cooperation*。关于CC系，参见：Tien Hung-mao，*Government and Politics in Kuomintang China*，*1927—1937*，pp.47-52; Lloyd E. Eastman，*Seeds of Destruction*，pp.27-28，100-102，109-116。

32 关于CC系和政学系在战前、战时和战后的竞争，参见：Tien Hung-mao，*Government and Politics in Kuomintang China*，*1927—1937*，pp.70-71;Lloyd E. Eastman，*Seeds of Destruction*，pp.111-113，125-127。

33 许冠群:《新亚药厂三十年来的回顾》，第 119—121 页。

34 许冠群:《新亚药厂三十年来的回顾》，第 128—133 页。

35 参见：Sherman Cochran，*Marketing Medicine and Advertising Dreams in China, 1900-1950*，pp.87-88，以及文章所在的*Becoming Chinese: Passages to Modernity and Beyond*一书的第6章。

36 这一概括的唯一例外是发生在德国的例子。德国主要的医药公司拜耳，早在1900年就已开始在实验室生产合成药物。在英、美两国，主要的制药公司直到“二战”之前的十年间才开始建设用于专业研究的实验室，如1929年的礼来公司，1933年的默克公司，1938年的施贵宝公司。参见：Alfred D. Chandler，*Scale and Scope*，p. 478;David L. Cowen，William H. Helfand，*Pharmacy*，pp.164，214;James Harvey Young，*Pure Food*，pp.113-120。

37 许冠群:《新亚药厂三十年来的回顾》，第44，49—50，125页。

38 同上，第37—39，49，125，197页；上海社会科学院经济研究所:《上海近代西药行业史》，第276，278页；陈礼正、袁恩桢编:《新亚的历程——上海新亚制药厂的过去、现在和将来》，第13页。

39 《健康家庭3》，1942年第9—10卷;《健康家庭4》，1943年第1—2卷。

40 当归在11世纪的时候在中国首次得到推广，中国晚期帝制时已广泛应用于治疗月经不调。参见：Francesca Bray，*Technology and Gender*，pp.320-321，n.9，pp.332-333。

41 陈礼正、袁恩桢编:《新亚的历程——上海新亚制药厂的过去、现在和将来》，第66页。

42 祁和鸣:《许冠群与新亚药厂》，第51，70页。

43 许冠群对学校董事会的任命显示出他在培养担任要职人物方面的技巧。上海青帮方面，他选择了自己的拜把兄弟、战时上海的青帮头头顾克民为学校理事会青帮的代表（许冠群:《新亚药厂三十年来的回顾》，第102页）。

44 同上，第102，79页。

45 同上，第66—72页；上海社会科学院经济研究所:《上海近代西药行业史》，第279—281页；陈礼正、袁恩桢编:《新亚的历程——上海新亚制药厂的过去、现在和将来》，第5—8页。

46 许冠群:《新亚药厂三十年来的回顾》，第64—66，69—72页；上海社会科学院经济研究所:《上海近代西药行业史》，第278—280页。陈礼正、袁恩桢编:《新亚的历程——上海新亚制药厂的过去、现在和将来》，第17—19页；谈玉林:《许冠群》，见《民国人物传》第4卷，第263页。

47 新亚化学制药公司文件，档案编号Q38-40-11。

48 许冠群:《新亚药厂三十年来的回顾》，第58—59页；上海社会科学院经济研究所:《上海近代西药行业史》，第282页；祁和鸣:《许冠群与新亚药厂》，第54—55页。

49 许冠群:《新亚药厂三十年来的回顾》，第58页。关于中西医鼓吹者之间的竞争，参见：Ralph C. Croizier，*Traditional Medicine in Modern China*；赵洪钧:《近代中西医论争史》；Xu Xiaoqun，*Chinese Professionals and the Republican State*，chap.7。

50 许冠群的其他战时医学出版物包括《星牌良药集》（中文版），该书从

1929年开始出版，到战争结束之际共有20版面世（参见陈礼正、袁恩桢编:《新亚的历程——上海新亚制药厂的过去、现在和将来》，第256—258页）;《新医药刊》(中文版)，如前面所讲到的那样，该刊于1932年创刊，一直延续到1941年；以及*Modern Therapeutics*（《现代治疗》），该书为英文医药手册，第一版发行的5000册在1939年由上海运往新加坡以便在东南亚发行（参见：许冠群:《新亚药厂三十年来的回顾》，第59—60页；《上海近代西药行业史》，第282页）。

51 关于明治时代“健康”这个日语词的语源，参见立川昭治:《明治医事往来》，第50—58页。作者要在此感谢罗芙芸提供了这一参考信息，她分析了相应的汉语词“卫生”的语源及其如何从日语词“衞生”衍生过来的，参见Rogaski，*Hygienic Modernity*，chap.3。

52 Yeh Wen-hsin，*Progressive Journalism and Shanghai's Petty Urbanites*，pp.205-214，esp.213-214.

53 许冠群:《我们的愿望与努力——写在本刊革新号之前》，第1页。

54 许冠群:《父母节有感》，第5—6页。

55 许冠群:《我们的愿望与努力——写在本刊革新号之前》，第1页。

56 同上。

57 曾广方:《科学与家庭》，载《健康家庭》第1辑（1939年）。

58 E. Perry Link Jr.，*Mandarin Ducks and Butterflies*，p.178.

59 陈蝶仙:《实验家庭常识》，载《健康家庭》第5辑（1939年）。其他对《健康家庭》作出贡献的鸳鸯蝴蝶派作家包括周瘦鹃、范烟桥、顾明道、秦瘦鸥、徐卓呆和张恨水。关于这些作家及其早期作品，参见E. Perry Link Jr.，*Mandarin Ducks and Butterflies*，pp.117-118，124，148，158，164，168-169，257-258。

60 祁和鸣:《许冠群与新亚药厂》，第54—55页。关于丁悚，参见：Hung Chang-tai，*War and Popular Culture*，pp.30;Ellen Johnston Laing，*Selling Happiness*，pp.103，189。

61 许冠群:《新亚药厂三十年来的回顾》，第55—61页。

62 同上，第101页。

63 从历史的角度分析许冠群的市场策略的话，有必要指出他并非首个在中国制造的医药品广告中使用家庭形象的人，其他人至少早在1926年就这样做了（参见Lee Leo Ou-fan，*The Cultural Construction of Modernity in Urban Shanghai*，pp.49-50）。但许冠群与早期广告商做法的差别在于，他明确地把他塑造出来的健康家庭的形象，视为一种可以替代战前知识分子所提倡的健康家庭的形象。

64 James Reardon-Anderson，*The Study of Change*，pp.151，170.

65 Hung Chang-tai，*War and Popular Culture*，pp.14，18，19，279，282，285.

66 Lloyd E. Eastman，*Facets of an Ambivalent Relationship*，pp.276-278.

67 Brain G. Martin，*Resistance and Cooperation*;Allison Rottmann，*Crossing Enemy Lines;*Frederic Wakeman，*Shanghai Smuggling.*

第六章

1 富兰克林·詹逊致克里奇·琼斯的信，1949年9月22日，CO717/183/52928/26，同上。

2 李逢蕊、王东:《胡文虎评传》，第29—31页。

3 新加坡档案馆和新加坡国家档案馆口述历史馆藏，“胡好访谈录”，A000041/04，7，1984年；陈丹心、李逢蕊:《胡文虎风云录》，载《胡文虎研究》第1辑（1985年），第12—13页。

4 Judith Brandel and Tina Turbeville, *Tiger Balm Gardens*, p.22.

5 “胡好访谈录”，A000041/04，6，1984年；胡知非、陈丹心:《胡文虎大事记》，载《胡文虎研究》第2辑（1987年），第13页。

6 Judith Brandel and Tina Turbeville, *Tiger Balm Gardens*, p.22.

7 颜淑芬:《关氏家族史略》，见《香港文化系列：月份牌王——关蕙农》，第10—13页；Carl. L. Crossman, *The China Trade*, pp.26-29。

8 吴昊等编:《都会摩登——月份牌，1910—1930》，第13，17，161页；卓伯棠:《关蕙农与中国早期的商品海报》，见《香港文化系列：月份牌王——关蕙农》，第4页；顾豪君:《关蕙农生平简介》，见《香港文化系列：月份牌王——关蕙农》，第14，15页；Ralph C. Croizier, *Art and Revolution in Modern China*, pp.68-70。

9 Ralph C. Croizier, *Art and Revolution in Modern China*, p.40.

10 关蕙农并不是唯一的先和高氏兄弟合作，然后用所学习到的东西去画月份牌画的中国艺术家。1914年，在关蕙农与高氏兄弟分开一年后，郑曼陀（在第三章探讨过他）开始同高氏兄弟进行合作，结果画技大增。见Ellen Johnston Laing, *Selling Happiness*, pp.121-124。

11 吴昊等编:《都会摩登——月份牌，1910—1930》，第13，161页；卓伯棠:《关蕙农与中国早期的商品海报》，第7页；陆津:《月份牌大王关蕙农》，见《香港文化系列：月份牌王——关蕙农》，第9页；冯丽明:《吉光拾遗：亚洲石印局话当年》，见《香港文化系列：月份牌王——关蕙农》，第16页。关蕙农的顾客包括中国最大的烟草公司——英美烟草公司和南洋兄弟烟草公司（冯丽明:《吉光拾遗：亚洲石印局话当年》，第16页）。

12 罗懿:《我所知道的胡文虎生平点滴》，载《胡文虎研究》第2辑，第52页。

13 老牌记者:《胡文虎发达趣史》，第9页。

14 关于胡文虎的多语种的广告照片，参见Judith Brandel and Tina Turbeville, *Tiger Balm Gardens*, pp.26-38。

15 Judith Brandel and Tina Turbeville, *Tiger Balm Gardens*, pp.30-31, 37.

16 老牌记者:《胡文虎发达趣史》，第17—18页；Sam King, *Tiger Balm King*, pp.252-254；Judith Brandel and Tina Turbeville, *Tiger Balm Gardens*, pp.27, 36, 38-39。

17 Judith Brandel and Tina Turbeville, *Tiger Balm Gardens*, pp.17, 56.

18 同上，第58—59，84，108页；老牌记者:《胡文虎发达趣史》，第109—111页。

19 康吉父:《胡文虎传》，第52页；胡知非:《胡文虎逸事》，载《胡文虎研究》第2辑（1987年），第11—12页；Vaudine England，“The Aws: Remnants of an Empire”，*Asia Magazine*，1985（7），p.14； 赤子:《胡文虎与园林古迹》，载《胡文虎研究》第2辑（1987年），第67—68页；Lynn Pan，*Sons of the Yellow Emperor*，p.177。

20 老牌记者:《胡文虎发达趣史》，第17—18页。

21 Robert Wessing，*The Soul of Ambiguity*，p.53.

22 David Joel Steinberg，ed.，*In Search of Southeast Asia*，p.257.

23 David Joel Steinberg ed.，*In Search of Southeast Asia*，pp.254-261.

24 石见:《韦少伯与二天油》，载《佛山文史》第7辑，第67—68页；吴承洛:《中国之化学药品及化学原料工业》，载《经济建设季刊》第1卷第4期，第128页。

25 康吉父:《胡文虎传》，第188—189页。

26 张永和:《胡文虎传》，第54页；寄丹:《报业豪门：胡文虎、胡仙传》，第46—47页。

27 康吉父:《胡文虎传》，第188—189页；李逢蕊、王东:《胡文虎评传》，第46—48页。

28 新加坡档案馆和新加坡国家档案馆口述历史馆藏，“孙崇瑜访谈录”，A000064/48，1984年，第199，202—210页；陈丹心、李逢蕊:《胡文虎风云录》，第16—17页；张问强:《胡文虎为何热衷于办报》，载《胡文虎研究》第1辑（1985年），第9页。

29 康吉父:《胡文虎传》，第57—59页；寄丹:《报业豪门：胡文虎、胡仙传》，第53页。胡文虎和陈嘉庚成为对手不仅因为两人都在办报，还因为两人都从事政治活动和慈善事业。有关他们在20世纪30年代和40年代的竞争，参见C. F. Yong，*Tan Kah-kee*，pp.183，189-191，193，301-302，并参见郑立人的博士论文“Overseas Chinese Nationalism in British Malaya，1894-1941”，pp.293-297，304-306，311-316。

30 林霭民:《本报过去及将来》，载《星洲日报四周年纪念刊：“新福建”》，甲，第5页。

31 同上；老牌记者:《胡文虎发达趣史》，第34页；潘光旦:《〈星洲日报周年纪念刊〉评论》，载《中国评论周报》，第3卷第22期（1930年）。

32 老牌记者:《胡文虎发达趣史》，第34页。

33 林霭民:《本报过去及将来》；老牌记者:《胡文虎发达趣史》，第40页。

34 老牌记者:《胡文虎发达趣史》，第48，51，53页；胡知非、陈丹心:《胡文虎大事记》，第14页；陈丹心、李逢蕊:《胡文虎风云录》，第17页；李逢蕊:《胡文虎在抗日战争时期》，第3页；李逢蕊、王东:《胡文虎评传》，第60—61页。

35 Sharon Tsang comp.，The Biography of Aw Boon-haw（1882—1954），p.25.

36 S. T. Leong，“The Hakka Chinese of Lingnan”，*Deal and Reality*，p.305.

37 罗懿:《我所知道的胡文虎生平点滴》，第46—47页。另见康吉父:《胡文虎传》，第77页；蒋国华:《胡文虎散论》，载《胡文虎研究》第2辑（1987年），第31页；罗溱庆:《胡文虎的星系报与永定籍的新闻战士》，第 37—43 页。

38 罗溱庆:《胡文虎的星系报与永定籍的新闻战士》，第 37—43 页；许国仁:《星系报业与厦门〈星光日报〉》，第 65—66 页；赵家欣:《福建的两家星字报——厦门〈星光日报〉和福州〈星闽日报〉》，第 81—82 页。

39 胡贯中:《胡资周与〈星光日报〉》，第 81 页。

40 胡在新加坡和汕头工厂的照片表明了两者的相似性，参见：Brandel and Turbeville, *Tiger Balm Gardens*, p.31。

41 张问强:《三十年代的汕头〈星华日报〉》，第 40 页。

42 胡冠中:《胡资周与〈星光日报〉》，第 81—82 页；许国仁:《星系报业与厦门〈星光日报〉》，第 65—66 页；赵家欣:《福建的两家星字报——厦门〈星光日报〉和福州〈星闽日报〉》，第 81—82 页。

43 《星岛日报》，1938 年 8 月 1 日。

44 林霭民:《两年以来》，载《星洲日报二周年纪念刊》，甲，第 5 页和第 10 页；蒋国华:《胡文虎的报业与报人精神》，第 35 页；李逢蕊、王东:《胡文虎评传》，第 75—76 页。

45 陈丹心、李逢蕊:《胡文虎风云录》，第 25 页。1941 年，胡文虎给了国民政府高官林森同样的解释。参见胡永忠:《胡文虎在重庆》，第 5—6 页。

46 李逢蕊、王东:《胡文虎评传》，第 64 页。

47 老牌记者:《胡文虎发达趣史》，第 51 页。

48 李逢蕊、王东:《胡文虎评传》，第 156 页；康吉父:《胡文虎传》，第 70，88—89，200 页；老牌记者:《胡文虎发达趣史》，第 63—65，69—74，80 页；李逢蕊:《胡文虎在抗日战争时期》，第 3 页；洪卜仁、孔永松:《论胡文虎在香港沦陷期间的大节》，第 186—187 页。

49 老牌记者:《胡文虎发达趣史》，第 47—49 页。

50 不可否认，胡文虎的慈善行为是出于很多动机的。关于从爱国的理念以及哲学理念出发来解释胡文虎善行的，参见：John S. N. Chan，“An Exploratory Study of Aw Boon Haw's Thought”。

51 Lloyd E. Eastman, *The Abortive Revolution*, p.91.

52 李逢蕊:《胡文虎在抗日战争时期》，第 5 页。

53 引语均来自朱宗海和陈丹心:《“万金油大王”胡文虎》，第 31 页。

54 Lloyd E. Eastman, *The Abortive Revolution*, p.92.

55 傅无闷编:《星洲日报四周年纪念刊:“新福建”》。尽管蔡廷锴和十九路军受到媒体的赞誉，但是他们却被蒋介石视为眼中钉。1932 年 5 月，蒋介石把他们从上海南调至福建，使他们脱离了公众的视线。参见：Lloyd E. Eastman, *The Abortive Revolution*, chap.3; Parks M. Coble, *Facing Japan*, pp.39-55。

56 罗铁贤:《胡文虎与胡好》，第 73 页。

57 老牌记者:《胡文虎发达趣史》，第 76—79 页；陈丹心、李逢蕊:《胡文虎风云录》，第 20 页；沈立新:《济物利群，爱国爱乡》，载《胡文虎研究》第 1 辑（1985 年），第 4 页；刘大夫:《以天下之财，供天下之用》，载《胡文虎研究》第 3 辑（1988 年），第 18—19 页。有关胡文虎所资助建立的一所学校的照片，参见Judith Brandel and Tina Turbeville，*Tiger Balm Gardens*，p.201。

58 胡知非、陈丹心：《胡文虎大事记》，第16—17页；李逢蕊：《胡文虎在抗日战争时期》，第7—8页。

59 Sharon Tsang，comp.，“The Biography of Aw Boon-haw”，p.9; Sam King，*Tiger Balm King*，p.322.

60 沈立新：《济物利群，爱国爱乡》，第4页；刘大夫：《以天下之财，供天下之用》，第18页；胡永忠：《胡文虎在重庆》，第3—5页；胡知非、陈丹心：《胡文虎大事记》，第9页；李逢蕊：《胡文虎在抗日战争时期》，第10页。

61 Carl A. Trocki，*Opium and Empire*，p.30.

62 Lloyd E. Eastman，*Abortive Revolution*; Parks M. Coble，*The Shanghai Capitalists and the Nationalist Government*; Marie-Claire Bergère，*The Golden Age of the Chinese Bourgeoisie*，p.274; William C. Kirby，*Continuity and Change in Modern China*，pp.125-132。他们的立场见本书第一章中的总结。

63 Parks M. Coble，*Chinese Capitalists in Japan's New Order*.

64 John Gardner，*The Wu-fan Campaign in Shanghai*; Ezra. F. Vogel，*Canton under Communism*.

65 Joseph S. Nye，*Bound to Lead*，p.188.

66 James L. Watson，“Introduction”，pp.36-38.

67 Craig Clunas，“Modernity Global and Local”，*American Historical Review*，1999（12），p.1507.

第七章

1 Deborah S. Davis，“Introduction：A Revolution in Consumption”，p.2.

2 有关最初的模式，请参见：伊曼纽尔·沃勒斯坦（Immanuel Wallerstein）的经典著作*The Modern World System*。

3 Sugihara Kaoru（杉原薰），“Japan as an Engine of the Asian International Economy”，p.137.

4 Alfred D. Chandler，*Scale and Scope*，pp.605-606.

5 杉原薰最近提出了一个问题，即在20世纪上半期，为什么中国和其他亚洲企业家关注发展轻工业而将重工业让给了西方人。杉原薰认为，西方企业家在重工业领域的发展是沿着资本密集型的“工业革命道路”，而亚洲企业家则是沿着劳动力密集型的“勤勉革命道路”补充了西方企业家所没有做到的事情。参见其作“The East Asian Path of Economic Development”。有关在这一问题上的长时段的视野和其他的分歧争论，参见：Kenneth Pomeranz，*The Great Divergence*。

6 Mark Selden，“China，Japan，and the Regional Political Economy of East Asia”，p.338.

7 关于西方公司派驻进中国网络中的权力代表，参见：Sherman Cochran，

Encountering Chinese Networks, chaps.2-3。

8 Louisa D. Rubinfien, "Commodity to Brand"; James Huffman, *Creating a Public*; Donald Quataert, "Introduction"; William Rowe and Vivian Schelling, *Memory and Modernity*; Edmundo Paz-Soldon and Debra Castillo, eds., *Latin American Literature and Mass Media.*

9 Peter J. Katzenstein and Takashi Shiraishi, "Conclusion", p.350.

10 James L. Watson, "Introduction: Transnationalism, Localization, and Fast Foods in East Asia", p.37.

11 James L. Watson, "Introduction: Transnationalism, Localization, and Fast Foods in East Asia", p.15.

12 E. Perry Link Jr., *Mandarin Ducks and Butterflies*, p.204.

13 目前在中国历史研究中主张研究中介人的有两派：研究政治和文化的专家，研究社会和经济的专家。在政治文化史中，杜赞奇呼吁学者们"在我们的资料中找出文化的调和者"，而且他身体力行，在他的对20世纪30年代的中国东北社会所作的研究中采取了这一主张（参见其作"Response to Philip Huang's 'Biculturality in Modern China and Chinese Studies'", pp.33-34；和其著*Sovereignty and Authenticity*）。在社会经济史中，加利·汉密尔顿（Gary Hamilton）和张维安指出，研究中国的学者忽视了将中国帝制晚期的商人作为推销商来考察，他们认为这些商人在产品的生产和销售这两方面起到决定性的中介人作用，从而使经济变为"买方经济"，而不是"卖方经济"（参见其合著"The Importance of Commerce in the Organization of China's Late Imperial Economy"）。

14 可参见：Leo Ou-fan Lee, "The Cultural Constructions of Modernity in Urban Shanghai"; David Fraser, "Smoking Out the Enemy"; Karl Gerth, *China Made*。

15 关于中国20世纪初期的人口规模，参见：Dwight Perkins, *Agricultural Development in China*, p.122; Peter Schran, "China's Demographic Evolution", p.644; Thomas Rawski, *Economic Growth in Prewar China*, p.280。值得注意的是，20世纪20年代中期至30年代中期的这段时间里，同样也是消费文化在欧美出现的重要时期，参见：Michael Kammen, *American Culture, American Tastes*, p.21; Victoria De Grazia, "Mass Culture and Sovereignty", pp.53-70。

16 作者对拓宽消费文化的时间和空间界限的呼吁，是与历史学家在他时他地所作出的呼吁遥相呼应的。研究中国的专家也发现消费文化在20世纪之前尤其是在明朝所存在的证据（Gary Hamilton and Chi-kong Lai, "Consumerism without Capitalism"; Craig Clunas, *Superfluous Things*; Timothy Brook, *Confusions of Pleasure*; Kenneth Pomeranz, *The Great Divergence*）；研究东南亚、中东、美国、欧洲大陆以及英国（英国已经被最为精细地进行了研究）的历史学家也作过类似的探索，并推测说欧洲、中东、东南亚和东亚的诸多早期现代社会都是"一个共同的消费革命"的一部分（Donald Quataert, "Introduction", p.4.）。关于东南亚，参见：Anthony Reid，*Southeast Asia in the Age of Commerce*;关于欧洲尤其是英国，参见：John Brewer and Roy Porter，eds.，*Consumption and the World of Goods*; John Brewer and Susan Staves，eds.，*Early Modern Conceptions of Property*;以及Ann Bermingham and John Brewer，eds.，*The Consumption of Culture*。或许可作为以上所有著作的入门性的有影响力的著作是Neil McKendrick，John Brewer和J. H. Plumb合 著 的*The Birth of a Consumer Society*一书。关于对在 80 年代和 90 年代出版的对西方历史中消费文化的日益增多的著作的评论，参见：Jean-Christophe Agnew，"Coming Up for Air"；Craig Clunas，"Modernity Global and Local"。

17 Hanlong Lu，"To be Relatively Comfortable in an Egalitarian Society"，pp.130-131.

18 Michael Kammen，*American Culture*，*American Tastes*，p.21.

19 同上，第 168 页。

20 在出版企业史方面，关于同仁堂，参见《北京同仁堂史》；关于上海中华制药厂（最初是黄楚九的公司），参见《龙腾虎跃八十年：上海中华制药厂厂史》；关于新亚药厂，参见陈礼正、袁恩桢编的《新亚的历程》和《上海新亚药业有限公司志》；关于万金油，参见*Legend from a Jar*。五洲药房是一个例外，它曾成为出版于 20 世纪 80 年代和 20 世纪 90 年代的若干文章的主题，本书第四章亦曾引用这些资料，但是据我所知，五洲药房经理层并未授权或出版该公司历史。

21 与恒德逊个人通讯时所获信息，1998 年 5 月 4 日。

22 Gail Henderson，"Competing for the Antibiotic Market in China"，p.27.

23 与恒德逊个人通信时所获信息。

24 Yunxiang Yan，"State Power and Cultural Transition in China"，pp.43-44.

25 阎云翔认为，当代中国消费文化有四种主要的推动力量：跨国公司、中国政府、中国知识精英和中国青年人（见阎云翔的"State Power and Cultural Transition in China"一文，第 34—35 页）。至于他把中国企业家排除在外是否恰当，已经引起争议，这从经济界人士的抱怨中可以看出来，比如宝洁公司中国区副总裁欧华礼的发言。欧华礼认为中国是目前其公司产品的第六大消费者，他说"中国是一个颇具竞争力的市场"，"中国有数百种当地同类产品的品牌在与我们竞争"（Geoffrey Fowler，"The Advertising Report：China"）。

档案文献

胡文虎档案，香港《星岛日报》档案馆。
邱亚贵（阿丁）（音同）1984 年访谈记录，新加坡档案馆，新加坡国立档案馆口述历史部。
刘大钧（音同）档案，上海社会科学院中国商业史研究中心。
北京协和医学院档案，纽约州塔里敦洛克菲勒档案中心。
“政治发展：胡文虎”，新加坡国立大学中央图书馆英殖民政府办公室文件集。
上海公共租界工部局档案，美国国家档案馆微缩胶片。
余颂潮（音同）1984 年访谈记录，新加坡国家档案馆新加坡档案和口述历史部。
五洲大药房档案，上海市档案馆。
新亚化学制药公司档案，上海市档案馆。

参考文献

（译、校者按：为了便于读者进行检索，英文文献原貌予以保留，不予翻译；中文文献保留原文，并予以翻译。）

A

Adorno, Theodor, and Max Horkheimer.*Dialectic of Enlightenment*. London: Verso, 1979.

Agnew, Jean-Christophe. "Coming Up for Air: Consumer Culture in Historical Perspective." In *Consumption and the World of Goods*, edited by John Brewer and Roy Porter. London: Routledge, 1993.

Ahern, Emily. "Chinese-Style and Western-Style Doctors in Northern Taiwan." In *Culture and Healing in Asian Societies*, edited by Arthur Kleinman. Cambridge, Mass.: Schenkman, 1978.

Alford, William P.. *To Steal a Book Is an Elegant Offense: Intellectual Property Law in Chinese Civilization*. Stanford, Calif.: Stanford University Press, 1995.

Alitto, Guy.*The Last Confucian: Liang Shu-ming and the Chinese Dilemma of Modernity*. Berkeley: University of California Press, 1979.

An Guanying. "Dui zi gaizao zhong de daibiao renwu Yue Songsheng" [Yue Songsheng as a representative of the people in the reforms] . *In Tianjin wenshi ziliao xuanji* [Collected literary and historical materials on Tianjin] . Tianjin: Tianjin renmin chubanshe, ser. 71, 3 (1996): 9-23.

安冠英.对资改造中的代表人物乐松生//人民政治协商会议天津市委员会文史资料研究委员会编.天津文史资料选辑.天津：天津人民出版社，1996，71（3）：9—23.

____. "Fazhan zhong de Beijing Tongren Tang" [The development of Tongren Tang in Beijing] . In *Zhonghua bainian lao yaopu* [A century of old medicine shops in China], edited by An Guanying, Han Shufang, and Pan Xichen. Beijing: Zhongguo wenshi chubanshe, 1993.

安冠英. 发展中的北京同仁堂//安冠英，韩淑芳，潘惜晨编.中华百年老药铺.北京：中国文史出版社，1993.

____. "Tongren Tang chuanren Yue Songsheng" [Yue Songsheng: Heir to Tongren Tang] .*Beijing wenshi ziliao* [Literary and historical materials on Beijing] 55 (1997): 125-159.

安冠英.同仁堂传人乐松生//北京文史资料：55辑.1997：125-159.
Appadurai，Arjun.*Modernity at Large*：*Cultural Dimensions of Globalization*. Minneapolis：University of Minnesota Press，1996.

B

Bacon，C.A.. "Pharmacy in Shanghai." *Chinese Economic Journal*（August 1929）：650-661.

Bai Ding. "Tongren tang laodian xinkai" [A new face for the old shop Tongren Tang] . In *Chengdu fengwu* [Chengdu customs]，vol. 2，edited by Chengdu qunzhong yishuguan. Chengdu：Sichuan renmin chubanshe，1981.

白丁.同仁堂老店新开//成都市群众艺术馆编.成都风物：第2卷.成都：四川人民出版社，1981.

Barlow，Tani E.. "Theorizing Woman：Funü，Guojia，Jiating." In *Body*，*subject*，*and Power in China*，edited by Angela Zito and Tani E.Barlow. Chicago：University of Chicago Press，1994.

Barnet，Richard J..，and John Cavanagh. *Global Dreams*：*Imperial Corporations and the New World Order*. New York：Simon and Schuster，1994.

Beer，John Joseph. *The Emergence of the German Dye Industry*. New York：Arno Press，1981.

Beijing baikequanshu weiyuanhui（Editorial committee of the Beijing encyclopedia），ed.*Beijing baike quanshu*：*caitu*，*dituji*（Beijing encyclopedia with color illustrations and maps）. Beijing：Aolinpike chubanshe，Beijing gongyi meishu chubanshe，1991.

北京百科全书委员会编.北京百科全书【彩图・地图集】.北京：奥林匹克出版社，北京工艺美术出版社，1991.

Beijing Zhongyiyao laonian baojian yanjiusuo [Beijing research institute on Chinese medicine and pharmacy to prevent senility]，ed. "Tongren tang jianshi" [A brief history of Tongren Tang] . In *Beijing Tongren Tang mingyao* [Famous medicines of Beijing's Tongren Tang] . Beijing：Zhongyi guji chubanshe，1986.

同仁堂简史//北京中医药老年保健研究所编.北京同仁堂名药.北京：中医古籍出版社，1986.

Benson，Carlton. "Consumers Are Also Soldiers：Subversive Songs from Nanjing Road during the New Life Movement." In *Inventing Nanjing Road*：*Commercial Culture in Shanghai*，*1900-1945*，edited by Sherman Cochran. Ithaca，N.Y.：Cornell East Asia Program，1999.

Bergère，Marie-Claire. *The Golden Age of the Chinese Bourgeoisie*，*1911-1937*，translated by Janet Lloyd. Cambridge：Cambridge University Press，1989.

Bermingham，Ann，and John Brewer，eds.*The Consumption of Culture*，*1600-1800*：*Image*，*Object*，*Text*. London：Routledge，1995.

Boorman，Howard L.，and Richard C.Howard，eds.*Biographical Dictionary of*

Republican China. 5 vols. New York：Columbia University Press，1968.

Brandel，Judith，and Tina Turbeville. *Tiger Balm Gardens：A Chinese Billionaire's Fantasy Environments*. Hong Kong：Aw Boon Haw Foundation，1998.

Bray，Francesca. *Technology and Gender：Fabrics of Power in Late Imperial China*. Berkeley：University of California Press，1997.

Brewer，John，and Roy Porter，eds.*Consumption and the World of Goods*. London：Routledge，1993.

Brewer，John，and Susan Staves，eds. *Early Modern Conceptions of Property*. London：Routledge，1995.

Brook，Timothy.*Confusions of Pleasure：Commerce and Culture in Ming China*. Berkeley：University of California Press，1998.

Buji. "Jiefangqian de'yuefenpai'nianhua shiliao" [Historical materials on preliberation New Year's calendar posters] . *Meishu yanjiu* [Research on art] 2（1959）：51-56.

步及.解放前的"月份牌"年画史料.美术研究，1959（2）：51—56.

C

Cahill，James. "The Three Zhangs，Yangzhou Beauties，and the Manchu Court." *Orientations*（January 1996）：59-68.

____. " 'Where Did the Nymph Hang?'（Ching Yuan Chai so-shih I）." *Kaikodo Journal* 7（spring 1998）：8-16.

Cameron，John. "Some Sidelights on Pharmacy in Peking，China." *American Journal of Pharmacy* 97，no.10（1925）：665-671.

Cameron，John，and K.K.Chen. "The Old and the New in Pharmacy in China." *Pharmaceutical Journal and Pharmacist* 14（June 6，1925）：633-636.

Cao Juren.*Jiuri jinghua* [The capital in olden times] . Hong Kong：Nantian shuye gongsi，1971.

曹聚仁.旧日京华.香港：南天书业公司，1971.

Cartier，Carolyn. "Origins and Evolution of a Geographical Idea：The Macroregion in China." *Modern China* 28，no.1（2002）：79-143.

Certeau，Michel de. *The Practice of Everyday Life*，translated by Steven F.Randall. Berkeley：University of California Press，1984.

Chan，John S.N.. "An Exploratory Study of Aw Boon Haw's Thought." *Journal of the South Seas Society* 52（August 1998）：22-57.

Chandler，Alfred D.，Jr. *Scale and Scope：The Dynamics of Industrial Capitalism*. Cambridge：Harvard University Press，1990.

Chang Chung-li. *The Chinese Gentry：Studies on Their Role in Nineteenth-Century Chinese Society*. Seattle：University of Washington Press，1967.

Chang Hao. *Chinese Intellectuals in Crisis：Search for Order and Meaning（1890-1911）*. Berkeley：University of California Press，1987.

Chang Kia-ngau. *The Inflationary Spiral: The Experience in China, 1939-1950.* Cambridge: Technology Press of the Massachusetts Institute of Technology, 1958.

Chang Te-chang. "The Economic Role of the Imperial Household in the Ching Dynasty." *Journal of Asian Studies* 31, no.2 (1972): 242-273.

Chen Danxin. "Hu Wenhu zai Xianggang lunxian shiqi zhi mi" [What did Aw Boon-haw do during the occupation of Hong Kong?] .*Hu Wenhu yanjiu* 2 (1987): 24-28.

陈丹心.胡文虎在香港沦陷时期之谜//胡文虎研究：第2辑.1987：24—28.

Chen Danxin and Li Fengrui. "Hu Wenhu fengyun lu" [The colorful life of Hu Wenhu] . *Hu Wenhu Yanjiu* 1 (1985): 11-37.

陈丹心，李逢蕊.胡文虎风云录//胡文虎研究：第1辑. 1985：11—37.

Chen Diexian (Tianxu Wosheng) . "Shiyan jiating changshi" [Common sense about family experiments] .*Healthy Home* 5 (1939) .

陈蝶仙.实验家庭常识//健康家庭：第5辑.1939.

Chen, Joseph T. *The May Fourth Movement in Shanghai*. Leiden: Brill, 1971.

Chen, K.K.. "Chinese Drug Stores." *Annals of Medical History* 7, no.2 (1925): 103-109.

Chen Lizheng and Yuan Enzhen, eds.*Shanghai Xinya yaoye youxian gongsi zhi* [Annals of Shanghai New Asia Pharmaceutical Company, Ltd.] . Shanghai: Shanghai Xinya yaoye youxian gongsi, Shanghai shehui kexue yuan, 1996.

陈礼正，袁恩桢编.上海新亚药业有限公司志.上海：上海新亚药业有限公司，上海社会科学院，1996.

____.*Xinya de licheng—Shanghai xinya zhiyaochang de guoqu xianzai he jianglai* [New Asia step by step—Shanghai New Asia Pharmaceutical Company in the past, present, and future] . Shanghai: Shanghai shehui kexue yuan chubanshe, 1990.

陈礼正，袁恩桢编. 新亚的历程——上海新亚制药厂的过去、现在和将来.上海：上海社会科学院出版社，1990.

Chen Min.*Minguo huaqiao mingren zhuanlue* [Biographies of eminent overseas Chinese during the Republican period] . Beijing: Zhongguo huaqiao chuban gongsi, 1990.

陈民.民国华侨名人传略.北京：中国华侨出版公司，1990.

Chen Xinqian and Zhang Tianlu.*Zhongguo jindai yaoxue shi* [A history of modern medicine in China] . Beijing: Renmin weisheng chubanshe, 1992.

陈新谦，张天禄.中国近代药学史.北京：人民卫生出版社，1992.

Chi Zehui, Lou Xuexi, and Chen Wenxian. *Beipingshi gongshangye gaikuang* [A survey of industry and business in the city of Beiping] . Beiping: Beiping shehui ju, 1932.

池泽汇，娄学熙，陈问咸.北平市工商业概况.北平：北平社会局，1932.

Chi Zi. "Hu Wenhu yu yuanlin guji" [Hu Wenhu and his gardens] .*Hu Wenhu*

yanjiu 2（1987）：67-69.
赤子.胡文虎与园林古迹//胡文虎研究：第2辑.1987：67—69.
Choi Chi-cheung. "Competition among Brothers: The Kin Tye Lung Company and Its Associate Companies." In *Chinese Business Enterprise in Asia*, edited by Rajeswary Ampalavanar Brown. London: Routledge, 1995.
Chuan Anying. "Huiyi Tongren Tang guoyaodian" [Reminiscences about the national medicine store Tongren Tang]. *Jiangxi Dingnan wenshi ziliao* (Literary and historical material on Dingnan, Jiangxi Province) 1 (December 1988): 72-74, 22.
传安英.回忆同仁堂国药店//江西定南文史资料：第1辑.1988：72—74，22.
Clunas, Craig. "Modernity Global and Local: Consumption and the Rise of the West." *American Historical Review* (December 1999): 1497-1511.
____. *Superfluous Things: Material Culture and Social Status in Early Modern China*. Urbana: University of Illinois Press, 1991.
Coble, Parks M.. *Chinese Capitalists in Japan's New Order: The Occupied Lower Yangzi*, 1937-1945. Berkeley: University of California Press, 2003.
____.*Facing Japan: Chinese Politics and Japanese Imperialism, 1931-1937*. Cambridge: Council on East Asian Studies, Harvard University, 1991.
____. *The Shanghai Capitalists and the Nationalist Government, 1927-1937*. Cambridge: Council on East Asian Studies, Harvard University, 1980.
Cochran, Sherman. *Big Business in China: Sino-Foreign Rivalry in the Cigarette Industry, 1890-1930*. Cambridge: Harvard University Press, 1980.
____. *Encountering Chinese Networks: Western, Japanese, and Chinese Corporations in China, 1880-1937*. Berkeley: University of California Press, 2000.
____. "Marketing Medicine and Advertising Dreams in China, 1900—1950." In *Becoming Chinese: Passages to Modernity and Beyond*, edited by Wen-hsin Yeh. Berkeley: University of California Press, 1999.
____. "Transnational Origins of Advertising in Early Twentieth Century China." In *Inventing Nanjing Road: Commercial Culture in Shanghai, 1900-1945*, edited by Sherman Cochran. Ithaca, N.Y.: Cornell East Asia Program, 1999.
____. ed. *Inventing Nanjing Road: Commercial Culture in Shanghai, 1900-1945*. Ithaca, N.Y.: Cornell East Asia Program, 1999.
Cochran, Sherman, Andrew Hsieh, and Janis Cochran. *One Day in China: May 21, 1936*. New Haven: Yale University Press, 1983.
Cohen, Paul A. *Between Tradition and Modernity: Wang Tao and Reform in Late Ching China*. Cambridge: Harvard University Press, 1974.
Cole, James H.. *Shaohsing: Competition and Cooperation in Nineteenth-Century China*. Tucson: University of Arizona Press, 1986.
Comaroff, Jean, and John L. Comaroff. "Introduction" In *Modernity and Its Malcontents: Ritual and Power in Postcolonial Africa*, edited by Jean

Comaroff and John L. Comaroff. Chicago: University of Chicago Press, 1993.
Corley, T.A.B.. "Interactions between the British and American Patent Medicine Industries, 1708-1914." *Business and Economic History*, 2d ser., 16 (1987): 111-129.
Cowen, David L., and William H. Helfand. *Pharmacy: An Illustrated History*. New York: Abrams, 1990.
Croizier, Ralph C.. *Art and Revolution in Modern China: The Lingnan (Cantonese) School of Painting, 1906-1951*. Berkeley: University of California Press, 1988.
____. *Traditional Medicine in Modern China: Science, Nationalism, and the Tensions of Cultural Change*. Cambridge: Harvard University Press, 1968.
Crossman, Carl L..*The China Trade: Export Paintings, Furniture, Silver and Other Objects*. Princeton, N.J.: Pyne Press, 1972.

D

Davis, Deborah S.. "Introduction: A Revolution in Consumption." In *The Consumer Revolution in Urban China*, edited by Deborah S. Davis. Berkeley: University of California Press, 2000.
De Grazia, Victoria. "Mass Culture and Sovereignty: The American Challenge to European Cinemas, 1920-1960." *Journal of Modern History* 61 (March 1989): 53-87.
Deng Ming, ed. *Shanghai bainian lueying, 1840-1940s* [Survey of a century in Shanghai, 1840s-1940s]. Shanghai: Shanghai renmin meishu chubanshe, 1992.
邓明编.上海百年掠影，1840—1940.上海：上海人民美术出版社，1992.
Ding Hao. "Ji lao Shanghai guanggao huajiaqun" [On advertising artists in old Shanghai]. In *Lao Shanghai guanggao* [Advertising in old Shanghai], edited by Yi Bin. Shanghai: Shanghai huabao chubanshe, 1995.
丁浩.记老上海广告画家群//益斌编.老上海广告.上海：上海画报出版社，1995.
Ding Wenjiang, Weng Wenhao, and Zeng Shiying, comps. *Zhonghua minguo xin ditu* [New maps of the Republic of China]. Shanghai: Shanghai shenbao guan, 1934.
丁文江，翁文灏，曾世英.中华民国新地图.上海：上海申报馆，1934.
Dirlik, Arif.*The Origins of Chinese Communism*. New York: Oxford University Press, 1989.
Duara, Prasenjit. "Response to Philip Huang's 'Biculturality in Modern China and Chinese Studies.'" *Modern China* 26, no.1 (2000): 32-37.
____. *Sovereignty and Authencity: Manchukuo and the East Asia Modern*. Lanham, Md.: Rowman and Littlefield, 2003.

E

Eastman, Lloyd E.. *The Abortive Revolution: China under Nationalist Rule*, 1927-1937. Cambridge: Harvard University Press, 1974.

____. "Facets of an Ambivalent Relationship: Smuggling, Puppets, and Atrocities during the War, 1937-1945." In *The Chinese and the Japanese: Esssays in Political and Cultural Interactions*, edited by Akira Iriye. Princeton, N.J.: Princeton University Press, 1980.

____. *Seeds of Destruction: Nationalist China in War and Revolution, 1937-1949*. Stanford, Calif.: Stanford University Press, 1984.

Elman, Benjamin A.. *A Cultural History of Civil Examinations in Late Imperial China*. Berkeley: University of California Press, 2000.

Elvin, Mark. "Tales of *Shen* and *Xin*: Body-Person and Heart-Mind in China during the Last 50 years." *Zone* 4, pt.2 (1989): 266-349.

"Engineering and Industrial Notes." *China Journal* 12, no.5 (1930): 101.

England, Vaudine. "The Aws: Remnants of an Empire." *Asia Magazine* (July 28, 1985) .

Esherick, Joseph W., ed.*Remaking the Chinese City: Modernity and National Identity, 1900-1950*. Honolulu: University of Hawaii Press, 2000.

F

Feldwick, Joseph W., ed. *Present Day Impressions of the Far East and Prominent and Progressive Chinese at Home and Abroad.* London: Globe Encyclopedia Company, 1917.

Feng Liming. "Jiguang shiyi—Yazhou shiyinju hua dangnian" [Collecting missing bits—History of the Asiatic Litho Printing Press] . In *Xianggang wenhua xilie: Yuefenpai wang—Guan Huinong* [Hong Kong culture series: The art of Guan Huinong—King of the calendar poster], edited by Yan Shufen. Hong Kong: Xianggang yishu zhongxin, 1993.

冯丽明.吉光拾遗：亚洲石印局话当年//颜淑芬.香港文化系列：月份牌王——关蕙农.香港：香港艺术中心，1993.

Fowler, Geoffrey A.. "The Advertising Report: China." *Wall Street Journal*, January 21, 2004, B7.

Fraser, David. "Smoking Out the Enemy: The National Goods Movement and the Advertising of Nationalism in China, 1880-1937." Ph.D. diss., University of California, Berkeley, 1999.

Friedman, Thomas L.. *The Lexus and the Olive Tree*. New York: Anchor, 2000.

Fruin, W. Mark. *The Japanese Enterprise System: Competitive Strategies and Cooperative Structures*. Oxford: Clarendon Press, 1994.

Fu Wumen, ed. *Xingzhou ribao sizhounian jiniankan: "Xin Fujian"* [*Xingzhou Daily*'s fourth annual yearbook: "New Fujian"] . Singapore: *Xing zhou ribao*, 1933.

傅无闷.星洲日报四周年纪念刊："新福建".新加坡：星洲日报，1933.
Furth, Charlotte. *Ting Wen-chiang*: *Science and China's New Culture*. Cambridge: Harvard University Press, 1970.

G

Gan Gu, ed. *Shanghai bainian mingchang laodian* [One hundred years of famous factories and old shops in Shanghai]. Shanghai: Shanghai wenhua chubanshe, 1987.
干谷编.上海百年名厂老店.上海：上海文化出版社，1987.
Gardner, John. "The *Wu-fan* Campaign in Shanghai: A Study in the Consolidation of Urban Control." In *Chinese Communist Politics in Action*, edited by A.Doak Barnett. Seattle: University of Washington Press, 1969.
Gerth, Karl.*China Made*: *Consumer Culture and the Creation of the Nation*. Cambridge: Harvard University Asia Center, 2003.
Glosser, Susan L.. "The Business of Family: You Huaigao and the Commercialization of a May Fourth Ideal." *Republican China* 20, no.2 (1995): 80-116.
____. "Milk for Health, Milk for Profit: Shanghai's Chinese Dairy Industry under Japanese Occupation." In *Inventing Nanjing Road*: *Commercial Culture in Shanghai*, *1900-1945*, edited by Sherman Cochran. Ithaca, N.Y.: Cornell East Asia Program, 1999.
Gong Jimin. "Huang Chujiu zhuan" [A biography of Huang Chujiu]. Pt.1. *Zhuanji wenxue* [Biographical literature] 60, no.2 (February 1992): 53-58.
龚济民.黄楚九传//传记文学：第60辑.1992（2）：53—58.
____. "Huang Chujiu zhuan" [A biography of Huang Chujiu].Pt.2. *Zhuanji wenxue* [Biographical literature] 60, no.3 (March 1992): 72-77.
龚济民.黄楚九传//传记文学：第60辑.1992（3）：72—77.
____. "Huang Chujiu zhuan" [A biography of Huang Chujiu].Pt.3. *Zhuanji wenxue* [Biographical literature] 60, no.4 (April 1992): 93-99.
龚济民.黄楚九传//传记文学：第60辑.1992（4）：93—99.
____. "Huang Chujiu zhuan" [A biography of Huang Chujiu].Pt.4. *Zhuanji wenxue* [Biographical literature] 60, no.5 (May 1992): 105-110.
龚济民.黄楚九传//传记文学：第60辑.1992（5）：105—110.
____. "Huang Chujiu zhuan" [A biography of Huang chujiu].Conclusion. *Zhuanji wenxue* [Biographical literature] 61, no.1 (January 1993): 69-73.
龚济民.黄楚九传//传记文学：第61辑.1993（1）：69—73.
Goodman, Bryna. *Native Place*, *City and Nation*: *Regional Networks and Identities in Shanghai*, *1853-1937*. Berkeley: University of California Press, 1995.
Grieder, Jerome. *Hu Shih and the Chinese Renanissance*: *Liberalism in the Chinese Revolution*, *1917-1937*. Cambridge: Harvard University Press,

1970.
Gu Haojun. "Guan Huinong shengping jianjie" [A brief biography of Guan Huinong] . In *Xianggang wenhua xilie*: *Yuefenpai wang—Guan Huinong* [Hong Kong culture series: The art of Guan Huinong—King of the calendar poster], edited by Yan Shufen. Hong Kong: Xianggang yishu zhongxin, 1993.
顾豪君.关蕙农生平简介//颜淑芬.香港文化系列：月份牌王——关蕙农.香港：香港艺术中心，1993.
Guan Zhichang. "Huang Chujiu." *Zhuanji wenxue* [Biographical literature] 47, no.3 (1985): 138-140.
关之常.黄楚九//传记文学：第47辑.1985（3）：138—140.
Guohuo diaochalu [A record of research on national goods], no.3 (Shanghai, 1915) .
国货调查录：第3辑.上海：1915.

H

Ha Yi. "Qingdai tai yiyuan" (The Imperial Hospital in the Qing dynasty) . *Yandu* (Capital of Yan) 3 (1986): 40.
哈毅.清代太医院//燕都：第3辑.1986：40.
Haber, L.F. *The Chemical Industry, 1900-1930: International Growth and Technological Change*. Oxford: Clarendon Press, 1971.
Haishang mingren zhuan [Illustrious maritime personages] . Shanghai: Wenming shuju, 1930.
海上名人传.上海：文明书局，1930.
Hamashita, Takeshi. "The Intra-Regional System in East Asia in Modern Times." In *Network Power*: *Japan and Asia*, edited by Peter J. Katzenstein and Takashi Shiraishi. Ithaca, N.Y.: Cornell University Press, 1996.
____. "Tribute and Treaties: Maritime Asia and Treaty Port Networks in the Era of Negotiation, 1800-1900." In *The Resurgence of East Asia*, edited by Giovanni Arrighi, Takeshi Hamashita, and Mark Selden. London: Routledge, 2003.
Hamelink, C.J.. *Cultural Autonomy in Global Communications*. New York: Longman, 1983.
Hamilton, Gary G., and Wei-an Chang. "The Importance of Commerce in the Organization of China's Late Imperial Economy." In *The Resurgence of East Asia*, edited by Giovanni Arrighi, Takeshi Hamashita, and Mark Selden. London: Routledge, 2003.
Hamilton, Gary G., and Chi-kong Lai. "Consumerism without Capitalism: Consumption and Brand Names in Late Imperial China." In *The Social Economy of Consumption*, edited by Henry J.Rutz and Benjamin S. Orlove. Lanham, Md.: University Press of America, 1989.

Han Baode. *Jianzhu yu wenhua jinsilu* [Rencent reflections on architecture and culture] . Taipei：Guoli lishi bowuguan，1995.

Han Wenwei and Li Xiu. "Tongren Tang." In *Zhongguo laozihao* [Old Chinese shops]，vol.9，edited by Kong Lingren and Li Dezheng. Beijing：Gaodeng jiaoyu chubanshe，1998.

韩文蔚，李岫.同仁堂//孔令仁，李德征.中国老字号：第 9 卷.北京：高等教育出版社，1998.

Hannerz，Ulf. *Transnational Connections：Culture，People，Places*. London：Routledge，1996.

Hay，John. "The Body Invisible in Chinese Art?" In *Body，Subject，and Power in China*，edited by Angela Zito and Tani E. Barlow. Chicago：University of Chicago Press，1994.

He Bei. "Tianjin Daren Tang" [Daren Tang in Tianjin] . In *Jinmen Laozihao* [Old shops in Tianjin]，edited by Tianjin wenshi ziliao yanjiuhui [Research group on literary and historical materials in Tianjin] . Tianjin：Baihua wenyi chubanshe，1992.

何贝.天津达仁堂//天津文史资料研究会.津门老字号.天津：百花文艺出版社，1992.

Healthy Home. Shanghai，1937-1945.

健康家庭.上海：1937—1945 年.

Henderson，Gail. "Competing for the Antibiotic Market in China：The Case of Cepholsporins." Unpublished manuscript，n.d.

Henriot，Christian，and Wen-hsin Yeh，eds. *In the Shadow of the Rising Sun*. London：Routledge，2003.

Hirschmeier，Jahannes，and Tsunehiko Yui. *The Development of Japanese Business，1600-1973*. Cambridge：Harvard University Press，1975.

Ho Ping-ti. "In Defense of Sinicization." *Journal of Asian Studies* 57，no.1 (1998)：123-152.

____.*The Ladder of Success in Imperial China：Aspects of Social Mobility，1368-1911*. New York：Da Capo Press，1962.

Hong Buren and Kong Yongsong. "Lun Hu Wenhu zai Xianggang lunxian qijian de dajie" [Was Aw Boon-haw a collaborator during the Japanese occupation of Hong Kong?] . Kangri zhanzheng yanjiu 1 (1993)：184-193.

洪卜仁，孔永松.论胡文虎在香港沦陷期间的大节：还胡文虎的历史真面目//抗日战争研究，1993：184—193.

Honig，Emily. *Sisters and Strangers：Women in Shanghai Cotton Mills，1919-1949*. Stanford，Calif.：Stanford University Press，1986.

Hou Chi-ming. *Foreign Investment and Economic Development in China，1840-1937*. Cambridge：Harvard University Press，1965.

Hou Shiheng. "Tongren Tang." In *Beijing laozihao* [Old Beijing shops]，edited by Hou Shiheng. Beijing：Zhongguo huanjing kexue chubanshe，1991.

侯式亨.同仁堂//北京老字号.北京：中国环境科学出版社，1991.

Hu Guanzhong. "Hu Zizhou yu *Xingguang Ribao*" [Aw Chu-chew and *Xingguang Daily*] . *Xiamen wenshi ziliao* [Literary and historical materials on Xiamen] 15 (October 1989): 80-90.

胡冠中.胡资周与《星光日报》//厦门文史资料：第15辑.1989：80—90.

Hu Jiru and Li Baochen. "Puyu shuju yu Wuzhou da yaofang" [Puyu Bookstore and Great Five Continents Drugstores] . *Xuzhou wenshi ziliao* [Literary and historical materials on Xuzhou] 7 (1986): 90-95.

胡骥如，李宝琛.普育书局与五洲大药房//徐州文史资料：第7辑.1986：90—95.

"Hu Wenhu xiansheng liushi jinwu shouchen zhuan" [Special supplement on the sixty-fifth birthday of Mr. Aw Boon-haw], *Xingdao ribao* (Singapore), January 16, 1947, 2.

胡文虎先生六十晋五寿辰传//新加坡《星岛日报》，1947年1月16日，第2页。

Hu Yongzhong. "Hu Wenhu zai Chongqing" [Aw Boon-haw in Chongqing] . *Hu Wenhu yanjiu* 2 (1987): 3-8.

胡永忠.胡文虎在重庆//胡文虎研究：第2辑.1987：3—8.

Hu Zhifei. "Hu Wenhu yishi" [Anecdotes on Aw Boon-haw] . *Hu Wenhu yanjiu* 2 (1987): 9-12.

胡知非.胡文虎逸事//胡文虎研究：第2辑.1987：9—12.

Hu Zhifei and Chen Danxin. "Hu Wenhu dashiji" [A historical record of Aw Boon-haw's life] . *Hu Wenhu yanjiu* 2 (1987): 13-23.

胡知非，陈丹心.胡文虎大事记//胡文虎研究：第2辑.1987：13—23.

Huffman, James. *Creating a Public: People and Press in Meiji Japan*. Honolulu: University of Hawaii Press, 1997.

Hung, Chang-tai. *War and Popular Culture: Resistance in Modern China, 1937-1945*. Berkeley: University of California Press, 1994.

I

Imahori, Seiji. *Peipin shimin no jiji kosei* [The self-governing organizations of the people of Beiping] . Tokyo: Bunkyudo, 1947.

Iriye, Akira. *Power and Culture: The Japanese-American War, 1941-1945*. Cambridge: Harvard University Press, 1981.

Ito Takashi, Hirohashi Tadamitsu, and Katashima Norio, eds. *Tojo Naikaku Sori Daijin kimitsu kiroku* [The classified files of Prime Minister Tojo] . Tokyo: Tokyo daigaku shuppankai, 1990.

Ito Yoichiro. "Morishita Hiroshi o o shinobu" [Remembering the venerable Morishita Hiroshi] .*Keizai jin* 7, no.1 (1953): 68-70.

J

Ji Dan. Baoye haomen: *Hu Wenhu, Hu Xian zhuan* [A family of newspaper

tycoons: Biographies of Aw Boon-haw and Aw Sian]. Guangzhou: Guangzhou chubanshe, 1995.
寄丹.报业豪门：胡文虎、胡仙传.广州：广州出版社，1995.
Ji Shihua. "Tianjin Daren Tang qishiwu nian" [Senventy-five years at Daren Tang in Tianjin]. *Tianjin Hebei wenshi* [Literature and history of the Hebei district of Tianjin] 2 (1998): 99-108.
季世华.天津达仁堂七十五年//天津河北文史：第2辑.1998：99—108.
Jiang Guohua. "Hu Wenhu de baoye yu baoren jingshen" [Aw Boon-haw's newspapers and his attitudes toward journalism]. *Hu Wenhu yanjiu* 3 (1988): 30-36.
蒋国华.胡文虎的报业与报人精神//胡文虎研究：第3辑.1998：30—36.
____. "Hu Wenhu sanlun" [A discussion of Aw Boon-haw]. *Hu Wenhu yanjiu* 2 (1987): 29-34.
蒋国华.胡文虎散论//胡文虎研究：第2辑.1987：29—34.
"Jintan." *China Medical Journal* 30, no.2 (1916): 150.
Jintan kara JINTAN e: *Morishita Jintan hyakushunen kinenshi*. Osaka: Morishita Jintan kabushiki kaisha, 1995.
Jones, Susan Mann. "The Ningpo Pang and Financial Power at Shanghai." In *The Chinese City between Two Worlds*, edited by Mark Elvin and G. William Skinner. Stanford, Calif.: Stanford University Press, 1974.
____. "Trade, Transport, and Taxes: The Decline of a National Medicine Fair in Republican China." In *Select Papers from the Center for Far Eastern Studies*, vol. 4, edited by Tang Tsou. Chicago: University of Chicago, 1979-1980.
Ju Chengmao. "Yueren Tang de jingshang zhi dao" [Yueren Tang's way of trading]. *Shijiazhuang wenshi ziliao* [Literary and historical materials on Shijiazhuang] 2 (August 1984): 111-116.
鞠承茂.乐仁堂的经商之道//石家庄文史资料：第2辑.1984：111—116.

K

Kammen, Michael. *American Culture, American Tastes: Social Change and the 20th Century*. New York: Knopf, 1999.
Kang Jifu. *Hu Wenhu zhuan* [A biography of Aw Boon-haw]. Hong Kong: Longmen wenhua shiye youxian gongsi, 1984.
康吉父.胡文虎传.香港：龙门文化实业有限公司，1984.
____. "*Hu Wenhu zhuan buyi*" [An addendum to *A Biography of Aw Boon-haw*], *Nanbeiji yuekan* [Nanbeiji monthly] (Hong Kong), January 16, 1987.
胡文虎传补遗//南北集月刊（香港），1987年1月16日.
Kao, Maybing Margaret. "China's Response to the West in Art: *1898-1937*." Ph. D. diss., Stanford University, 1972.
Katzenstein, Peter J., and Takashi Shiraishi. "Conclusion: Regions in World

Politics, Japan and Asia—Germany in Europe." In *Network Power: Japan and Asia*, edited by Peter J. Katzenstein and Takashi Shiraishi. Ithaca, N.Y.: Cornell University Press, 1996.

Ke Mu. "Xianggang kewang chengwei Tongren Tang haiwai jidi" [Hong Kong might become Tongren Tang's overseas base] . *Guangjiaojing yuekan* [Wide-angled mirror monthly] 12 (December 1999): 97.

克木.香港可望成为同仁堂海外基地//广角镜月刊：第 12 辑.1999（12）：97.

Kikuchi, Takaharu.*Chugoku minzoku undo no kihon kozo: Taigai boikotto no kenkyu* [The structure of Chinese nationalism: A study of anti-foreign boycotts] . Tokyo: Daian, 1966.

King, Sam. *Tiger Balm King: The life and Times of Aw Boon Haw*. Singpore: Times Books International, 1992.

Kirby, William C.. "The Chinese War Economy." In *China's Bitter Victory: The War with Japan, 1937-1945*, edited by James C. Hsiung and Steven I. Levine. Armonk, N.Y.: M.E. Sharpe, 1992.

____. "Continuity and Change in Modern China: Chinese Economic Planning on the Mainland and on Taiwan, 1943-1958." *Australian Journal of Chinese Affairs* 24 (July 1990): 125-132.

Kleinman, Arthur.*Patients and Healers in the Context of Culture*. Berkeley: University of California Press, 1980.

Kong Lingren and Li Dezheng, eds. *Zhongguo jindai qiye de kaituozhe* [Pioneers in modern Chinese enterprises] . Vol.2. Jinan: Shandong renmin chubanshe, 1991.

孔令仁，李德征编.中国近代企业的开拓者（第 2 册）.济南：山东人民出版社，1991.

Kulp, Daniel H.. *Country Life in South China: The Sociology of Familism*. New York: Bureau of Publications, Teachers College, Columbia University, 1925.

Kwan Man Bun. *The Salt Merchants of Tianjin: State-Making and Civil Society in Late Imperial China*. Honolulu: University of Hawaii Press, 2001.

Kwok, D.W.Y..*Scientism in Chinese Thought, 1900-1950*. New Haven, Conn.: Yale University Press, 1965.

L

Laing, Ellen Johnston. "Chinese Palace-Style Poetry and the Depiction of A Palace Beauty." *Art Bulletin* 72, no.2 (1990): 284-295.

____.*Selling Happiness: Calendar Posters and Visual Culture in Early Twentieth Century Shanghai*. Honolulu: University of Hawaii Press, 2004.

Lao She. "Lao zi hao" [Old shops] . In *Lao She wenji* [Collected works of Lao She], vol.8. Beijing: Renmin wenxue chubanshe, 1985.

老舍.老字号//老舍文集：第 8 卷.北京：人民文学出版社，1985.

Laopai jizhe. *Hu Wenhu fada qushi* [An anecdotal history of Aw Boon-haw's career] . Macao: Yuzhou chubanshe, 1960.
老牌记者.胡文虎发达趣史.澳门：宇宙出版社，1960.
Lee, Leo Ou-fan. "The Cultural Construction of Modernity in Urban Shanghai: Some Preliminary Explorations." In *Becoming Chinese: Passages to Modernity and Beyond*, edited by Wen-hsin Yeh. Berkeley: University of California Press, 2000.
Lee, Leo Ou-fan, and Andrew J. Nathan. "The Beginnings of Mass Culture: Journalism and Fiction in the Late Ching and Beyond." In *Popular Culture in Late Imperial China*, edited by David Johnson, Andrew J.Nathan, and Evelyn S.Rawski. Berkeley: University of California Press, 1985.
Legend from a Jar: The Story of Haw Par. Singapore: Haw Par Brothers International, 1994.
Leong, S. T.. "The Hakka Chinese of Lingnan: Ethnicity and Social Change in Modern Times." In *Ideal and Reality: Social and Political Change in Modern China, 1860-1949*, edited by David Pong and Edmund S.K.Fung. Lanham, Md.: University Press of America, 1985.
Leung Yuen Sang. "Regional Rivalry in Mid-Ninteenth-Century Shanghai: Cantonese vs. Ningpo Men." *Ching-shih wen-ti*, no.8 (1982): 29-50.
Li Chunsheng. "Qingdai gongting dang'an yu Beijing Tongren Tang de lishi" [The Qing court archives and the history of Tongren Tang in Beijing] . In *Qingdai gongting yihua* [Medical consultations at the Qing court], edited by Chen Keji. Beijing: Renmin weisheng chubanshe, 1987.
李春生.清代宫廷档案与北京同仁堂的历史//陈可冀编.清代宫廷医话.北京：人民卫生出版社，1987.
Li Fengrui. "Hu Wenhu zai kangri zhanzheng shiqi" [Aw Boon-haw in the Sino-Japanese War] . *Hu Wenhu yanjiu* 3 (1988): 1-12.
李逢蕊.胡文虎在抗日战争时期//胡文虎研究：第 3 辑.1988：1—12.
Li Fengrui and Wang Dong. *Hu Wenhu pingzhuan* [A critical biography of Aw Boon-haw] . Shanghai: Huadong shifan daxue chubanshe, 1992.
李逢蕊，王东.胡文虎评传.上海：华东师范大学出版社，1992.
Liang Ssu-ch'eng. *A Pictorial History of Chinese Architecture: A Study of the Development of Its Structural System and the Evolution of Its Types*. Edited by Wilma Fairbank. Cambridge: MIT Press, 1984.
Lin Aimin. "Benbao guoqu ji jianglai" [Our newspaper's past and future] . In *Xingzhou ribao sizhounian jiniankan: "Xin Fujian"* [*Xingzhou Daily*'s fourth annual yearbook: "New Fujian"], edited by Fu Wumen. Singapore: Xingzhou ribao, 1933.
林霭民.本报过去及将来//傅无闷编.星洲日报四周年纪念刊："新福建".新加坡：星洲日报，1933.
____. "Liangnian yilai" [The past two years] . In *Xingzhou ribao erzhounian*

jiniankan [*Xingzhou Daily*'s second annual yearbook] . Singapore: Xingzhou ribao, 1931.
林霭民.两年以来//星洲日报二周年纪念刊.新加坡：星洲日报，1931.
Lin Yutang.*Movement in Peking*: *A Novel of Contemporary Chinese Life*. New York: John Day, 1939.
Link, E. Perry, Jr. *Mandarin Ducks and Butterflies*: *Popular Fiction in Early Twentieth-Century Chinese Cities*. Berkeley: University of California Press, 1981.
Liu Dafu. "Yi tianxia zhi cai, gong tianxia zhi yong" [Using all wealth under heaven to serve the common good] . *Hu Wenhu yanjiu* 3 (1988): 13-21.
刘大夫.以天下之财，供天下之用//胡文虎研究：第 3 辑.1988：13—21.
Liu Huapu and Xu Zisu. "Qizhou miaohui, yaocai shichang gaishu" [The Qizhou medicine fair: A brief account of the medicine market] . In *Tianjin wenshi ziliao xuanji* [Collected literary and historical materials on Tianjin] 20 (1982): 194-213.
刘华圃，许子素.祁州庙会，药材市场概述//天津文史资料选辑：第 20 辑.1982：194—213.
Liu Yongcheng and He Zhiqing. "Wanquan Tang de youlai yu fazhan" [Origins and development of Wanquan Tang] . In *Zhongguo shehui jingji shi yanjiu* [Research on Chinese social and economic history], edited by Xiamen daxue Zhongguo shehui jingjishi yanjiu bianjibu [Xiamen University's editorial board on Chinese social and economic history] . Xiamen: Xiamen daxue chubanshe, 1983.
刘永成，赫治清.万全堂的由来与发展//厦门大学中国社会经济史研究编辑部.中国社会经济史研究.厦门：厦门大学出版社，1983.
Liu Zhaoqi. "Daren Tang." In *Zhongguo laozihao* [Old Chinese shops], edited by Kong Lingren and Li Dezheng. Beijing: Gaodeng jiaoyu chubanshe, 1998.
刘兆琪.达仁堂//孔令仁，李德征编.中国老字号.北京：高等教育出版社，1998.
Loeb, Lori. "George Fulford and Victorian Patent Medicines: Quack Mercemaries or Smilesian Entrepreneurs?" *Canadian Bulletin of Medical History 16* (1999): 125-145.
Longstreth, Richard W.*The Buildings of Main Street*: *A Guide to American Commercial Architecture*. Washington, D.C.: Preservation Press, 1987.
Lu, Hanchao. "Away from Nanking Road: Small Stores and Neighborhood Life in Modern Shanghai." *Journal of Asian Studies* 54, no.1 (1995): 93-123.
Lu, Hanlong. "To Be Relatively Comfortable in an Egalitarian Society." In *The Consumer Revolution in Urban China*, edited by Deborah S.Davis. Berkeley: University of California Press, 2000.
Lu Jin. "Yuefenpai dawang Guan Huinong" [Guan Huinong, King of the calendar poster] . In *Xianggang wenhua xilie*: *Yuefenpai wang—Guan Huinong*

[Hong Kong culture series: The art of Guan Huinong—King of the calendar poster], edited by Yan Shufen. Hong Kong: Xianggang yishu zhongxin, 1993.

陆津.月份牌大王关蕙农//颜淑芬主编.香港文化系列：月份牌王——关蕙农.香港：香港艺术中心，1993.

Lu Xun. "Lu Xun zai Zhonghua yishu daxue jiangyan jilu" [Transcript of Lu Xun's lecture at the China College of Art], recorded by Liu Ruli, 21 February 1930. In *Xuexi Lu Xun de meishu sixiang* [Studying Lu Xun's thoughts on art] . Beijing: Renmin meishu chubanshe, 1979.

鲁迅著.刘汝醴记录.鲁迅在中华艺术大学讲演记录//学习鲁迅的美术思想.北京：人民美术出版社，1979.

Luo Tiexian. "Hu Wenhu yu Hu Hao" [Aw Boon-haw and Aw Kow] . *Hu Wenhu yanjiu* 2 (1987): 73.

罗铁贤.胡文虎与胡好//胡文虎研究：第 2 辑.1987：73.

Luo Yi. "Wo suo zhidao de Hu Wenhu shengping diandi" [What I know about Aw Boon-haw] . *Hu Wenhu yanjiu* 2 (1987): 46-53.

罗懿.我所知道的胡文虎生平点滴//胡文虎研究：第 2 辑.1987：46—53.

Luo Zhenqing. "Hu Wenhu de xingxibao yu Yongdingji de xinwen zhanshi" [Aw Boon-haw's Star newspapers and the journalists from Yongding] . *Hu Wenhu yanjiu* 3 (1988): 37-43.

罗溱庆.胡文虎的星系报与永定籍的新闻战士//胡文虎研究：第 3 辑.1988：37—43.

M

Man'gu Yong'an wuxian gongsi [Wing On Group of Companies, Bangkok], comp. *Nadu Hu Qingcai Boshi kangli Tai teji* [Special publication on Dr. Hu Qingcai and his wife in Thailand] . Bankok: Man'gu Yong'an wuxian gongsi, 1964.

Marchand, Roland. *Advertising the American Dream: Making Way for Modernity, 1920-1940*. Berkeley: University of California Press, 1985.

Martin, Brian G. "Ressistance and Coorperation: Du Yuesheng and the Politics of the Shanghai United Committee, 1940-1945." In *In the Shadow of the Rising Sun*, edited by Christian Henriot and Wen-hsin Yeh. London: Routledge, 2003.

McKendrick, Neil, John Brewer, and J.H.Plumb. *The Birth of a Consumer Society: The Commercialization of Eighteenth-Century England*. Bloomington: Indiana University Press, 1982.

Meisner, Maurice J.. *Li Ta-chao and the Origins of Chinese Marxism*. Cambridge: Harvard University Press, 1967.

Meskill, John. "A Conferral of the Degree of Chin-Shih." *Monumenta Serica* 23 (1964): 351-371.

Murphey, Rhoads. *A History of Asia*. New York: Harper Collins, 1992.

____. "The Treaty Ports and China's Modernization." In *The Chinese City between Two Worlds*, edited by Mark Elvin and G.William Skinner. Stanford, Calif.: Stanford University Press, 1974.

N

Naquin, Susan. *Peking: Temples and City Life, 1400-1900*. Berkeley: University of California Press, 2000.

Nye, Joseph S., Jr.*Bound to Lead: The Changing Nature of American Power*. New York: Basic Books, 1990.

P

Pan, Lynn.*Sons of the Yellow Emperor: A History of the Chinese Diaspora*. Boston: Little, Brown, 1990.

Pan, Quentin.Review of *Xingzhou ribao yizhounian jiniankan* [*Xingzhou Daily's first annual yearbook*] . *China Critic* 3, no. 22 (1930): 521.

潘光旦.《星洲日报周年纪念刊》评论//中国评论周报，1930，3（22）：521.

Paz-Soldn, Edmundo, and Debra A.Castillo, eds. *Latin American Literature and Mass Media*. New York: Garland, 2001.

Perkins, Dwight H.. *Agricultural Development in China, 1368-1969*. Chicago: Aldine, 1969.

Perry, Elizabeth J.. *Shanghai on Strike: The Politics of Chinese Labor*. Stanford, Calif.: Stanford University Press, 1993.

Ping Jinya. "Mantan Huang Chujiu jiqi 'shiye'" [Random remarks on Huang Chujiu and his 'industry'] . In *Wenshi ziliao xuanji* [Collection of Cultural and historical materials] . Beijing: Renmin chubanshe, 1963.

平襟亚.漫谈黄楚九及其"事业"//文史资料选辑.北京：人民出版社，1963.

Pomeranz, Kenneth. *The Great Divergence: China, Europe, and the Making of the Modern World Economy*. Princeton, N.J.: Princeton University Press, 2000.

Porkert, Manfred.*The Theoretical Foundation of Chinese Medicine: Systems of Correspondence*. Cambridge: MIT Press, 1982.

Potter, Jack M. "Cantonese Shamanism." In *Religion and Ritual in Chinese Society*, edited by Arthur P.Wolf. Stanford, Calif.: Stanford University Press, 1974.

Q

Qi Heming. "Xu Guanqun yu Xinya yaochang" [Xu Guanqun and New Asia Pharmaceutical Mills] .*Wujin wenshi ziliao* [Literature and history of Wujin] 7 (December 1986) .

祁和鸣.许冠群与新亚药厂//武进文史资料：第 7 辑.1986.

Qiu Guozhen, ed. *Zhangshu yaosu* [The culture of medicine in Zhangshu] . Nanchang: Jiangxi gaoxiao chubanshe, 1996.
邱国珍编.樟树药俗.南昌：江西高校出版社.1996.
"Qixue nianliu" [Years of tears and bloodshed] . Television program, Shanghai, 1995.
"泣血年流"，上海 1995 年的一档电视节目。
Quataert, Donald. "Introduction." *In Consumption Studies and the History of the Ottoman Empire, 1550-1922: An Introduction*, edited by Donald Quataert. Albany: State University of New York Press, 2000.

R

Rawski, Evelyn Sakakida.*Education and Popular Literacy in Ching China*. Ann Arbor: University of Michigan Press, 1979.
____. "Presidential Address: Reenvisioning the Qing." *Journal of Asian Studies* 55, no. 4 (1996): 829-850.
Rawski, Thomas G.. *Economic Growth in Prewar China*. Berkeley: University of California Press, 1989.
Reardon-Anderson, James. *The Study of Change: Chemistry in China, 1840-1949*. Cambridge: Cambridge University Press, 1991.
Reid, Anthony. *Southeast Asia in the Age of Commerce, 1450-1680*. New Haven, Conn.: Yale University Press, 1988.
Remer, C.F.. *Foreign Investments in China*. New York: Macmillan, 1933.
____. *A Study of Chinese Boycotts with Special Reference to Their Economic Effectiveness*. Baltimore: Johns Hopkins University Press, 1933.
Rogaski, Ruth. *Hygienic Modernity: Meanings of Health and Disease in Treaty-Port China*. Berkeley: University of California Press, 2004.
Rottman, Allison. "Crossing Enemy Lines: Shanghai and the Central China Base." In *In the Shadow of the Rising Sun*, edited by Christian Henriot and Wen-hsin Yeh. London: Routledge, 2003.
Rowe, William T., and Vivian Schelling.*Memory and Modernity: Popular Culture in Latin America*. London: Verso, 1991.
Rowe, William T.. *Hankow: Commerce and Society in a Chinese City, 1796-1889*. Stanford, Calif.: Stanford University Press, 1984.
____. "The Qingbang and Collaboration under the Japanese, 1939-1945." *Modern China* 8, no.4 (1982): 491-499.
Rubinfien, Louisa D.. "Commodity to Brand: Manufactures, Merchants, and the Development of the Consumer Market in Interwar Japan." Ph.D. diss., Harvard University, 1995.

S

Saenz, E.L.. "Squibb in Foreign Lands." *Squibb Sales Bulletin* 18, no. 47

(1941): 451-453.

Sammons, Thomas. *Proprietary Medicine and Ointment Trade in China*. Department of Commerce, Bureau of Foreign and Domestic Commerce, Special Consular Report No.76. Washington, D.C.: Government Printing Office, 1917.

Sanger, J.W.. *Advertising Methods in Japan, China, and the Philippines*. U.S. Department of Commerce, Special Agent Series no.209. Washington, D.C.: Government Printing Office, 1921.

Schiller, H.I..*Communication and Cultural Domination*. Armonk, N.Y.: M.E.Share, 1976.

Schran, Peter. "China's Demographic Evolution 1850-1953 Reconsidered." *China Quarterly* 75 (1978): 638-646.

Schwarcz, Vera. *The Chinese Enlightenment: Intellectuals and the Legacy of the May Fourth Movement of 1919*. Berkeley: University of California Press, 1986.

Scientific Terminology Association, comp.*A Dictionary of Anatomical Terms Approved by the Ministry of Education*. N.p.: Scientific Terminology Association, 1927.

Selden, Mark. "China, Japan, and the Regional Political Economy of East Asia, 1945-1995." In *Network Power: Japan and Asia*, edited by Peter J. Katzenstein and Takashi Shiraishi. Ithaca, N.Y.: Cornell University Press, 1996.

Shanghai shehui kexue yuan jingji yanjiu suo [Shanghai Academy of Social Sciences, Institute of Economies]. *Longteng huyue bashi nian: Shanghai Zhonghua zhiyaochang chang shi* (Eighty years of the dragon soaring and the tiger leaping: A factory history of the Zhonghua medicine factory of Shanghai). Shanghai: Shanghai renmin chubanshe, 1991.

上海社会科学院经济研究所.龙腾虎跃八十年：上海中华制药厂厂史.上海：上海人民出版社，1991.

____. *Shanghai jindai xiyao hangye shi* (A history of the modern medicine trade in Shanghai). Shanghai: Shanghai shehui kexue yuan chubanshe, 1988.

上海社会科学院经济研究所.上海近代西药行业史.上海：上海社会科学院出版社，1988.

____.*Zhongxi yaochang bainian shi* [A history of one hundred years at the China and the West Medicine Factory]. Shanghai: Shanghai shehui kexue yuan chubanshe, 1990.

上海社会科学院经济研究所.中医药厂百年史.上海：上海社会科学院出版社，1990.

Shen Hongxian. "Qiantan Tongren Tang de wan san gao dan" [Brief remarks on Tongren Tang's big pills, powders, plasters, and small pills]. In *Qinian hua cangsang* [Old men's chats on history], edited by Zhang Changbing, Ning

Yuhuan, and Zhang Yonglin. Shanghai: Shanghai shudian chubanshe, 1993.
沈鸿娴.浅谈同仁堂的丸散膏丹//章长炳，宁玉环，张永林编.耆年话沧桑.上海：上海书店出版社，1993.
Shen Lixin. "Jiwu liqun, aiguo aixiang" [Philanthropist and patriotic localist]. *Hu Wenhu yanjiu* 1 (1985): 3-7.
沈立新.济物利群，爱国爱乡//胡文虎研究：第1辑.1985：3—7.
Shen Zuwei. "Xiang Songmao, diyige Kangri xunnan de qiyejia" (Xiang Songmao, the first entrepreneur to be martyred in the War of Resistance against Japan). In *Guonan zhong de Zhongguo qiyejia* [Chinese entrepreneurs during the national crisis], edited by Shen Zuwei and Du Xuncheng. Shanghai: Shanghai shehui kexueyuan chubanshe, 1996.
沈祖炜.项松茂：第一个抗日殉难的企业家//沈祖炜，杜恂诚编.国难中的中国企业家.上海：上海社会科学院出版社，1996.
Shi Chuan. "Tongren Tang de jubian" [Great changes at Tongren Tang]. *Guangjiaojing yuekan* [Wide-angled mirror monthly] 12 (December 1999): 94-96.
石川.同仁堂的巨变//广角镜月刊.1999，12（12），94—96.
Shi Jian. "Wei Shaobo yu Ertianyou" [Wei Shaobo and Two Heavens Oil]. *Foshan wenshi* no.7 [Literature and history of Foshan] (1987): 67-68.
石见.韦少伯与二天油//佛山文史.1987（7）：67—68.
Shiba, Yoshinobu. "Ningpo and Its Hinterland." In *The City in Late Imperial China*, edited by G.William Skinner. Stanford, Calif.: Stanford University Press, 1977.
Sivin, Nathan. *Chinese Alchemy: Preliminary Studies*. Cambridge: Harvard University Press, 1968.
____. *Traditional Medicine in Contemporary China*. Ann Arbor: Center for Chinese Studies, University of Michigan, 1987.
Skinner, G.William. "Chinese Cities: The Difference a Century Makes." In *Cosmopolitan Capitalists: Hong Kong and the Diasora at the End of the Twentieth Century*, edited by Gary G.Hamilton. Seattle: University of Washington Press, 1999.
____. "Introduction: Urban Social Structure in Ching China." In *The City in Late Imperial China*, edited by G.William Skinner. Stanford, Calif.: Stanford University Press, 1977.
____. "Mobility Strategies in Late Imperial China: A Regional Systems Analysis." In *Regional Analysis, vol. 1 of Economic Systems*, edited by Carol A. Smith. New York: Academic Press, 1976.
____. "Presidential Address: The Structure of Chinese History." *Journal of Asian Studies* 44, no.2 (1985): 271-292.
____. "Regional Urbanization in Nineteenth-Century China." In *The City in Late Imperial China*, edited by G.William Skinner. Stanford, Calif.: Stanford

University Press, 1977.
____, ed., *The City in Late Imperial China*, Stanford, Calif.: Stanford University Press, 1977.
Spence, Jonathan D..*The Gate of Heavenly Peace: The Chinese and Their Revolution, 1895-1980*. New York: Viking Press, 1981.
____. *The Search for Modern China*. New York: W.W.Norton, 1999.
Starr, Paul.*The Social Transformation of American Medicine*. New York: Basic Books, 1982.
Steinberg, David Joel, ed. *In Search of Southeast Asia*. Honolulu: University of Hawaii Press, 1987.
Stockwell, A.J.. "Southeast Asia in War and Peace: The End of European Colonial Empires." In *The Cambridge History of Southeast Asia*, vol. 2, edited by Nicholas Tarling. New York: Cambridge University Press, 1992.
Sugihara, Kaoru. "The East Asian Path of Economic Development: A Long-term Perspective." In *The Resurgence of East Asia*, edited by Giovanni Arrighi, Takeshi Hamashita, and Mark Selden. London: Routledge, 2003.
____. "Japan as an Engine of the Asian International Economy, c.1880-1936." *Japan Forum* 2, no.1 (1990): 127-145.
Sun Dexiang. "Xiang Songmao." In *Minguo renwu zhuan* [Biographies of figures from the Republican period], edited by Zhu Xinquan and Yan Ruping. Vol.4. Beijing: Zhonghua shuju, 1984.
孙德祥.项松茂//朱信泉，严如平编.民国人物传：第4卷.北京：中华书局，1984.

T

Tan Yulin. "Wuzhou yaofang bashi nian lai hua cangsang" [A talk about eighty years of vicissitudes at Five Continents Medicine Plants]. *Changning wenshi ziliao* [Literary and historical material on Changning] (Shanghai) 5 (1989).
谈玉林.五洲药房八十年来话沧桑//长宁文史资料：第5辑.1989.
____. "Xu Guanqun." In *Minguo renwu zhuan* [Biographies of figures from the Republican period], edited by Zhu Xinquan and Yan Ruping. Vol. 4. Beijing: Zhonghua shuju, 1984.
谈玉林.许冠群//朱信泉，严如平编.民国人物传：第4卷.北京：中华书局，1984.
Tatsukawa, Shoji.*Meiji iji orai*. Tokyo: Shinchosha, 1986.
Temporel, Paul. *Branding in Asia*. Singapore: John Wiley and Sons, 2000.
Thomson, John.*Through China with a Camera*. Westminster, Eng.: Constable, 1898.
"Tianjin chengshi jianshe" congshu bian weihui "Tianjin jindai jianzhu" bian xie zu [Series editorial committee for "Tianjin City reconstructs" and editorial

writing group for "Architecture of modern Tianjin"], comps. *Tianjin jindai jianzhu* [Architecture in modern Tianjin]. Tianjin: Tianjin kexue jishu chubanshe, 1990.

《天津城市建设》丛书编委会《天津近代建筑》编写组.天津近代建筑.天津：天津科学技术出版社，1990.

Tien Hung-mao. *Government and Politics in Kuomintang China, 1927-1937*. Stanford, Calif.: Stanford University Press, 1972.

Tiersten, Lisa. "Redefining Consumer Culture: Recent Literature on Consumption and the Bourgeoisie in Western Europe." *Radical History Review* 57 (1993): 116-159.

Tomlinson, John. *Cultural Imperialism: A Critical Introduction*. Baltimore: Johns Hopkins University Press, 1991.

Trocki, Carl A..*Opium and Empire: Chinese Society in Colonial Singapore, 1880-1910*. Ithaca, N.Y.: Cornell University Press, 1990.

Tsang, Sharon, comp. "The Biography of Aw Boon-haw (1882-1954)." Hong Kong, 1990.

Tsin, Michael. "Canton Remapped." In *Remaking the Chinese City*, edited by Joseph W. Esherick. Honolulu: University of Hawaii Press, 2000.

Tsuien kinencho [A commemorative album in honor of the ancestors]. Osaka: Morishita Jintan kabushiki kaisha, 1959.

V

Vogel, Ezra. F.. *Canton under Communism: Programs and Politics in a Provincial Capital, 1949-1968*. New York: Harper and Row, 1971.

W

Waara, Carrie. "Invention, Industry, Art: The Commercialization of Culture in Republican Art Magazines." In *Inventing Nanjing Road: Commercial Culture in Shanghai, 1900-1945*, edited by Sherman Cochran. Ithaca, N.Y.: Cornell East Asia Program, 1999.

Wakeman, Frederic.*Policing Shanghai, 1927-1937*. Berkeley: University of California Press, 1995.

____. "Shanghai Smuggling." In *In the Shadow of the Rising Sun*, edited by Chiristian Henriot and Wen-hsin Yeh. London: Routledge, 2003.

Wakeman, Frederic. and Wen-hsin Yeh, eds.*Shanghai Sojourners*. Berkeley: University of California Institute of East Asia Studies, 1992.

Wallerstein, Immanuel. *The Modern World System*. New York: Academic Press, 1974.

Wang Duyun. "Baowei yaohang shimo" [Burroughs Wellcome Medicine Company from beginning to end]. *Shanghai wenshi ziliao xuanji* [Collected literary and historical materials on Shanghai] 56 (February 1987): 251-269.

汪渡云.宝威药行始末//上海文史资料选辑：第56辑.1987：251—269.
Wang Gungwu. "The Limits of Nanyang Chinese Nationalism." In *Southeast Asian History and Historiography*, edited by C.D.Cowan and O.W.Wolters. Ithaca, N.Y.: Cornell University Press, 1976.
Wang Jinyuan. "'Tongren' yaofang shimo" ["Tongren" Medicine Shop from beginning to end] . *Yi xian wenshi ziliao* [Literary and historical materials on Yi county] 4 (1987): 201-207.
王晋元."同仁"药房始末//沂县文史资料：第4辑.1987：201—207.
Wang Ke-wen. "Collaborators and Capitalists: The Politics of 'Material Control' in Wartime Shanghai." *Chinese Studies in History* 26, no. 1 (1992): 42-62.
Wang Liping. "Tourism and Spatial Change in Hangzhou, 1911-1927." In *Remaking the Chinese City*, edited by Joseph W.Escherick. Honolulu: University of Hawaii Press, 2000.
Wang Renze. "Kangri xunshen de aiguo qiyejia Xiang Songmao" [Martyr of the War of Resistance against Japan: The patriotic entrepreneur Xiang Songmao] . *Zhejiang wenshi ziliao xuanji* [Literary and cultural materials on Zhejiang] 39 (1989) .
汪仁泽.抗日殉身的爱国企业家项松茂//浙江文史资料选辑：第39辑.1989.
Wang Yingkui. "Qutan Tianjin shangbiao" [Interesting anecdotes about trademarks in Tianjin] . *Tianjin wenshi ziliao xuanji* [Collected literary and historical materials on Tianjin], ser. 67, 3 (1995): 130-141.
王英奎.趣谈天津商标//天津文史资料选辑：第67辑.1995：130—147.
Wang Ziran. "Xinyu zhuozhu de Yueren Tang Zhongyao dian" [Yueren Tang, a respected Chinese medicine shop] . *Taiyuan wenshi ziliao* [Literary and historical materials on Taiyuan] 1 (September 1984): 118-126.
王子然.信誉卓著的乐仁堂中药店//太原文史资料：第1辑.1984：118—126.
Watson, James L.. "China's Big Mac Attack." *Foreign Affairs* 79, no.3 (2000): 120-134.
____. "Introduction: Transnationalism, Localization, and Fast Foods in East Asia." In *Golden Arches East*, edited by James L.Watson. Stanford, Calif.: Stanford University, 1997.
Weidner, Marsha. "Women in the History of Chinese Painting." In *Views from Jade Terrace: Chinese Women Artists, 1300-1912*, edited by Marsha Weidner et al. Indianapolis and New York: Indianapolis Museum of Art and Rizzoli, 1988.
Wessing, Robert. *The Soul of Ambiguity: The Tiger in Southeast Asia*. [DeKalb, Ill.]: Northern Illinois University Center for Southeast Asian Studies, 1986.
Wilkins, Mira. *The Emergence of Multinational Enterprise: American Business Abroad from the Colonial Era to 1914*. Cambridge: Harvard University Press, 1970.
Wilson, G.L.. "Architecture, Interior Decoration, and Building in Shanghai

Twenty Years Ago and Today." *China Journal* 12, no. 5 (1930): 248-252.
Wright, Arnold. *Twentieth Century Impressions of Hongkong, Shanghai and Other Treaty Ports of China: Their History, People, Commerce, Industries, and Resources.* 3 vols. London: Lloyds Greater Britain Publishing Company, 1908.
Wu Chengluo. "Zhongguo zhi huaxue yaopin ji huaxue yuanliao gongye" [China's pharmaceutical industry and chemical raw-materials industry] . *Jingji jianshe jikan* 1, no.4 (1943): 127-139.
吴承洛.中国之化学药品及化学原料工业//经济建设季刊.1943，1（4）：127—139.
Wu Hao, Zhuo Botang, Huang Ying, and Lu Wanwen.*Duhui modeng: Yuefenpai, 1910s-1930s* [Calendar posters of the modern Chinese woman, 1910s-1930s] . Hong Kong: Sanlian shudian youxian gongsi chubanshe, 1994.
吴昊，卓伯棠，黄英，卢婉雯.都会摩登——月份牌，1910—1930.香港：三联书店有限公司出版社，1994.
Wu Hong and Wu Tingkai. "Xia'er wenming de Daren Tang yaodian" [The famous Daren Tang Medicine Shop] . *Wuhan wenshi ziliao* [Literary and historical materials on Wuhan] 4 (December 1989): 67-69.
吴洪，吴庭恺.遐迩闻名的达仁堂药店//武汉文史资料：第 4 辑.1989：67—69.
Wu Tsu-hsiang. "Fan Village." In *Modern Chinese Stories and Novellas, 1919-1949*, edited by Joseph S.M.Lau, C.T.Hsia and Leo Ou-fan Lee. New York: Columbia University Press, 1981.
Wuzhou da yaofang sanshi zhounian jinian kan [A commemorative volume on the thirtieth anniversary of Great Five Continents drugstores] . Shanghai, 1936.
五洲大药房三十周年纪念刊.上海：1936.

X

Xiamenshi tudi zhi bianzuan weiyuanhui [Committee for the compilation of the Xiamen City local gazetteer] . *Xiamen shi tudi zhi* [Xiamen City local gazetteer] . Xiamen: Lujiang chubanshe, 1996.
厦门市土地志编纂委员会.厦门市土地志.厦门：鹭江出版社，1996.
Xiandai Shanghai dashiji [Great events in modern Shanghai] . Shanghai: Shanghai cishu chubanshe, 1996.
现代上海大事记.上海：上海辞书出版社，1996.
Xiang Zenan. "Wuzhou guben feizao he xiangmao feizao de jingxiao jingguo" [The rivalry between Five Continents' Guben Soap and Xiangmao Soap] . *Wenshi ziliao xuanji* [Collected literary and historical materials] (Shanghai) 16 (1964) .
项泽楠.五洲固本肥皂和祥茂肥皂的竞销经过.//上海文史资料选辑：第 16 辑.1964.

____. "Wuzhou zaochang yu Yingshang de jingzheng yiji yu Ridi de douzheng" [Five Continents' rivalry with British merchants in the struggle against Japanese imperialism], *Yangpu wenshi ziliao* [Literary and historical materials on Yangpu] 1 (1987) .

项泽楠.五洲皂厂与英商的竞争以及与日帝的斗争//杨浦文史资料：第1辑.1987.

Xiang Zenan and Tan Yulin. "Aiguo shiyejia Xiang Songmao yunan jingguo" [The murder of the patriotic entrepreneur Xiang Songmao] . *Shanghai shi ziliao xuanji* [Collected materials on Shanghai history] 50 (1985) .

项泽楠，谈玉林.爱国实业家项松茂遇难经过//上海市资料选辑：第50辑.1985.

Xie Mu and Wu Yongliang. *Zhongguo de laozihao* [China's old stores] . 2 vols. Beijing：Jingji ribao chubanshe，1988.

谢牧，吴永良.中国的老字号.北京：经济日报出版社.1988.

Xu Guanqun. "Fumujie yougan" [Some thoughts on Parents' Day] . *Healthy Home* 5，no.4 (1944) .

许冠群.父母节有感//健康家庭.1944，5（4）.

____. "Women de yuanwang yu nuli—xie zai benkan gexinhao zhiqian" [Our goals and plans—a few words on our magazine's new format and style] . *Jiankang jiating* 2，no.8 (1940) .

许冠群.我们的愿望与努力——写在本刊革新号之前//健康家庭.1940，2（8）.

____. "Xinya yaochang sanshinian lai de huigu" (Reflections on my thirty years at New Asia Pharmaceutical Company) . 1964. (The original copy of this unpublished manuscript is in the office of the New Asia Pharmaceutical Company，Shanghai.)

许冠群.新亚药厂三十年来的回顾.1964年〔最初的未刊手稿抄本放在上海新亚制药公司的档案室里〕.

Xu Guoren. "Xingxi baoye yu Xiamen Xingguang ribao" [The Star chain of newspapers and Xiamen's Xingguang Daily] . *Xiamen wenshi ziliao* no. 10 (September 1986)：64-70.

许国仁.星系报业与厦门《星光日报》//厦门文史资料：第10辑.1986：64—70.

Xu，Xiaoqun.*Chinese Professionals and the Republican State*：*The Rise of Professional Associations in Shanghai*，*1912-1937*. Cambridge：Cambridge University Press，2001.

Y

Yamamoto Taketoshi. *Kokoku no shakai shi* [A social history of advertising] . Tokyo：Hosei daigaku shuppan kyoku，1984.

Yan Shufen. "Guanshi jiazu shilue" [Guan's family] . In *Xianggang wenhua xilie*：*Yuefenpai Wang—Guan Huinong* [Hong Kong culture series：The art of Guan Huinong—King of the calendar poster]，edited by Yan Shufen. Hong Kong：Xianggang yishu zhongxin，1993.

颜淑芬.关氏家族史略//香港文化系列：月份牌王——关蕙农.香港：香港艺术中心，1993.
____，ed. *Xianggang wenhua xilie*：*Yuefenpai wang-Guan Huinong*［Hong Kong culture series：The art of Guan Huinong-King of the calendar poster］. Hong Kong：Xianggang yishu zhongxin，1993.
颜淑芬.香港文化系列：月份牌王——关蕙农.香港：香港艺术中心，1993.
Yan，Yunxiang. "State Power and Cultural Transition in China." In *Many Globalizations*：*Cultural Diversity in the Contemporary World*，edited by Peter L.Berger and Samuel P.Huntington. Oxford：Oxford University Press，2002.
Yang，Simon，and L. K. Tao.*A Study of the Standard of Living of Working Families in Shanghai*. Peiping：Institute of Social Research，1931.
Yeh，Wen-hsin. "Progressive Journalism and Shanghai's Petty Urbanites：Zou Taofen and the Shenghuo Weekly，1926-1945." In *Shanghai Sojourners*，edited by Frederic Wakeman Jr. and Wen-hsin Yeh. Berkeley：University of California Institute of East Asian Studies，1992.
Yong，C.F. *Tan Kah-kee*：*The Making of an Overseas Chinese Legend*. Singapore：Oxford University Press，1987.
Young，Arthur N.*China and the Helping Hand*，*1937-1945*. Cambridge：Harvard University Press，1963.
Young，James Harvey.*Pure Food*：*Securing the Federal Food and Drug Act of 1906*. Princeton，N.J.：Princeton University Press，1989.
____. *The Toadstool Millionaires*：*A Social History of Patent Medicines in America before Federal Regulation*. Princeton，N.J.：Princeton University Press，1961.
Yu Yue and Wu Liyue，eds.*Jiangxi minsu wenhua xulun*［Collected essays on Jiangxi's popular culture］. Beijing：Guangming ribao chubanshe，1995.
余悦，吴丽跃编.江西民俗文化叙论.北京：光明日报出版社，1995.
Yuan Shude. "Beijing Tongren Tang sanbai nian cangsang"［Three hundred years of changes at Tongren Tang］. Chunqiu 35（1985）：59-63.
袁树德.北京同仁堂三百年沧桑//春秋.1985（35）：59—63.
Yuan Yuquan. "Rikou jiaqiang lueduo huazhong zhanlue wuzi paozhi shangtonghui jingguo"［How the Japanese established the Commercial Control Committee to take control of strategic materials in central China］. *Dang'an yu lishi*［Archives and history］4（1986）：82-87，75.
袁宇泉.日寇加强掠夺华中战略物资炮制商统会经过//档案与历史.1986（4）：82—87.
Yue Songsheng. "Beijing Tongren Tang de huigu yu zhanwang"［The past and future of Tongren Tang in Beijing］. *Wenshi ziliao xuanji*［Collected literary and historical materials］11（1960）：132-148.
乐松生.北京同仁堂的回顾与展望//文史资料选辑：第 11 辑.1960：132—148.

Z

Zeng Guangfang. "Kexue yu jiating" [Science and the family] . *Healthy Home* 1 (1939) .

曾广方.科学与家庭//健康家庭.1939（1）.

Zhang Baohao and Fan Nengchuan. *Shanghai lüyou wenhua* [The culture of Shanghai tourism] . Shanghai : Shanghai shudian chubanshe, 1992.

张包镐，范能船.上海旅游文化.上海：上海书店出版社，1992.

Zhang Bingxin. "Tongren Tang Yuejia laopu" [The Yue family's old shop Tongren Tang] . In *Chiming jinghua de laozihao* [Famous old businesses in the capital], edited by Zhongguo renmin zhengzhi xieshang huiyi Beijingshi weiyuanhui wenshi ziliao weiyuanhui [Chinese people's political consultative council on reminiscences, Committee for research on cultural and historical materials] . Beijing: Wenshi ziliao chubanshe, 1986.

张炳鑫.同仁堂乐家老铺//中国人民政治协商会议北京市委员会文史资料委员会编.驰名京华的老字号.北京：文史资料出版社，1986.

Zhang Muhan. "Cong meiren hua kan nüxing mei" [The ideal of feminine beauty as reflected in paintings of classical beauties] . In *Lidai meiren huaxuan* [Selected paintings of beauties through the ages] . Taipei: Yishu tushu gongsi, 1984.

张慕寒.从美人画看女性美//历代美人画选.台北：艺术图书公司，1984.

Zhang Weihan. "Wo suo zhidao de Tianjin Daren Tang" [What I know about Daren Tang in Tianjin] . *Tianjin wenshi ziliao xuanji* [Collected literary and historical materials on Tianjin] 34 (January 1986): 143-148.

张蔚涵.我所知道的天津达仁堂//天津文史资料选辑：第 34 辑.1986：143—148.

Zhang Wenqiang. "Hu Wenhu weihe rezhong yu banbao" [Why was Aw Boon-haw interested in publishing his own newspaper?] . *Hu Wenhu yanjiu* 1 (1985): 8-10.

张问强.胡文虎为何热衷于办报//胡文虎研究：第 1 辑.1985：8—10.

____. "Sanshi niandai de Shantou Xinghua ribao" [Shantou's Xinghua Daily in the 1930s] . *Hu Wenhu yanjiu* 1 (July 1985): 39-50.

张问强.三十年代的汕头《星华日报》//胡文虎研究：第 1 辑.1985：39—50.

Zhang Yanfeng. *Lao yuefenpai: Guanggao hua* [Old calendar posters: Advertising paintings] . 2 vols. Special issue of *Han sheng zazhi tekan* [Echo magazine] (Taipei), no.61 (1994) .

张燕凤.老月份牌：广告画.汉声杂志特刊.1994（61）.

Zhang Yonghe. *Hu Wenhu zhuan* [Biography of Aw Boon-haw] . Singapore: Chongwen chubanshe, 1993.

张永和.胡文虎传.新加坡：崇文出版社，1993.

Zhang Zhiyu. "Tongren Tang yaopu shimo" [Tongren Tang Medicine Shop from beginning to end] .*Bengbu gongshang shiliao* [Historical materials on industry and commerce in Bengbu] 9 (1987): 202-205.

张芝裕.同仁堂药铺始末//蚌埠工商史料：第9辑.1987：202—205.

Zhang Zhongli, ed. *Jindai Shanghai chengshi yanjiu* [Urban studies on modern Shanghai] . Shanghai: Shanghai shehui kexueyuan chubanshe, 1990.

张仲礼编.近代上海城市研究.上海：上海社会科学院出版社，1990.

Zhao Hongjun. *Jindai Zhongxiyi lunzhengshi* [History of the rivalry between Chinese and Western medicine] .Hefei: Anhui kexuejishu chubanshe, 1989.

赵洪钧.近代中西医论争史.合肥：安徽科学技术出版社，1989.

Zhao Jiaxin. "Fujian De liangjia xingzibao—Xiamen *Xingguang ribao* yu Fuzhou *Xingmin ribao*" [Fujian's two newspapers in the Star chain—Xiamen's Xingguang Daily and Fuzhou's *Xingmin Daily*] . *Fujian wenshi ziliao* no. 23 (July 1990): 81-90.

赵家欣.福建的两家星字报——厦门《星光日报》和福州《星闽日报》//福建文史资料：第23辑.1990：81—90.

Zheng Liren. "Overseas Chinese Nationalism in British Malaya, 1894-1941." Ph. D.diss., Cornell University, 1997.

Zheng Tianting. "Zheng Tianting jiaoshou xu" [Professor Zheng Tianting's preface] . In *Cixi Guangxu yifang xuanyi* [Selected comments on recipes used for Cixi and Guangxu], edited by Chen Keji. Beijing: Zhonghua shuju, 1981.

郑天挺.郑天挺教授序//陈可冀.慈禧光绪医方选议.北京：中华书局，1981.

Zhongguo minzhu jianguo hui Beijingshi weiyuanhui, Beijingshi gongshangye lianhehui wenshi gongzuo weiyuanhui [Beijing committee on reconstruction of the Chinese people, Association of Beijing's industry and commerce, Working committee on literature and history] . "Tongren Tang." In *Beijing gong shang shihua* [History of industry and commerce in Beijing], edited by Zhongguo minzhu jianguo hui Beijingshi weiyuanhui, Beijingshi gong shangye lianhehui wenshi gongzuo weiyuanhui. Beijing: Zhongguo shangye chubanshe, 1987.

中国民主建国会北京史委员会，北京市工商业联合会文史工作委员会.同仁堂//中国民主建国会北京史委员会，北京市工商业联合会文史工作委员会编.北京工商史话：第1辑.北京：中国商业出版社，1987.

Zhongguo Tongren Tang jituan gongsi Beijing Tongren Tangshi bianweihui [Editorial Committee for the History of Tongren Tang from the Tongren Tang Group of Companies of China], ed. *Beijing Tongren Tang shi* [The history of Tongren Tang in Beijing] . Beijing: Renmin ribao chubanshe, 1993.

中国同仁堂集团公司北京同仁堂史编委会编.北京同仁堂史.北京：人民日报出版社，1993.

Zhou Jianduan, *Jinghua ganjiu lu* [Reminiscences about the capital] . Hong Kong: Nanyue chubanshe, 1987.

周简段.京华感旧录.香港：南粤出版社，1987.

Zhu Zonghai and Chen Danxin. " 'Wanjinyou da wang'Hu Wenhu" [Tiger Balm king Aw Boon-haw ］. In *Zhongguo qiyejia liezhuan*［Biographies of Chinese entrepreneurs］, vol.3, edited by Xu Dixin. Beijing：Jingji ribao chubanshe, 1989.

朱宗海，陈丹心."万金油大王"胡文虎//许涤新编.中国企业家列传：第3册.北京：经济日报出版社，1989.

Zhuang Xinru. "Rijun qiangkou xia de jushang fuzi"［Two generations of commercial giants facing the guns of the Japanese army］.*Shanghaitan* 8（1993）.

庄欣儒.日军枪口下的巨商父子//上海滩：第8辑.1993.

Zhuo Botang. "Guan Huinong yu Zhongguo zaoqi de shangpin haibao"［Guan Huinong and early commercial newspapers on the China coast］. In *Xianggang wenhua xilie*：*Yuefenpai wang—Guan Huinong*［Hong Kong culture series：The art of Guan Huinong—King of the calendar poster］, edited by Yan Shufen. Hong Kong：Xianggang yishu zhongxin, 1993.

卓伯棠.关蕙农与中国早期的商品海报//颜淑芬编.香港文化系列：月份牌王——关蕙农.香港：香港艺术中心，1993.

Zhuo Nansheng, ed. Cong *Xingzhou ribao kan Xingzhou wushinian*, *1929-1979*［Xingzhou's fifty years, 1929-1979, from Xingzhou Daily］. Singapore：*Xingzhou ribao*, 1980.

卓南生.从星洲日报看星洲五十年，1929—1979//新加坡：新洲日报，1980.

图书在版编目（CIP）数据

中华药商：中国和东南亚的消费文化 / (美) 高家龙著；褚艳红等译. -- 北京：中国工人出版社，2025. 8.
ISBN 978-7-5008-8743-0
Ⅰ. F426.77
中国国家版本馆 CIP 数据核字第 2025TG8599 号

著作权合同登记号：图字 01-2023-0125

中华药商：中国和东南亚的消费文化

出 版 人	董 宽
责任编辑	邢 璐
责任校对	张 彦
责任印制	黄 丽
出版发行	中国工人出版社
地 址	北京市东城区鼓楼外大街 45 号 邮编：100120
网 址	http://www.wp-china.com
电 话	（010）62005043（总编室）
	（010）62005039（印制管理中心）
	（010）62001780（万川文化出版中心）
发行热线	（010）82029051 62383056
经 销	各地书店
印 刷	天津中印联印务有限公司
开 本	880 毫米 × 1230 毫米 1/32
印 张	8.875
字 数	200 千字
版 次	2025 年 8 月第 1 版 2025 年 8 月第 1 次印刷
定 价	58.00 元